深圳市南山区珠光小学教育评价模式探索

2016年深圳南山区人民政府质量奖（公共服务奖）
2018年入选广东教育创新十大优秀案例
2019年荣获全国首家ISO21001教育管理体系认证

超越绩效

信息化时代的教育改革新模式

王春平　李捷·著

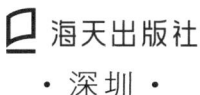 海天出版社

· 深圳 ·

图书在版编目（CIP）数据

超越绩效：信息化时代的教育改革新模式/王春平，
李捷著. — 深圳：海天出版社，2019.10
ISBN 978-7-5507-2713-7

Ⅰ.①超… Ⅱ.①王… ②李… Ⅲ.①教育改革—研
究 Ⅳ.①G511

中国版本图书馆CIP数据核字（2019）第163461号

超越绩效：信息化时代的教育改革新模式
CHAOYUEJIXIAO XINXIHUASHIDAIDEJIAOYUGAIGEXINMOSHI

出 品 人　聂雄前
出版策划　韩海彬
责任编辑　韩海彬
责任技编　梁立新
装帧设计　深圳斯迈德设计 Smart 0755-83144228

出版发行　海天出版社
地　　址　深圳市彩田南路海天大厦（518033）
网　　址　www.htph.com.cn
订购电话　0755-83460239（邮购、团购）
排版制作　深圳市斯迈德设计企划有限公司（0755-83144228）
印　　刷　深圳市希望印务有限公司
开　　本　787mm×1092mm　1/16
印　　张　20
字　　数　330千
版　　次　2019年10月第1版
印　　次　2019年10月第1次
印　　数　5000
定　　价　68.00元

序

在 2018 年 3 月 29 日召开的南山区质量大会上，珠光小学荣获 2016 年度南山区人民政府质量奖（公共服务奖）。这是南山区领导、专家及社会各界对珠光小学办学绩效和办学质量的高度认可，更是全体珠光小学教师、学生、家长的无上荣耀。中国新闻网、《南方日报》、深圳新闻网等国内媒体进行了专题报道。

珠光小学 2013 年 9 月成为深圳市卓越绩效试验学校。几年来，我们实施卓越绩效准则，引领学校逐渐迈向了卓越的阶梯。珠光小学 2016 年 12 月通过南山区人民政府质量奖材料评审，2017 年 1 月高分通过南山区人民政府质量奖现场评审，2017 年 5 月全票通过南山区人民政府质量奖答辩。

随着整个社会对教育重视程度的不断提高，学校管理者面临的压力也在不断增大。如何真正管理好学校，向学生、家长、社会提供优质的教育教学服务，是摆在每个学校管理者面前的首要问题。

珠光小学在教育、教学和学校管理等方面进行了大量的探索和实践，也取得了丰硕的成果。但是，我们发现，这些实践和探索仅仅集中于具体的操作层面，而对于站在整个学校层次上，如何去运营和管理学校以提高整体教育教学和服务质量，往往关注得较少，也缺乏系统的基础理论作为支持。

教育类卓越绩效评价准则让我们站在学校组织层的高度，识别学校的核心竞争力和可持续发展因素，通过系统的战略体系、工作系统和工作过程，全面、深入、逻辑关联地把握学校各个环节的运作，通过对管理成熟度水平的不断追求，实现学校的长期和可持续发展。

作为一个推行卓越绩效的具体实践者，与其他中外教育管理理论和标准相比，我们认为它有如下特点：

覆盖学校运作和管理的各个方面——包括领导、战略、顾客和市场、测量分析和知识管理、以教职员工为本、各类过程管理、学校运营的各种结果。

完整和严谨的理论体系——包括核心价值观、七个类目的过程要求和结果要求、关键术语、评分系统。

以战略为导向——战略是实现学校愿景的手段，是统率各项工作和活动的纲领，学校的各项活动必须为实现战略目标服务。

追求管理的深入性——学校的重要活动不仅要有系统的管理方法，方法还需要在不同部门和层级进行展开，对方法的适用性要定期进行评价，方法要与战略等要求保持协调和一致。

以结果为导向——不仅要关注活动的过程，更要关注活动的效果。对重要活动的结果，要分析结果所处的水平、变化趋势并与竞争对手和学习标杆进行对比。

以量化方式评价管理成熟度水平——通过对学校领导、战略等六大类过程及对应结果的综合评价，获得整个学校的管理成熟度的量化水平。

该准则的实施恰好弥补了传统学校管理的许多局限性，如关注日常教学多于战略；过分强调学校的教育和培养职能，忽视或弱化了学生的感受；管理活动中人为的因素过多而导致管理的粗放性；对过程的关注多于对结果的关注；等等。

作为卓越学校管理最佳实践的总和，卓越绩效准则给我们带来了如下价值：

明确改进的阶梯——依据卓越绩效准则进行自我评价，学校可以全面系统和深入地识别出各个环节存在的问题，实施有针对性的改进；通过不断的评价和循环改进，学校的管理水平逐步得到提升。

识别出各种管理工具和方法的引入需求——通过各个环节的管理成熟度水平的评价，学校可以识别出需要引入哪些管理工具和方法，以及实施的程度，避免盲目和跟风。

对各种管理理念和方法进行整合——卓越绩效准则全面的覆盖范围和严谨的逻辑结构，可以将学校已有的管理理念、方法和管理成果进行全面和深层次的整合，构成使命、愿景、战略、运营及各种结果之间层层分解和支持、紧密关联的逻辑结构，使学校的各项工作和活动紧紧地为学校的战略、愿景和使命服务。

　　卓越绩效准则提供了一个全面、系统和深入的现代教育管理框架结构。在此框架下，通过对管理成熟度水平的不断追求，使学校获得长期和可持续性发展。学校成为中国教育科学院全国骨干校长、骨干教师研修基地，是国际生态学校，全国生态文明教育示范校，广东省一级学校，广东省书香校园，广东省语言文字规范化示范校，广东省楹联文化教育基地，深圳市首批智慧校园示范校。一项项荣誉的取得，激励着我们完成学校办学使命：让学生像珍珠一样发光，让教师像珍珠一样发光，让学校像珍珠一样发光。

　　独行快，不等待；众行远，永向前。我们倡议教育行业有更多的志同者参与其中，共同分享和交流追求卓越路上的经验和成果，共同为祖国基础教育事业做出我们应有的努力和贡献。

王春平

2018 年夏

目　录
CONTENTS

第一章

领　导

第一节　高层领导

第一部分　愿景、价值观和使命

一、愿景与价值观

（一）学校的使命、愿景、价值观

学校的宗旨：依法办学、民主管理，全面贯彻党的教育方针，培养人格健全、基础扎实的学生，为他们成为未来公民奠基。

学校的使命：让学生像珍珠一样发光，让教师像珍珠一样发光，让学校像珍珠一样发光。

学校的愿景：建构智慧校园、生态校园、创新校园、新优质校园，把珠光小学打造成深圳乃至广东省名校。

学校的价值观：仁爱、卓越。

仁爱：悲天悯人（悲悯心、同情心、同理心），德行天下。

卓越：不断超越自我，追求未知的自我。

（二）学校"使命愿景价值观系统"的建立和完善过程

在没有导入卓越绩效系统之前，学校的愿景和价值观等理念都是传统的，我们将其称为"校训校风价值观系统"：

办学理念：以人为本，和谐发展

办学目标：打造卓越智慧校园

育人目标：健全人格，全面发展

校训：仁爱、包容、创新、卓越

校风：明德、尚美、博学、求新

教风：关爱、负责、精业、奉献

学风：乐学、善思、自主、向上

2013 年 9 月，学校导入了卓越绩效系统，在校长的领导下，集中全校教职员工的智慧，结合学校的文化底蕴和教育趋势，对学生和家长以及社会发展三个方面进行需求分析，在校内分别从普通教职工、业务骨干、职能部门领导、学校领导等不同的层次进行探讨和分析，最终形成了学校"使命愿景价值观系统"，从而实现引导全体教职工共同努力，实现优质教育，引导学校逐步走向卓越，确立学校及教职工做事指导原则、行为准则的目的：

● 出发点：追求更高的管理水平，追求更高的教学质量和客户满意度。

● 目的：引导全体教职工共同努力，实现优质教育，引导学校逐步走向卓越，确立学校及教职工做事指导原则、行为准则。

● 具体过程：通过与学生、家长的沟通，与上级教育主管部门交流等方式获得教育需求，在校内分别从普通教职工、业务骨干、职能部门领导、学校领导等不同的层次进行探讨和分析。并通过与竞争对手比对、向行业内标杆学习等方式识别原有学校文化体系存在的不足和优势，并提出改进方向。

与原有的"校训校风价值观系统"相比，"使命愿景价值观系统"的价值在于其更具有系统性，明确了学校的任务、方向和做事指导原则、行为准则，强化弘扬了学校所崇尚的文化，并且能够指导学校战略的策划与制定。

（三）将学校的愿景和价值观展开到全体教职员工和学生

1.通过学校文化建设向全校师生进行展开

学校打造以"使命愿景价值观"为核心的学校文化系统，以学校文化系统为载体，向全体教职员工及学生宣传和渗透学校的使命愿景价值观。

在文化建设过程中，通过陶冶情操的教学区设计、宣传板报和校园文化活动月、艺术表演、专题会议、演讲竞赛等多种形式，向教职工和学生宣讲学校的使命和愿景。同时教职工和学生以投稿参与、学习讨论、实践等形式参与学校的文化建设，体现对学校价值观的承诺。如：

● 生态学校创建

2014 年学校以创建"国际生态学校"为引领，倡导关注环境发展，遏制环境污染，以仁爱之心构建以生态文明教育为核心的学生德育课程体系，师生参与率均为100%，开展环境评审、督导调查等活动25项，在创建国际生态学校过程中，学生争做"低碳达人"，共有29人获此殊荣。全校师生全力践行环保理念，节约用水用电，开展垃圾分类知识普及，进行户外"垃圾不落地"环保活动，参加在线环保知识竞赛，做环保手抄报，张贴宣传标语。致力于打造环境友好校园、生态校园。

学校通过宣传倡导师生低碳出行，让学生从眼睛到心灵、从语言到行动都烙下生态文明的印记。德育处在此基础上开发了《生态教育》校本教材，持续培养学生生态文明意识。学校积极开发家长资源、社会资源，为学生提供实践的平台，将家长资源、社区资源纳入德育课程体系。组织家长亲子活动11项，参与学生400人次。学校共组织社会实践活动6次，学生参与率平均89%；学校积极与社区合作，为学生提供实践平台，2014年有记录的学生参与社区活动共11次，约200人次。以此为核心的德育课程体系覆盖行为教育、社会实践、亲子活动、社区合作、少年讲师团、家长义工等项目，学生品德优良率100%，吸烟率0%，违法犯罪率0%。

● 碳汇林

学校利用社区提供的空地，建立珠光小学的"碳汇林"，种植了多种树木。"碳汇林"作为珠光小学自然学校、自然课堂，渗透绿色环保教育，为学校一千多名师生提供天然保护屏障。它不仅有助于学生学习碳汇知识，提升低碳意识，还对推动低碳生活，传播生态文明，保护生态环境，倡导人与自然和谐相处，有着积极的意义。

● 各类丰富的文化活动

学校举办各种活动，让师生、家长在活动中感受校园。每年除了保留运动会、英语节、科技节、"六一"文艺汇演等几个大型文化活动，演讲、环保、慈善义卖超市、禁烟宣传签名活动、"3·5学雷锋日"等小型活动逐年增多。各类大小型活动促进学生素养的养成，形成了良好的文化氛围，让师生在活动中形成核心价值观，让家长在活动中体验到学校倡导的价值观。

秋季田径运动会

经过18年的发展，如今有30个项目，800多名运动员共同参与，参与率达70%，近年来不断开发新项目，三人篮球赛连续两年吸引了49支球队150名运动员参加，深受学生喜爱，篮球风靡校园。家长参与运动会的热情越来越高，2013 年 100 余名家长及义工参与运动会，2014 年参与家长人数不但增加一倍多，而且还参加了开幕式入场表演。在活动中，鼓励学生发扬运动精神，超越自我。

英语节

每年从 3 月开幕到 4 月结束将近持续一个月的时间，学校本着"人人参与，个个展示"的原则，全校覆盖，参与率 100%。2013 年参加"希望之星"风采大赛获深圳市低段第一名，2014 年下半年开展留学生进校园活动，2015 年"希望之星"英语复赛我校学生又收获 3 个市级一等奖，2 个二等奖，2 个三等奖。孩子们在活动中形成了追求卓越的价值取向。

科技文化节

一年一度的科技文化节，每年 5 月启动，迄今已有 18 届，几经变迁，活力依旧，现发展为拥有科技制作、小论文、车模航模、慈善义卖超市、科学大讲堂、读书嘉年华等二十几个项目的盛会，每位学生都可以参与自己感兴趣的项目，参与率 100%，是学生自我展示、自我发展的平台，是学校关注度最高的文化活动，也是学生和教职工不断追求创新，不断追求卓越的平台。

2.对于学生，通过八大素养培养计划，强化愿景和价值观

除了上述文化建设以外，学校将使命、愿景、核心价值观，结合社会主义核心价值观，转化为具体的要求。结合小学生身心发展规律，设计出"八大素养培养方案"，制定了分年级的八大素养培养计划，以提升学生身心健康水平，增强创新实践能力，使其更好地适应城市现代化、国际化、信息化对人才的素质要求。

八大素养包括：品德素养、身心素养、学习素养、创新素养、国际素养、审美素养、信息素养、生活素养。在培养计划中，明确了个人标准、班主任职责、学校职责。充分发挥学生自我管理的能力和其主观能动性。（具体参见"第三章顾客"）

3.通过教师的学习和发展系统进行展开

学校还通过教师学习和发展系统对学校的"使命愿景价值观"在教师中进行展开：

● 追求卓越

学校以打造四个计划——"南山区精英教师领航者计划""珠光小学卓越教师引领者计划""学科教师专业提升计划""青年教师成长行动计划"为主要途径，配以专业竞赛、国家培训、课题带动等行动，提升教师的能力水平，引领教师走向持续追求卓越之路。

● 施以仁爱

学校通过各种专题讲座、座谈、观看纪录片等方式对教职员工进行伦理和道德方面的培训，要求教师做到"以学生为本，关心爱护学生""尊重学生的人格和尊严""给予学生公平的学习机会""科学评价学生，注重学生的个性发展""与学生保持经常沟通并建立良好的信任关系""关心和保护学生的安全"等。学校还组织召开全校教职工大会，进行师德师风培训，增强全体教职工的大局意识、主人翁意识，通过自我研修、自我调控、自我完善，不断提升人格素养和专业素养。

4.除此之外，还通过以下方法在内部展开：

● 通过教代会、支部生活会、教工大会、行政例会等途径，实现学校全体教职工广泛的理解、认同和遵守。

● 学校通过日常专题学习和主题活动，在教职工、学生中间形成强力冲击的传输。

● 新生入校时通过学校办学理念宣讲、规章制度学习、新生心理辅导、学生行为规范手册的印发等教育行为，直接传播和潜移默化渗透。

（四）将学校的愿景和价值观展开到家长

1.入学前向学前适龄学童的家长宣传

学校通过招生契机向学前适龄学童的家长宣讲学校的愿景和价值观，使潜在学生及家长对学校的精神文化有一个初步的了解。

2.利用新生家长培训进行渗透

每年7月份，学校举办新生家长培训，从"起点——奠定孩子的一生""转变——做有智慧的父母""成功——我们才刚刚上路"等三个方面，以案例分享的方式，向家长们介绍小学教育与幼儿教育的不同和学校办学特色、办学理念、育人目标、战略目标等，让新生家长产生初步认同。

3.通过家校沟通进行渗透

通过家校通讯互动、家访、家长会、班会、家长开放日、节日活动、校庆纪念日等形式，使家长在活动参与中对学校的愿景和价值观有更加准确、更深层次的理解。学校开放办学，家长通过预约听课、监考等活动，亲自参与教育教学活动，深刻体验到学校使命、愿景和价值观在教育教学方面的渗透和展开。

（五）将学校的愿景和价值观展开到社区和社会

● 通过学校的外部网站、宣传册、媒体广告、VI系统，使社区和社会公众了解学校的愿景和价值观。

● 通过社会／社区公益活动，电视、网络、报刊等媒体向社会／社区公众进行宣传。

● 通过社区共建活动，使社区认同学校的愿景和价值观。

（六）将学校的愿景和价值观展开到关键供应商

学校的关键供应商分为商品类和服务类。其中商品类包括实验器材、IT设备、电视、广播器材、图书等五个方面的供应商，其主要作用是为教学提供硬件保障。服务类包括食堂餐饮服务、网络运行维护、保安、清洁、绿化等五个方面的供应商。

学校通过赠阅校刊、校内参观、会议交流等方式向供应商进行学校的使命、愿景和价值观的宣传，并将愿景和价值观转换为在采购时的具体需求，供应商根据要求予以提供。

（七）将学校的愿景和价值观展开到合作伙伴

学校合作伙伴在对学校的愿景与价值观进行深入了解并广泛认同的基础上开展相关合作项目，并在具体的落实操作中予以体现，使各个项目价值的确定与学校的核心价值观一致。

学校主要合作伙伴（节选）

合作伙伴	合作项目	展开方法	对学校的认同（表现）
广东教育学会国际化专业委员会	教育国际化实验学校	培训、课题、上课	授牌、加入专业委员会
教育部语言文字研究所	语文教师专业化发展工程基地校	培训、论坛、课题	授牌
深圳市教育科学研究院	教师教学资源包共建	上课、培训	授牌
深圳市电教馆	优质教学资源合作项目	为深圳市电教馆提供各种优质课例	签订协议
四点半学校承办机构	四点半学校	在校本课程实施过程中进行渗透	结合学校的愿景和价值观设计开发校本课程

合作的校本课程（节选）

序号	项目	活动时间	活动场地	适合年级	学生人数	备注
1	古筝	周二	音乐室	一至四年级	40	/
2	跆拳道	周二	操场	二至五年级	40	装备自购
3	手工DIY（纸艺）	周二	科学室	二至五年级	30	材料自购
4	街舞	周二	操场	二至五年级	40	装备自购
5	长笛	周二	一（4）班教室	二至四年级	40	乐器自购
6	二胡	周二	一（5）班教室	二至四年级	40	乐器自购
7	尤可里里	周二	二（5）班教室	二至四年级	40	乐器自购
8	英语绘本阅读	周二	三（7）班教室	二年级	30	教材自购
9	英语绘本阅读	周二	一（3）班教室	一年级	30	教材自购
10	英语绘本阅读	周二	三（5）班教室	三年级	30	教材自购
11	葫芦丝	周二	二（4）班教室	一至三年级	30	乐器自购
12	现代流行音乐电声乐队训练	周二	二楼多功能厅	一至六年级	30	/
13	实作工坊	周二	三（6）班教室	一至六年级	30	材料自购
14	咏春拳	周二	操场	一至四年级	20	装备自购

（八）教育主管部门对学校的愿景和价值观的认同

学校通过各种评估活动（德育绩效评估、教学质量评估、绿色学校评估、校务公开评估、国家级示范性高中评估等）向教育主管部门宣传学校的使命、愿景和价值观。

教育主管部门对学校的愿景和价值观的认同体现在对我校办学的认可。2015 年 1 月，通过评审成为国际生态学校；2015 年 4 月，顺利通过深圳市中小学义务教育阶段办学水平评估；2015年9月荣获"深圳市先进单位"称号；2015年12月，承办深圳市教育局主办的"市民走进身边好学校"活动；2016年4月，珠光小学荣获南山区"2015年度中小学德育均衡化发展"创新奖。

（九）高层领导对学校价值观的承诺

高层领导作为学校价值观的主要倡导、培育、传播和忠实的践行者，始终以身作则，发挥示范表率作用，通过日常言行和管理决策反映对学校价值观的承诺：

1.仁爱：王春平校长倡导融合教育，非常关爱特殊儿童的成长，这些孩子可以自由在校长办公室在内的所有的办公室进出。从校长到教师，都细心地呵护和接纳他们，使他们在学校的状态是轻松自由的。并且经常与这些儿童的家长进行交流，沟通对孩子的培养方案。还借开家长会之机，做通其他家长的思想工作，让大家都来包容和帮助这些孩子。在王春平校长的带动下，全校教职工都以一颗包容的爱心，关爱着这些孩子的成长。

2.卓越：不断超越自我，是学校领导一直的追求。2013年8月28日自王春平同志任我校党支部书记、校长以后，引入卓越绩效管理模式，组建了新的领导班子，2013年至今学校获得市级以上的表彰共有30项，比如2013年被评为深圳市卓越绩效管理试点学校；2015年被评为"国际生态学校"；2015年成为深圳市首批30所智慧校园示范学校，同年被评为深圳市2015年度教育工作先进单位；2016年获"教育国际化实验学校"授牌。

二、促进法律意识和道德意识提升

（一）高层领导以行为展现符合法律和道德的承诺

高层领导带头坚持法制宣传，积极参加相关法律知识讲座，提高依法治校、依法治教的意识和能力，带头遵守教师道德行为规范，模范遵守法律法规。

1.关于法律

在招生过程中，领导班子亲自主持工作，洁身自好，严守工作纪律。学校认真执行市政府"1+5"文件，根据《中华人民共和国义务教育法》中保障适龄未成年人平等接受义务教育的要求，也是教育公平的需要，不收条子生，不设重点班与非重点班，均衡调配各班的师资、生源。

学校领导严格执行各级财政制度和管理规定，对学校重大项目开支，所进行的修缮在建工程特别是签订合同情况进行公开，例如学校为改善办学条件所添置的教学设施，校务公开的内容包括招标情况、合同内容、购买物品单价、总额等，全部接受教职工监督。

学校领导严格遵守劳动法的相关规定，合理安排教职工工时，依法保护教职工权益，依照国家法律法规自觉交纳各种应纳税费。

王春平校长带领全校教职工牢固树立起了廉洁从政的意识，每年开展廉洁自律自查，以及接受上级主管部门的审计、财务大检查、校产清查等方式的监督检查，近三年来，领导班子从未发生过违规违纪问题。

2.关于道德

● 王春平校长、书记关爱学生，屡获学生家长送锦旗致谢

王春平校长在学校处处关爱学生，在校园遇见学生会和学生一起散步、谈心，与学生关系处得非常好，经常和学生交流。他经常到教师办公室和各个班级群体之中，参与学生跑操、散步等活动，跟学生们拉近距离，进行情感沟通，了解他们的想法。学生一提起校长就肃然起敬，都说他是一名好校长。学生家长屡次赠送锦旗给王校长，以表达他们的感谢之情。2016年9月，六（1）班学生家长代表为王校长赠送锦旗，肯定学校的工作，感谢校长和教师们对孩子的教育，祝愿学校越办越好。

● 张泉副书记参加"寻找2016南山最美家庭"活动

张泉副书记工作勤奋，与妻子恩爱扶持，事业有成。张泉副书记从教师成长为学校领导、深圳市督学、市优秀教师。张泉副书记与父母和谐生活了21年，常衣不解带地照顾体弱多病的母亲，中风偏瘫11年的父亲，无微不至地照顾患癌的岳母，言传身教之下，儿子孝顺自强，热心公益。在"寻找2016南山最美家庭"活动中，经过公众投票和评审团投票后，张泉副书记的家庭获得总票数第一，获得了"南山最美家庭"称号。

● 胡梅副校长任教语文课，专门负责一个后进生的转化

胡梅副校长主抓学校教学工作，严格要求自己，认真落实学校的各项工作。虽然胡梅副校长分管的教学工作琐碎繁杂，但她丝毫没有放松对自己的要求，在学校语文老师不足的情况下，她能够顾全大局，担任一个班的语文

教学任务，积极深入教学第一线。在教学过程中，胡梅副校长也负责了班级一位后进生的转化工作，经常找他谈话，提高他的课堂学习兴趣和积极性，给他更多的学习、生活上的自信。用爱去温暖学生，用情去感化学生，用理去说服学生，从而促使学生主动地改正错误。

（二）高层领导推动学校形成符合法律和道德规范的环境

1.健全学校管理制度

学校专门编制《治理制度汇编》，共分为两大部分，其中第一部分为教育政策与教育法规。将教育教学活动中所遵循的法律法规集结成册。目的是依法治校、依法治教，汇集政府、教育主管部门的法律依据及教师工作标准、职责，构建现代学校管理框架、引领珠光小学迈向卓越。

2.全面实现校务公开，增加管理的透明度，推进民主管理进程

● 严格按照《深圳市中小学教代会工作规程》规定，每年准时召开教代会。教代会严格按照民主程序，确保广大教职工知情权、参与权、监督权与决定权。

● 保障民主管理渠道畅通。学校成立了学术委员会、财务内审小组、招标工作小组、招生工作领导小组、职称聘任领导小组等，广泛组织学校老师参与学校民主管理。此外，学校还成立家长委员会，定期召开会议，定期邀请家长到学校听课、讲学或参加活动，让家长直接参与学校管理，自觉接受家长对办学行为的监督。

3.开展全员法制宣传教育工作

● 日常教育与专题教育相结合

日常教育——诸如法制教育周、学期结束的法制教育大会、法制教育主题班会、主题黑板报等。

专题教育——结合安全教育日、国际禁毒日、法制宣传日、"三拒绝"（拒绝毒品、拒绝电子海洛因、拒绝校边店）教育、廉洁教育等，学校在各个班级开展防诈骗讲座，结合生活中的真实案例"以案说法"，通过多媒体演示为学生们列举虚假中奖诈骗、"汇款急救"诈骗、电话欠费诈骗、冒充黑社会恐吓诈骗、网络交友诈骗等较为典型的电信诈骗形式。针对这些诈骗形式，详细讲解防范措施，提醒学生注意识别电信诈骗，避免上当，并介绍了青少年遇到违法犯罪活动时正确的处理方法和报警方式，着重向学生讲解怎样正确用法律的手段来保护自己。通过讲座，同学们明白了应该怎样规范自己的行为、怎样预防犯罪，明白了在生活中一定要做一个知法、懂法、守法的小公民。

陷阱五：谎称家中变故骗钱财

　　某聋校学生小李去年到商城购物时，遇到一名穿戴很普通的聋人。那人自称父亲遭遇车祸，在回家的路上带的 2000 元现金被盗，由于时间紧迫，只好请求小李借给路费回家看看。小李出于同情，借给他 100 元。回学校后听说其他同学也曾有过这样的遭遇，方知被骗。

支招：

　　同学们，虽然教师时常教育你们要乐于助人，但面对陌生人的请求时，要仔细辨别，别盲目同情，给骗子可乘之机。

四（1）班防诈骗 PPT 截图

● 法制宣传教育对象全员覆盖

学校法制宣传教育对象是全体师生，包括学校行政管理人员。学校邀请法律专业人士为全体中层以上领导干部举办法律知识讲座，提高干部依法治校、依法治教的意识和能力。

采用印发宣传资料、组织集中学习、举行法律知识竞赛、观看法制教育录像等形式，对全体教师进行法制教育。学校制定了教师行为规范、廉洁从教的规定，党员签订遵纪守法责任书，全体教工签订廉洁从教承诺书。

经常利用鲜活的法制教育事例，或宣讲，或印发张贴，给学生以及时的教育。充分利用有限空间，在学校走廊、文化橱窗等法制教育阵地宣传法律知识。

4.重视师德教育

学校高度重视师德师风建设，以《珠光小学教职工师德行为规范要求》为行动准则，通过行政会议、教师大会、日常教学工作、校园信息化平台等多种形式，加强对师德师风教育方面文件、案例等的学习、讨论和执行。每年对教师的师德师风进行评价，并建立教师师德考核档案，将考核结果列入档案中。

师德考核结果作为年度考核的依据之一。（详见"第五章员工"）

5.重视学生德育管理

学校展开各种德育活动，将社会伦理道德要求向学生渗透。如，学校结合社会主义核心价值观及深圳《关于进一步提升中小学生综合素养的指导意见》，遵循学生身心发展规律，以培养爱学习、爱劳动、爱祖国，身心健康、人格健全、社会责任感强，具备国际视野、较强创新精神和实践能力的特区新一代青少年为目标，针对当前教育存在的重分数轻素质、重知识轻能力、重书本轻实践等问题，制定了分年级的八大素养培养计划，以提升学生身心健康水平，增强创新实践能力，更好地适应城市现代化、国际化、信息化对人才的素质要求。（详见"第三章顾客"）

6.关注违反法律和道德的预防工作

学校非常关注违反法律和道德的预防工作，对于其他学校曾经出现的重大违法违纪案例，学校领导及时组织集中分析和学习，并结合学校自身的状况制定出预防措施，以防止同类案件在学校发生。

7.自觉接受多方监督

学校自觉接受多方监督，树立守法重德的形象。学校通过家校沟通平台，对教师在教育教学活动中出现的违反职业道德的情况进行及时调查和反馈。同时，学校还接受行政管理单位、社会公众、大众媒体、第三方审计部门等的监督。

三、创建成功的组织

（一）完成使命、实现战略目标

学校的使命是学校存在的理由，愿景是学校的长远目标，战略是在使命、愿景保持一致的前提下各阶段的具体规划。制定和实现各阶段的战略规划可以有效地促进学校总体绩效改进。学校通过建立战略管理体系，明确主要的战略目标，用以有效地促进组织整体绩效的改进（详见"第二章战略"）

（二）创建促进组织绩效、绩效领先的环境

学校建立了基于战略的绩效管理系统，分三个层次对学校的运营进行监测，以促进组织绩效和绩效领先：

● 学校层：学校运作的最终效果是通过客户所体会和感受的价值来评

价。所以我们将学校战略衡量机制（平衡计分卡）的客户价值层指标作为学校层指标。测量方式为战略回顾，测量频次为一学年一次。

● 运营层：平衡计分卡中其他各层的指标实现了对客户价值感受层各个指标的支撑，同时也是对教育、课程、德育等各个工作系统的运作情况和效果的衡量，所以我们将这些指标作为运营层指标。运营层指标的回顾与学校层指标一样，在每学年的战略回顾中进行。

● 基层：学校各个具体的工作过程的衡量指标。其测量指标为日常监督检查评价指标，测量方式为日常监督检查评价，测量频次不定期（每天、每周、每月、半学期）。

学校的绩效系统由战略目标分解，与战略目标紧密关联。通过绩效系统的驱动作用，确保战略目标的实现，实现绩效领先。

（三）创建组织学习和员工学习的环境

在珠光小学，"学习型组织建设"与"教师专业化发展"形成了"同向"合力，为了共同的目标相生共长。二者是相互依存、相生互补的关系。"学习型组织建设"促进"教师专业化发展"，"教师专业化发展"推动"学习型组织建设"。

学校以校本教研为主要途径，配以专业竞赛、国家培训、课题带动等行动，建立学习和发展系统，形成了一个为共同理想不断进取的学习型团队，发展教师个性特长，使之具有鲜明的教育、教学个性，并创造出各自的教育教学风格特色，进而形成了比较健全的教师专业化发展机制。（详见"第五章员工"）

（四）创建一种良好的顾客体验以及培育与顾客需求契合的员工文化

1.价值观引领

学校建立顾客导向，在学校的使命愿景价值观系统中，聚焦于学生。学校的宗旨是"依法办学、民主管理，全面贯彻党的教育方针，培养人格健全、基础扎实的学生，为他们成为未来公民奠基"。学校的使命是"让学生像珍珠一样发光，让教师像珍珠一样发光，让学校像珍珠一样发光"。

学校核心价值观中的"仁爱、卓越"，在顾客关系方面，则是提倡教师、学生、家长，以仁爱之心相互包容，相互接纳，各自承担起自己的责任，成为卓越的教师，卓越的学生，卓越的家长。

学校以"使命愿景价值观"为核心，倡导"关爱、负责、精业、奉献"

的员工文化：

- **关爱**：关爱生命、关爱学生、关爱自己、关爱集体、关爱事业
- **负责**：对生命的成长过程负责，对自己负责，对工作负责
- **精业**：精业须先敬业
- **奉献**：真诚自愿的付出

2.形成机制

● 赋予法律地位

学校的章程上承国家或地方政府教育政策或法律法规，下启学校内部管理，是经法定程序核准后具有一定法律效力的、成文的治校总纲。学校在章程中对学生和家长的权益进行了明确。

如，在第五十六条中规定：为保障学生在校期间的合法权益，学校及教职工应当做到：

平等对待学生。关注学生个体差异，因材施教，促进学生充分发展。不得歧视学生。

尊重学生人格。不得对学生实施体罚、变相体罚或者其他侮辱人格尊严的行为，严禁用讽刺、威吓等方式给学生心理造成伤害。

尊重学生隐私。保护学生个人信息，未经学生及其监护人同意，不得随意使用、披露学生个人隐私。

不得非法收缴学生财物。为保护学生安全、保障校园秩序，可以对学生违纪的相关物品采取必要措施予以处理，但应及时与监护人联系。

在第七十八条中规定：学校定期召开校级家长委员会，向家长通报学校建设和发展方面的重大事项，听取合理意见。家长委员会对学校依法办学、校风建设、校务公开、师德师风等方面进行监督。

● 纳入战略管理

在学校进行战略规划时，首先定义了学生和家长是战略规划的关键参与者，而后在战略分析时关注学生和家长的需求，将学生和家长的关键需求作为战略输入之一，最终形成战略地图中的客户层战略目标，并在平衡计分卡中制定相对应的衡量指标进行监控。

● 制度先行

在制度方面，学校建立了《珠光小学教职工师德行为规范要求》《珠光小

学班主任工作标准》《课堂教学管理条例》等多项制度对教师的行为进行规范。并制定《投诉管理制度》，对学生和家长的投诉进行管理。

● 流程保障

学校针对关键工作过程建立了近 50 个工作流程图。如在"学生、家长需求挖掘流程"中，明确规定了学生和家长需求的收集、分析和确定的具体活动和要求；在"课程设计及开发流程"中，对校本课程设计开发如何利用和关注学生、家长的需求做了明确的规范。

又如，在教学设计流程中，明确要求教师备课时要关注学生的学情（见教学设计流程表）。

教学设计流程（节选）

教学设计流程（1）			
步骤	**关键点**	**责任人**	**资料**
收集学生的学习情况 学生考试成绩分布的情况 目前学生的学习状态 学生学习的思维特点	收集的信息应与学生目前学习状况相吻合	教师	
	采用了哪些分析方法？这些分析方法是否合理？得出的结论是否准确？是否与其他老师进行过相互验证？	教师	教案
学情分析 分析学生学习上存在的问题 分析学生的学习基础现状 分析学生的学习态度 了解学生的学习动机	学生分层的合理性如何？是否过粗或过细？	教师	教案
学生分层	分析本课在本单元的地位，是新授课还是巩固拓展课，是综合课还是复习课，是以听说为主的课还是以读写为主的课，分析单元内各课之间前后的联系，重点难点的分布	教师	教案
解读教材			
收集与教材相关的信息 与教材配套的资料 适用于本科的背景资料 优秀教案	1. 该信息是否为本章节有益的补充 2. 该信息是否帮助学生理解本章节的知识	教师	
	关键词确定是否准确	教师	教案
解读课标 寻找关键词	是否过于拓展？拓展层级一般为2—3层，拓展词语不超过5个	教师	教案
拓展或剖析关键词 形成剖析图	逻辑关系是否清晰？	教师	教案
研读教材、教参等教学资源以及学情 形成单元三维目标	1. 三维目标是否全部覆盖？ 2. 是否明确行为主体、行为动词、行为条件、表现程度？ 3. 三维目标是否符合学生的实际情况？ 4. 行为主体是否清晰准确？ 5. 是否有德育教育的渗透目标？	教师	教案

（五）创建一种创新、承担明智性的风险，实现战略目标且保持组织灵活性的环境

1.创建创新的环境

高层领导高度重视创新，在学校的核心价值观"卓越"中就包含了学校对创新的追求。

学校积极营造利于创新的环境，建立创新制度，鼓励发展创新能力，在政策、管理、运营等方面都支持和鼓励创新，以提高和强化学校的竞争力。

● 营造"学术自由"的氛围

创新离不开研究，学校教科研工作的核心理念是"学术自由"，即教育科研工作的自由化、学术化，强调教师教育科研的主动性和内驱力，鼓励教师根据教育教学实际和自身专业特长，自愿、自发地参与课题研究、校本课程开发、校本教材编写与实施等活动，不采取行政命令方式强制参加。

● 引导"创新与常规教学相结合"

学校注重教育科研与教学常规的结合，提倡带着问题研究，带着问题教学，以问题促课题，逐步引导教师实现从教育科研阵地向一线教育教学转变，从理论科研向校本教研转变，从单纯写教研论文向全面提高教育教学质量转变，从个人学术发展向帮助学生全面发展转变。

在校本课程方面，学校目前形成了两类具有代表性的校本课程。其一是面向全体学生的普及课程，如生态教育课程、科技教育课程；其二是针对学生兴趣特长和潜能挖掘的特色课程，如创意故事绘、玩转文学课程。这两类课程着眼于普及与提高相结合，既考虑到了全体学生素养的提升，又兼顾到了部分学生的个性需求。其中创意故事绘与玩转文学两门校本课程通过深圳市教科院评审，成为2015年深圳市好课程。

学校立足于学生，研究完成《关于学生课间奔跑行为的成因及对策研究》《小学低年级计算错误类型、成因及应对策略的研究》《实践中学科学》《区分长方形的周长和面积的相关知识的学习策略研究》《中年级语文精读课文预习单的设计与有效实施》《以绘本为载体，用美术形式渗透各个学科探索》《身边的对联文化》《创意拼装雪花片》等课题。

● 制定奖励机制

学校为鼓励教师创新，高层领导积极营造有利于创新的工作环境，制定了《教育教学科研创新奖方案》，倡导并奖励教育科研创新，大大激发了广大教师从事教育科研的积极性和创造性。

● 课题研究

学校教科研工作的核心理念是"学术自由"，即教育科研工作的自由化、学术化，强调教师教育科研的主动性和内驱力，鼓励教师根据教育教学实际和自身专业特长，自愿、自发地参与课题研究。以下为学校近三年来课题研究成果。

课题名称	批准单位	级别	主持人	开题时间
校园 No.1 网络竞技学校组织策略研究	南山区科创局	区级	王春平、李捷	2013.10
南山区泛在学习实验学校	南山区教育局	区级	王春平、郑伟	2014.3
信息技术与中小学课程深度融合研究	南山区科创局	区级	王春平、李捷	2014.12
建设信息技术条件下的学校卓越绩效管理体系 打造智慧校园	南山区教育局	区级	王春平、郑伟	2014.4
深圳市卓越绩效管理试点学校	深圳市教育局	市级	王春平、李捷	2014.11
关于学生课间奔跑行为的成因及对策研究	珠光小学	校级	苏国发、张霞、荣雪、郑伟	2013.9
小学低年级计算错误类型、成因及应对策略的研究	珠光小学	校级	伍纯、姜淑华、吕昀娣	2013.9
实践中学科学	珠光小学	校级	郑江泉、李文韬	2013.9

续表

课题名称	批准单位	级别	主持人	开题时间
区分长方形的周长和面积的相关知识的学习策略研究	珠光小学	校级	刘丹桐、刘溪	2013.9
中年级语文精读课文预习单的设计与有效实施	珠光小学	校级	张美嫦	2013.9
以绘本为载体，用美术形式渗透各个学科探索	珠光小学	校级	孙勇	2013.9
广东省教育国际化实验学校	广东省教育国际化专业委员会	省级	王春平、丁志波、李捷	2015.9
身边的对联文化	深圳市教育局	市级	霍达意、刘红艳	2015.11
创意拼装雪花片	深圳市教育局	市级	何晓彤、魏冬梅	2015.11
互联网＋儿童文学阅读之不同学段学生的阅读趋向和阅读书目研究	广东省教育技术中心	省级	王春平、李捷、郑伟	2016.6
教育教学大数据分析	中央电教馆	国家级	王春平、李捷、郑伟、李文韬	2016.9
基于珠光小学综合服务平台的教育游戏学生素养评价体系构建	南山区科创局	区级	王春平、李捷、郑伟、陈忠秀、李文韬、黄宝渠	2016.6
基于iPad移动终端的小学数学课堂教学案例研究	南山区科创局	区级	魏冬梅、张洁瑜、张娟、刘丹桐、王国勇、黄宝渠、吕昀娣、刘芳、蔡婉玲、马婧怡、林浩纯、谢萌	2016.6

2.承担明智的风险

学校在战略分析中所采用的重要工具之——SWOT分析，识别出了我们面临的机会和威胁，以及自身的优势和劣势；通过利用优势、市场机会，扭转我们的劣势、抵御各种威胁（挑战），并扩大我们的优势，有效地应对各种战略机会，承担明智的风险。

战略机会存在的风险应对策略

战略机会	存在的风险	应对策略
1.打造南山北部片区教育，区委区政府先后出台5个文件。《南山区教育质量攻坚五年行动计划》提出在北部片区借助大学城、南方科技大学实验学校、国际教育资源优势就地打造两三所品牌学校	竞争更加激烈，学校教师团队的能力和素质不能满足竞争的需求	利用学校教师学历较高的优势，通过建立校内教师校本课程奖励机制、青年教师的阶梯发展机制、卓越教师的运行机制等来应对存在的风险
2.新的信息技术手段在教育领域的实际应用，建设泛在学习环境，实现信息技术条件下的教育教学变革	盲目追求信息技术手段的应用，而忽略最终的教育教学效果，造成虚假	利用学校信息化水平位于全区前列的优势，通过研究基于教育云的泛在学习方式和智慧校园建设，筛选实用性强的信息技术手段来应对存在的风险
3.南山区教育系统2013暑期学习会，时任区长余新国提出建设新南山"一带、五圈、两基地"。"一带"指的是打造大沙河走廊，即北环大道以北，包括学校在内的社区	生源的不稳定性提高，对学校的教育教学质量提出了更高的要求	建立学生需求收集和分析机制，及时收集学生的信息和需求，利用初步形成的学校办学特色，对学生进行德育培养。利用"自主、合作、探究"的学习模式，让学生在参与、探究、体验的过程中，实现对知识的认同、接纳、融合以及应用拓展，提升教学质量
4.周边社区居住环境的改善，社区居民对教育的重视、投入程度及期望程度远高于过去，参与学校教育教学的愿望大大增强，能为学校提供远超以往的教育教学资源	不了解学校的运作，虽然有热情，但参与的方式方法不对，扰乱正常的教学秩序	办好家长学校，实施社区强化计划，帮助社区居民了解学校运作和正确的参与方法
5.教育国际化是世界教育改革发展的潮流，也是我国未来十年教育改革发展的方向	合作的外方学校片面追求经济利益，存在忽视教育质量的倾向	倚重专业的行业协会，考察和评价合作伙伴

3.保持组织灵活性

（1）保持学校灵活性的方法

●学校指定教导处收集整理、深入分析解读与学校办学及教育教学密切相关的政策法规，收集竞争对手、标杆在文化理念、教育教学和品牌建设等方面的特点和优劣势，识别出对学校发展可能产生的全方位影响，为学校决策提供参考借鉴。

●学校通过各类家校沟通平台，深入了解学生及家长目前和潜在的教育教学需求，分析识别，并以此为依据进行提高改进。

●适时追踪了解社会公众 / 社区对学校的需求反馈，保证学校教育与其需求的一致性。如，现代社会污染日益严重，人们的环保意识越来越强烈，有鉴于此，学校引入国际生态教育理念，从垃圾分类和节约用水两个环保项目入手，创建申报国际生态学校，促进学生对可持续发展问题进一步了解，对可持续发展的意识和能力有了相应的提高。

●关注社会的变化给教育教学带来的挑战，及时采取措施，开设各类基于个性化和综合素养的校本化课程。如，教育国际化是世界教育改革发展的潮流，也是我国未来十年教育改革发展的方向。南山区提出要实现南山教育的均衡化、国际化、信息化、素质化和个性化发展，在国内外形成具有一定知名度的"南山质量"教育品牌，其中十项任务之一就是全面推进教育国际化。珠光小学顺势而行，以创建国际生态学校为契机，搭建科技生态学校的国际交流平台，充分发挥学校科技创新教育的优势，积极探索以科技生态教育作为主题，将优秀的中华传统文化与先进的西方现代文化结合交融，从而使学生受到国际理解教育的熏陶，既具有科技生态教育中华情结，又具有开放包容的国际情怀。

（2）方法有效性的评估

学校通过需求意向与满意度调查，从结果反映上述方法的有效性和适宜性。每学期一次的满意度调查涵盖了学生和家长接受学校教育教学服务的各个方面，能够充分反映学生和家长的感受，需求意向与满意度调查的结果是对方法有效性最直接的反馈。

（六）参与继任计划，以及对未来领导者的培养

1.对继任者的选择

● 校长：由南山区教育局通过网络、报纸等途径面向全国招聘，按照网上申请—专家评定—集中面试—访谈—体检—领导力测试—背景调查—组织考核—讨论决定—公示—聘任程序进行。

● 副校长由校长推荐，区教育局进行批准和任命或由区教育局直接任命。

● 中层管理干部采取竞争上岗的方式选拔，经由校长批准任命。

2.对继任者的培养

学校明确管理干部职业晋升通道，并结合岗位要求进行相关培养。

● 理论培训：制定有针对性的培训和学习计划，对继任者进行理论素养提升。

● 实践锻炼：大胆起用，通过给位子、压担子的方法，将培养对象放置到拟提拔的岗位进行实际锻炼。学校领导对其表现进行辅导和评价，提升其相应的能力。

● 换岗培养：以换岗培养的方式着力培养复合型人才，提高工作效率，加快梯队建设，使继任者更好地适应现代学校的管理模式。

第二部分　沟通和组织绩效

一、沟通

（一）沟通的原则

高层领导秉承着相互尊重、双向坦诚的原则，就日常工作交流、教育教学工作安排、通知公告、意见建议等与教职员工进行沟通。

● 相互尊重：学校的价值观体系进一步促进沟通中的彼此尊重，真诚倾听对方的想法意愿，关注对方的建议及合理化诉求。如每个学期末，学校给专任教师发放《需求调查表》，让教师们提需求。

● 双向坦诚：坦诚是沟通的基础和态度，双向是沟通的有效渠道，双向坦诚的沟通使双方能够态度真诚，深入内心，构建良好的环境和氛围。如，学校引进优秀教师时，让相关利益者参与讨论，共同制订方案及绩效考核办法。

（二）沟通的渠道

沟通的渠道和方法有以下几种：

沟通对象	沟通渠道	主要内容	频次	方法／工具
高层与高层之间	党委校长室联席会议	学校重大问题的研究	／	会议
	校长办公会	学校重大问题及临时问题的研究	／	会议
	面谈	工作安排及其他沟通	随时	／
	电话	工作安排及其他沟通	随时	通信
	网络工具	工作安排及其他沟通	随时	网络
高层与中层之间	行政例会	确定各部门本阶段工作重点、问题研究	1次／周	会议
	面谈	日常工作交流、工作绩效	随时	／
	电话	工作安排及其他沟通	随时	通信
	网络工具	日常工作交流、教育教学工作安排、发布通知公告	随时	网络
高层与全体员工	全校大会	总结上学期工作，布置本阶段工作；重大事项公布；专项内容通报；专业化提升	／	会议
	教职工代表大会	研究、表决、通过学校发展的重大决策；专项议题的研究和决策	／	会议
	部门定期例会	教育教学业务探讨	／	会议
	面谈	日常工作交流、工作绩效	随时	／
	电话	工作安排及其他沟通	随时	通信
	网络工具	日常工作交流、教育教学工作安排、发布通知公告	随时	网络

同时，高层领导非常注意教职员工的日常生活，经常深入员工中，了解员工的思想动态和合理诉求；关心员工的生活和心理状况，为员工排忧解难；对自身或家庭有困难的员工，带头并号召全体员工在物质和心理上予以支持、鼓励和帮助。

（三）对沟通的鼓励

● 对教职员工提出的合理化建议进行精神上的奖励，如会议上表彰等，鼓励教职员工建言献策。

● 高层领导信箱公开，随时接收教职员工邮件，对教职员工反映的问题，高层领导逐一进行答复，从不遗漏任何一封邮件。

● 高层领导深入基层走访倾听员工的声音，以自身行为鼓励员工交流沟通。

● 学校鼓励教师在教代会中多提案、提好案，对采纳的提案进行奖励（500元）。

（四）就关键决策和组织变革的沟通

学校的政策、制度、重大决策等的制定遵循民主原则，在制定过程中广泛倾听各方的意见和建议，召开教职工代表大会 / 教师大会进行决策。在落实过程中及时了解各方的情况，从而确保高层的决策能有效地得以落实。

（五）在教职工奖励和认可方面担当积极的角色以促进高绩效并强化以顾客和业务为关注焦点

学校设立多种评选活动，奖励和认可教师担当积极的角色以促进高绩效并强化以顾客和业务为关注焦点。

员工奖励和认可方法（节选）

奖项	评价内容	对象	价值
优秀教师	年度考勤、职责履行情况、参加校内活动情况、教学质量、教师职业道德遵守情况	市级：在深圳任职3年以上的教师 区级：全体教师	公正合理、全面真实地反映教师的工作态度、工作能力和工作绩效，充分调动广大教职工的积极性和创造性，引导教师正确评价自我、完善自我、发展自我
优秀班主任	敬业程度、工作经验、班风学风、学生全面发展情况、班级组织建设、学生的道德品质和行为习惯、教师自身德育科研成果等	市级：在深圳任职3年以上的教师 区级：全体班主任	1.为学校能顺利开展各项思想教育活动奠定基础 2.是学校打造品牌，稳步发展的中心力量
教育先进工作者	学科德育实践方面效果、后进生转化、预防和减少青少年学生违法犯罪等方面成绩、组织团体辅导和个别心理辅导方面成绩、工作经验等	市级：调入深圳3年以上的教职工 区级：全体教职工	鼓励教师能结合学生实际，创造性地做好德育工作
教育教学科研创新奖	● 校本课程、校本教材与学生社团 ● 教育技术及信息技术 ● 课题研究及论文 ● 教学竞赛	本校在岗一线教师及教学管理人员	落实科教兴校战略，鼓励我校教师积极开展教育教学科研工作，增强教育创新能力，提高教育教学质量及学生素养和区域竞争力

二、聚焦行动

（一）确立以行动为关注焦点，建立完备的战略管理系统，通过长短期战略的结合，实现组织的战略目标，改进绩效，以达成学校的愿景和承担明智的风险

学校在战略分析中所采用的重要工具之一——SWOT 分析，识别出了我们面临的机会和威胁，以及自身的优势和劣势；通过利用优势、市场机会，扭转我们的劣势、抵御各种威胁（挑战），并扩大我们的优势，有效地应对各种战略机会，最终形成学校的战略目标。

战略规划是以愿景的实现为前提的，学校的战略规划支持愿景的达成。根据教育行业特点并结合我校实际，我们将战略分为三年和年度两个区间。三年战略指导年度战略分解，学校年度的战略主要以落实三年规划为目的，我们通过年度工作计划的方式来落实三年战略。

战略规划方面运用"战略地图""平衡计分卡"等工具，建立了学校层的战略管理体系，由战略描述（战略地图）、战略衡量（平衡计分卡及指标档案）、战略执行（行动方案）构成，通过战略描述、衡量、执行三者紧密关联的逻辑关系链，确保整个学校的战略得到深入的落实和执行。

各种行动方案（战略执行），通过转化为相应的工作计划予以落实，通过对工作过程和工作效果的各级监测和度量体系，对工作实施情况进行跟踪。同时，对相应员工进行技能性培训，以提高员工的执行力，提升行动的有效性。

（二）高层领导通过对组织层、底层活动的有效监控，了解学校的运营状况，识别并鼓励创新和采取针对性行动，改善与提升绩效

层级	指标选择	监测目标	监测方式	针对性的行动（改进）	识别创新
组织层	组织层绩效指标	学校平衡计分卡中客户层的各项指标 如：C1多样化的课程提供了个性化选择空间。指标为： 1.（校本）课程的门数 2.（校本）课程的类别 3.课程对学生需求的覆盖程度 4.参加各类区级教育行政部门比赛项目的百分比	战略回顾	1.员工培训、技能提升、增加资源、增加监控等 2.战略调整	● 关注与核心竞争力相关的未达标的绩效指标，寻找创新机会 ● 关注与学生和利益相关方紧密相关的绩效结果视为创新的高优先级 ● 短板绩效指标的改进是寻找创新机会的重点 ● 关注异常变化的绩效指标识别创新机会，以做出及时应对
运营层	运营层绩效指标	学校平衡计分卡中内部运营层和学习与成长层中的各项指标 如：P2个人备课关注学情、教学目标、教学设计、作业设计四者之间的逻辑关系。其指标为： 1.教师备课教案合格率 2.教师备课教案优秀率	战略回顾	行为纠偏、员工培训、技能提升、增加资源、增加监控等 检查结果通报、满意度调查结果等改进内容定向跟踪质量分析与指导调整运营模式，增减运营流程等	
底层	底层监测指标	为日常监督检查评价指标。如，课堂评价、作业评价等	日常监督检查：听课、现场评价、定向检查、行为观察、访谈等	现场反馈并定向跟踪 检查评价并指导改进 评课辩课 教学反思 绩效面谈——指出问题，提出改进的方向。限定改进的时限	

（三）在绩效期望中关注为顾客及其他利益相关者创造和平衡价值

学校的顾客是学生、家长，主要利益相关方是教职工、合作伙伴、上级教育主管部门和所在社区，而上级教育主管部门是代表更多的学生和家长对学校提出要求，其所关注的价值即学生和家长关注的价值。通过对活动的管理，为利益相关方创造和平衡价值：

● 识别需求——学校通过各种方式倾听学生、家长及其他利益相关方的声音，经过识别与分析，从而获知各相关方的利益需求和价值期望。

● 创造价值——针对各相关方的利益需求和价值期望，学校通过内外部环境的战略分析，确定实现其利益需求和价值期望的重点和方向，通过建立系统的战略管理体系来实现其需求与期望。

● 平衡价值——在保证实现共同价值的基础上，学校在平衡计分卡中设立具体指标来关注和平衡各相关方价值。见下表：

类别	关注重点	价值	战略重点	衡量指标 / 行动方案
学生 / 家长 / 上级教育主管部门	奠定基础	关注学生在学习过程中获取的新知识所必需的基本学习经验和学习能力	C7培养"听、说、读、写、算、做"六项基础学力	期末考试成绩 合格率 / 优秀率
			C8学会学习与生活、学会合作、学会选择、学会创造	学会学习与生活、学会合作、学会选择、学会创造的评价等级C级以上占比
			P3根据学生的年龄特点和课程标准，培养学生自主学习、合作学习、探究学习的能力	教学设计中自主学习、合作学习、探究学习与课型、学情的吻合度 自主学习参与度和达成度 合作学习参与度和达成度 探究学习参与度和达成度
	素质培养	关注学生的身心健康，培养健全人格的学生，让孩子的兴趣得到广泛发展，引导学生身心发展，以达到实施素质教育的要求	C4人格健全	学生综合素质评价系统之心理素质、品德的等级C级以上占比
			C5兴趣广泛多才多艺	参加各类兴趣培养的人数比 体育课、美术课、音乐课三项各为A以上的学生占比
			C6自信、自律、健康成长	自信、自律、健康成长评价等级C级以上占比

续表

类别	关注重点	价值	战略重点	衡量指标 / 行动方案
学生／家长／上级教育主管部门	未来发展	关注学生在未来发展中所需要的要素，对学生进行培养，为学生的未来发展奠定基础	C9 奠定良好的身体健康基础，培养运动的好习惯	国家体质测试数据达标率体质合格、良好、优质学生各占比例学生所参与体育项目的数量学校各项体育活动（含比赛）学生参与比例
			C10 培养成功人生所需的持续的热情、强烈的好奇心和使命感	《成功人生奠基培养方案》
	个性化	尊重学生差异，通过为学生提供个性化的教育教学服务，尊重和发挥学生的学习积极性，重视学生个性的和谐发展	C1 多样化的课程提供了个性化选择空间	（校本）课程的门数（校本）课程的类别课程对学生需求的覆盖程度参加各类区级教育行政部门比赛项目的百分比
			C2 课程实施的多种方式、多种渠道、多种手段，满足不同学生的需求	教学方式对学情的符合度教育技术应用的种类教学设计对学情的符合度作业对学情的符合度
			C3 评价方式多样化及个性化，保护了学生的学习兴趣	学生、家长主动参与评价的参与率学生、家长对评价的满意度
	和谐家校关系	为家长提供个性化的教育教学服务，并与家长保持良好的沟通，建立良好的关系，有利于对学生的共同培养	C11 家长参与学校活动，适度参与学校评价	家长参加学校活动的领域数量家长参与评价的项目数量
			C12 家长学校提供资源支持	家长义工数
			C13 为家长提供全面、准确的学校办学业绩信息（学生、教师、学校）	信息提供的种类
			C14 学校为家长提供教育方面的培训	家长学校举办培训的次数家长参与家长学校培训的占比

续表

类别	关注重点	价值	战略重点	衡量指标/行动方案
教师	发展支持	激发教师的教研热情，减少职业倦怠，提升教师的能力。保持学校可持续发展	L1 校内教师校本课程奖励机制（课程研究、校本课程、学生社团）	教师对校内教师校本课程奖励机制的满意度
			L4 青年教师的阶梯发展机制	任务完成率 培养目标的达成率
			L5 卓越教师的运行机制	卓越教师的数量
			L6 建立小课题管理和激励机制	《珠光小学教育教学创新奖励办法》
合作伙伴	实现共赢	有利于形成教育合力，可持续改善教育环境，提升教育效能	L2 校外教师资源的挖掘、选择和评价流程	《校外教师资源的挖掘、选择和评价流程》
			L3 建立与外部教师资源共赢的合作模式	《四点半学校计划》
社区	社区强化	充分发挥学校自身的特点，强化社区的发展和文化建设	P22 实施社区强化计划	社区环保宣传频次 进社区志愿者活动次数

第二节 治理和社会责任

一、组织的治理

（一）确保有责任的治理

学校依法自主管理，建立决策、执行与监督健全的学校治理结构。学校在党组织政治核心统领下，构建起以学校章程为依据、以校长负责制为主体，教职工代表大会、家长委员会，民主参与的学校内部治理结构。为确保有责任的治理，学校明确落实各治理机构成员的职责。

1.校长

校长是学校的法定代表人，校长行使以下职权并履行相应职责：

● 按照学校章程自主管理学校。

● 拟订学校发展规划和建设方案，全面负责各项工作。

● 组织实施思想品德教育和教育教学活动。

● 建立和健全教职员工岗位责任制和有关规章制度。

● 组织拟订和执行年度经费预算方案，审批学校的财务开支，依法管理学校国有资产，发挥教育公共资源的效益。

● 依法维护学校及师生的合法权益。

● 在重大问题决策前，要认真听取党组织、教职工代表大会（工会）的意见。

● 拒绝任何组织和个人对学校教育教学活动的非法干涉。

● 履行法律、法规和教育行政主管部门赋予的其他职权。

校长因故不能履行职责时，由校长指定一名副校长暂时主持学校日常事务。

2.副校长

负责教学工作，协助校长分管教学科研、信息及学生发展与家校沟通。

3.党团组织

学校党支部委员会全面负责党员的思想建设、组织建设、作风建设与廉政建设。检查与监督党的路线、方针、政策、决议及学校重大决策的执行情况，全面提高党员干部素质。

4.教职工代表大会

教职工代表大会是由学校全体教师选举产生的、代表教职工群体利益的群众性组织，参与学校的民主管理、民主决策、民主监督等事务。教职工代表大会依法组建、行使职权并承担义务。教职工代表大会行使下列职权：

● 审议通过学校章程、发展规划、文化建设等学校发展的重大制度。

● 审议通过教职工聘任方案、绩效工资实施方案、岗位设置与职称方案等与教职工切身利益密切相关的重大改革方案、制度或措施等，并提出意见和建议。

● 听取年度工作报告、财务工作报告及其他专项工作报告，提出意见和建议。

● 监督学校章程、规章制度的落实，提出合理化的意见与建议。

● 选举工会主席、工会委员及工会经审委员会委员。

5.校务委员会

校务委员会由以下成员组成：

组　长：王春平

副组长：张　泉　胡　梅

委　员：王文娟、罗桐祥、李金瑞、李捷、苏国发、李宽民、何志胜、郑伟、丁志波、陈忠秀、李文韬、荣雪、罗新文、裴星、伍纯、张苑芳、张洁瑜、张美嫦、武丽红、鲍远军

校务委员会行使以下职责：

● 对学校章程、学校发展规划及年度工作报告进行研究，并提出意见。

● 对学校重大教育教学改革以及涉及学生、家长、社区工作的重要事项的决策进行研究，并提出意见。

● 通报学校办学、管理和发展情况，就学校发展重大问题提出意见建议。

● 重点审议涉及学校发展和师生、家长切身利益的重大事项。

● 讨论审议上一届校务委员会工作报告。

● 讨论法律法规规章及学校章程规定的其他事项。

6.家长委员会

家长委员会是代表全体家长参与学校民主管理，支持和监督学校做好教育工作的群众性组织。家长委员会作为全体家长的代表参与学校管理工作，在家校之间和家长内部担负沟通协调、监督评议的职能，发挥促进教学改革、完善学校管理、维护学生及家长权益等方面的作用。家长委员会具有以下职责：

● 定期（每学期开学初和学期末）听取学校有关教育、教学等方面的工作计划和总结。

● 充分发挥监督职能，密切联系家长，主动收集对学校管理、教育教学等方面的意见和分析存在的问题，对学校和班级工作在调研基础上提出建设性的提案，跟踪并监督学校有关部门及时批复和落实整改。

● 以适当的方式和场合宣传学校办学条件的改善，让广大家长及时了解学校的办学成绩，促进家校和谐。

● 协调组织校内外资源开展第二课堂活动，在提高学习兴趣、增强学生体质和生存技能、培养健全人格和团队精神等方面探索创新有效的方法，做好课堂教育的补充。

● 组织有效的交流活动，促进家长间、家委会委员与教师、家委会委员之间的了解和信任，组织评选好家长、好家庭，协助学校对教师的年度评价工作。

● 协助学校办好家长学校，带头学习家教知识，发动家长订阅家庭教育报刊，提高家长素质。

学校建有以下常设机构，定期或不定期地研究决定学校重大事项：

1.校长办公会议

校长办公会议是学校最高决策机构。会议由校长负责召集并主持，议题由学校领导班子成员提出。参加人员为校长、党支部书记、副校长，根据工作需要可邀请工会主席、学校办公室主任等有关同志列席会议。会议应充分发扬民主，在广泛听取与会人员意见基础上，对讨论研究的事项做出决定。

2.行政会议

行政会议是学校日常性工作的决策机构，原则上每周召开一次，参加人员为中层以上的行政干部及党群组织负责人，必要时可邀请年级组长、科组长参会（行政扩大会）。

（二）战略计划责任归属

我校考虑学校的特点，组建了跨部门的战略管理机构。战略管理机构的成员是学校制定战略的关键参与者。

● 组成人员：校长以及学校各个部门的负责人作为主要组成人员。必要时还会邀请教师代表、校外的专家、社区管理人员、学生家长等外部人员。

● 职责范围：对学校战略管理的各环节进行管理，包括战略信息收集分析、战略制定、战略执行、监控和回顾等。各部门负责人根据部门职责，并结合长期战略、中期战略和短期战略，明确部门的工作目标和关键工作任务，以此保障战略实现。

（三）财务方面的责任归属

从2001年开始，南山区正式成立会计核算管理中心，学校实行零余额账户，学校没有现金及支票，只有账上资金数额，当年年底资金有结余，余额归零。区会计核算管理中心负责全区财务管理，学校财务部门只设报账会计，负责将学校所有财务收支报区会计核算管理中心，学校日常的财务开支由采购人先行垫支现金或刷银行卡支付，待相关报销手续办理齐全之后，再由报账会计到区会计核算管理中心报销。同时规定：校内1000元以上的开支一律银行转账支付，政府采购资金由区会计核算管理中心直接支付。区会计核算管理中心一年两次（上半年、下半年各一次）负责将学校的财务分析报告送达学校，分析学校年度财务运作情况，供学校参考。

（四）运营的透明性

学校通过校务公开的形式，使顾客、利益相关者和社会公众及时了解学校运行的过程及效果，并接受其监督，保证学校运营的透明。

（五）治理机构成员的选择和公开政策

类别	选择范围	选择方式	公开形式	公开范围
校长	全国优秀管理人才	招聘、选调	校园网、教育局网站、全校大会	教职工及全社会
副校长	全国优秀管理人才／学校内继任者	招聘、选调／推荐	校园网、教育局网站、全校大会	教职工及全社会
党支部委员	党员	民主选举	校园网、教育局网站、全校大会	教职工及全社会
教代会	教职工	民主选举	校园网、全校大会	校内教职工
校务委员会	学校领导、教师、学生、家长、社区代表、专家等多方人员组成	自荐／选举	校园网、全校大会、学校章程	教职工及全社会
家长委员会	家长	自荐／选举	校园网、全校大会、班级会议、家长会	校内教职工、家长

（六）内外部审计的独立性和有效性

学校根据《广东省教育系统内部审计工作规定（试行）》（粤教审〔2004〕9号）、《关于印发广东教育审计规范的通知》（粤教审〔2006〕3号）及相关法规，建立了财务内审小组，从而保证了财务审计的公正、公开及其独立性和有效性。

外部审计由区教育局聘请会计师事务所，对学校进行审计，确保审计机构不受限制地接触任何与审计有关的记录、文件和所需的其他信息。学校提供审计所需的全部会计资料和其他有关资料，并保证所提供资料的真实性和完整性。

（七）利益相关者和股东利益的保护

学校的主要利益相关者包括顾客（学生和家长）和其他利益相关方（教职工、合作伙伴、上级主管部门和所在社区）。由于珠光小学为公办学校，所以不存在股东。

利益相关方	利益关注点	保护措施
学生及家长	教育教学质量	学校通过听课、现场评价、定向检查（教学资料、学生档案资料、德育活动资料等）、行为观察（教学行为、管理行为、服务行为等）等方式监测教育教学行为和质量，以保证学生的教育需求得到满足
	校园安全	1. 建立安全管理组织领导责任网络，将安全管理落实到各个部门 2. 定期对安全隐患点进行排查 3. 学校建立《安全应急预案》，以应对突发事件 4. 学校每学年组织火灾、地震等消防安全疏散与逃生演习，通过实地体验，切实增强全体师生安全防护意识，使学生掌握逃生知识和紧急事故发生时的应急防护救助能力
教职工	职业发展	1. 为各教龄段教师提出发展指引——激发教师工作热情，降低职业倦怠感 2. 实施青蓝工程——在青年教师培养工作中，实行导师制，通过青蓝工程，新老教师结成对子，发挥学校现有骨干教师的传帮带作用，加强对青年教师的思想引导和专业指导，使青年教师迅速成长 3. 通过教学和课题研究实践、校本研修等方式，提高其课堂教学水平和科研能力，使其尽快成长为区名师、市骨干教师 4. 各种培训、比赛机会——使教师的知识结构和综合适应能力有进一步改善与增强
	福利待遇	严格按照国家法律法规的规定，关注教职工的福利待遇
	职业健康	学校组织定期体检，识别教职工的职业健康状态，并且围绕教学和生活的工作场所设定测量指标或改进目标，并采取相应措施，提供良好的工作环境，保障师生拥有安全健康和有保障的校园环境
上级主管部门	财务经费	严格按照上级主管部门的规定执行，保证了财务安全和使用情况的公开透明
	资产管理	严格按照上级主管部门的相关规定进行学校的招投标工作
所在社区	社会影响	学校将强化社区作为战略重点之一，并与日常运营关联

（八）高层领导者的继任计划

具体内容见本书第24页（六）参与继任计划，以及组织未来领导者的培养。

二、绩效评估

（一）评价高层领导和治理机构成员的绩效

1.评价高层领导的绩效

校长、副校长的测评由区教育局机关党政领导组成考核领导小组，指导考核工作的开展，区教育局人事科牵头，由机关各科室负责人组成考核工作小组，具体负责考核的实施。

评价内容包括自我评价和他人评价两部分：

● 自我评价：高层领导根据学年度的工作情况进行自评，填写《年度考核自评表》和《考核鉴定表》并撰写述职报告，面向全体教职工述职，述职报告在校内公示3天。

● 他人评价：区教育局在平台发起，由本校在岗半年以上的教职工对校领导进行评价，填写《民意测评表》。测评率达80%视为完成。中层以上干部对"校（园）领导的意见和建议"的填写应不少于50字。校长对正副书记、副校长进行评价，填写民意测评表。

附：校长（2015—2016）学年度考核鉴定表

（2015—2016）学年度考核鉴定表

姓名	王春平	性别	男	出生年月	1966.3.21	任职时间	2013.8
工作单位及职务				珠光小学校长、党支部书记			
个人述职							

个人述职

一、取得的成绩及主要工作

（一）加强党风廉政建设，依法治校

遵循上级党委的统一部署，组织我校党员及教职工坚持理论学习，抓好贯彻落实。建立健全规章制度。继续打造卓越绩效标准治理下的智慧校园：2015年9月荣获"深圳市先进单位"称号；同年11月被评为社会主义核心价值观教育示范学校，获深圳市"智慧校园"示范学校授牌。2016年4月，珠光小学荣获南山区"2015年度中小学德育均衡化发展"创新奖；同年5月，获"教育国际化实验学校"授牌。

（二）全面深化新一轮课程改革，抓好教学科研

本学年我经区教育局的推荐赴南京参加了中国教育科学研究院组织的第十届全国校长发展学校培训班、通过市教育局的考核赴北京参加了全国小学骨干校长高级研修班学习，在学习中感悟到学校要全面深化新一轮课程改革，必须要抓好教学科研，从儿童世界出发，提高珠光小学办学品质。2015年9月我校挂牌成为南山区十二所教师发展基地之一，珠光小学学子林学为参加广东省成语比赛勇夺桂冠，李文韬老师自主开发教育教学工具软件获深圳市工具软件系统赛一等奖并代表深圳参加全国比赛，被评为市信息技术领军人才；同年11月我校成为68所"深圳市学生创客实验室"之一，市教育局决定以珠光小学创客平台为基础，深圳市外国语学校、深圳中学协助建立全市创客平台；12月深圳市教育局"市民走进身边的好学校"暨南山区教师发展基地学校现场活动在珠光小学开展。2016年2月，珠光小学获国家版权局10项著作权专利登记，3月学生周粲获SPBCN中国英文拼字大赛深圳区季军并将赴京参加中国区决赛，4月珠光小学获"南山区泛在学习示范学校"授牌，5月南山区首届"百花奖"课堂教学大赛中，我校信息技术余育苗老师获一等奖，语文雷静、数学魏冬梅、英语肖玲玲、科学姚莉等老师获二等奖。教育部"一师一优课、一课一名师"活动中，魏冬梅老师课堂教学获教育部颁发一等奖。

续表

姓名	王春平	性别	男	出生年月	1966.3.21	任职时间	2013.8

个人述职	（三）提高师生综合素质，和谐校园艺彩飞扬 　　2016年6月成功举办了智慧校园建设暨学生综合素质成果展演，展示了素质教育教学丰硕成果，全面真实地呈现了珠光小学建校80周年来的悠久历史。 二、存在不足及努力方向 1.优化环境改善条件 　　学校改扩建工程动工在即，学校正积极和政府各部门协商做好规划，全校师生静待一个全新的学习环境。 2.专业回归打造名师 　　加强师德师风建设，鼓励敢于创新的老师，学校契合教师的需求，提供平台打造名师。打造智慧校园、生态校园、创新校园、新优质校园，努力使学校教育与卓越的未来学校接轨。 个人签名：
年度奖惩情况及其他特殊事项	1.2015年9月荣获"深圳市先进单位"称号。 2.2015年11月被评为社会主义核心价值观教育示范学校，深圳市"智慧校园"示范学校授牌。 3.2016年4月，珠光小学荣获南山区"2015年度中小学德育均衡化发展"创新奖。 4.2016年4月珠光小学获"南山区泛在学习示范学校"授牌。 5.2016年5月，获"教育国际化实验学校"授牌；5月南山区首届"百花奖"课堂教学大赛中，我校信息技术获一等奖，语文、数学、英语、科学等4个学科获二等奖。教育部"一师一优课、一课一名师"活动中，魏冬梅老师课堂教学获教育部颁发一等奖。 6.2016年4月经区教育局的推荐赴南京参加了中国教育科学研究院组织的第十届全国校长发展学校培训班；6月通过市教育局的考核赴北京参加了全国小学骨干校长高级研修班学习。
审定考核结果	优秀（　）称职（　）基本称职（　）不称职（　）不定等次（　） 　　　　局领导签名（盖章）： 　　　　　　　　　　　年　月　日 有关说明（考核非"优秀"或"称职"等次的，需说明原因）

续表

姓名	王春平	性别	男	出生年月	1966.3.21	任职时间	2013.8
被考核人 签名	本考核结果已书面通知本人。 　　　　　　签名： 　　　　　年　月　日						
申诉、复核 及其他情况							

注：1. 本表需双面打印，可手写，不可粘贴。

　　2. "年度奖惩情况及其他特殊事项"以前栏目由校（园）领导本人填写。

2.评价其他治理机构成员的绩效

类别	评价方式	评价者	评价内容
党委成员	民主评议	党员、上级	● 上级党工委和教育行政部门的指示、决定在学校的贯彻执行情况 ● 参与学校重大问题决策的意见表达和意见参与 ● 党组织的思想建设情况 ● 对党员权利的维护 ● 发展党员和教职工思想政治工作
教代会代表	民主评议	教职工	● 对教职工利益的维护 ● 对教职工意愿的表达 ● 对学校发展、环境改善等方面的意见表达和意见参与 ● 教职工意见和建议的收集 ● 提案的撰写与提交
家长委员会	民主评议	家长	● 对家长、学生利益的维护 ● 对家长意愿的表达 ● 对学校发展、环境改善等方面的意见表达和意见参与 ● 家长意见和建议的收集整理情况
校务委员会	民主评议	教职工、家长、学生	● 参与学校重大问题决策的意见表达和意见参与 ● 公开公正公平的程度

（二）利用绩效评估确定高层领导的薪酬

校高层领导的薪酬结构与教职工相同，由国家统一规定。工资中除全国工资之外全部纳入绩效工资总额。绩效工资分为基础性绩效和奖励性绩效两部分。基础性绩效由"特区津贴"和"基础津贴"组成，由财政统发。奖励性绩效工资总额 = 基础性绩效工资总额 ÷ 70% × 30%。

对于奖励性绩效工资，学校制定了《珠光小学绩效工资分配方案》，坚持多劳多得、优绩优酬的原则，课时量、岗位、职称、教科研、教学质量等都纳入奖励性绩效工资范围。

（三）利用绩效评审结果促进学校进一步发展，改进学校治理机构，提升领导系统的领导有效性

绩效评价的方向与结果	影响的范围	关注重点	改进的措施
发展战略达成情况	学校发展	战略指标完成情况；社会效益；发展方向	1. 战略调整 2. 领导力培训
	领导系统的领导有效性		
财务报告	学校发展	财务指标完成情况；资产的损益情况；财务可持续发展能力	1. 开发新的课程与项目 2. 优化资产的调配和使用
	领导系统的领导有效性		
	治理机构的有效性		
人员绩效评价结果	领导自身改进	工作绩效完成情况；能力素质满足岗位要求情况；对学校可持续发展的影响	1. 执行力培训 2. 能力素质培养 3. 绩效评价指标调整
	领导系统的领导有效性		
	治理机构的有效性		
学校年度教育教学主要工作完成情况	学校发展	教育教学相关指标完成情况；行业影响力；社会评价	1. 确定重点工作优先保障机制 2. 确定重点突破方向 3. 引进教育教学新技术、新方法 4. 优化人员结构
	领导系统的领导有效性		

续表

绩效评价的 方向与结果	影响的范围	关注重点	改进的措施
学校改革与创新的主要内容及达成情况	学校发展	行业引领能力和学校品牌知名度；学校创新能力；学校可持续发展能力；学校核心竞争力的形成	1. 专家引领 2. 课题研究支撑 3. 同行业论证与推广
	领导系统的领导有效性		
	治理机构的有效性		
行政 评价结果	领导自身改进	行业影响力；社会评价；对学校可持续发展的影响	1. 提高学校工作与行政主管部门要求的吻合度 2. 定向改进
	领导系统的领导有效性		
	学校发展		

第二部分　法律和道德行为

一、守法行为

（一）预测并考虑教育教学服务和学校运营的公众隐忧，以及公众对未来教育教学服务和学校运营的隐忧

1.预测公众对学校教育教学服务和运营的隐忧的方式

● 通过家长会、家长委员会、告家长书、校讯通、校长信箱等多种途径和方式，与家长互动交流，了解家长对学校的要求或隐忧；

● 通过媒体等方式了解同行的不良行为信息、公众对学校的看法和评价；

● 通过各种方式了解各方意见反馈与投诉，如教职工、学生代表、校方管理层和教育主管部门等。

2.可能存在的隐忧及应对策略

可能存在的隐忧		应对策略
收费混乱		学校收费严格执行一费制，收费价格按国家教育部门规定，收费向公众公示，接受公众监督
利用公办学位资源谋取个人利益		规范管理程序，严格执行相关规定，并公开举报渠道和方式，接受公众监督
校园安全	学生互相打闹造成伤害事件	1.加强场地、场馆设备设施的安全监管，学校的校舍、场地、公共设施，提供给学生使用的学具、教育教学和生活设施、设备应当符合国家规定的标准，不能存在不安全因素 2.制定意外伤害处理预案 3.加强安全教育 4.加强学生校内安全行为的监督与管理 5.制定《学校安全工作制度》
	学生自己造成的意外伤害	
	外出活动安全	
	教师或其他人员管理不善造成的责任事故	
	流行病传染	制定流行病预防预案，在流行病发生时有效控制其在校园内暴发
	自然灾害	1.规范学校的安全和预防机制 2.注重平时的安全意识培养、安全习惯的养成、逃生技能的演练
	防火和安全用电	1.加强相关警示标识的教育讲解 2.绘制火灾疏散示意图，并在显著位置悬挂张贴 3.组织消防安全知识讲座 4.进行疏散演习
师风师德	有偿辅导影响正常教学	制定《珠光小学师德考核方案》，师德考核不合格的教师，在职务评聘、奖励性绩效工资发放、评选各类型骨干教师、表彰奖励时实行一票否决，在岗位聘任中予以低聘、缓聘或解聘。对经教育仍不改正、师德考核仍不合格的教师应调离教学岗位，情节严重的给予政纪处分
	体罚或变相体罚学生	

（二）应对处理教育方案和服务给社会带来的不良影响

为了预防学校教育及服务可能给社会带来的不良影响，学校针对这些可能会产生的不良影响进行了识别和分析，并制定了一系列预防措施，以防止其发生。见下表：

可能会发生的问题	不良影响	预防与应对措施
学校德育教育存在缺陷	导致学生出现违法行为（如打架、斗殴、盗窃等）	1.聘请法制教育专家来校举办讲座 2.制定并实施对问题学生的干预与支持方案（如心理辅导、一对一帮助、家庭教育等形成合力） 3.加强对问题学生的监管
教师严重体罚学生，对学生造成身体伤害	导致学生身心健康受到伤害，损害学校形象，影响教育效果	1.聘请法制教育专家举办法律知识讲座 2.印发宣传资料、组织集中学习、举行法律知识竞赛、观看法制教育录像 3.制定《珠光小学师德考核方案》，师德考核不合格的教师，在职务评聘、奖励性绩效工资发放、评选各类型骨干教师、表彰奖励时实行一票否决，在岗位聘任中予以低聘、缓聘或解聘。对经教育仍不改正、师德考核仍不合格的教师应调离教学岗位，情节严重的给予政纪处分
教师违规补课、有偿家教，数额巨大，影响恶劣	违反上级主管部门的规定，给学校带来负面影响，给家长带来利益损害	1.退还违法收入所得 2.聘请法制教育专家举办法律知识讲座 3.印发宣传资料、组织集中学习、举行法律知识竞赛、观看法制教育录像 4.制定《珠光小学师德考核方案》，师德考核不合格的教师，在职务评聘、奖励性绩效工资发放、评选各类型骨干教师、表彰奖励时一票否决，在岗位聘任中予以低聘、缓聘或解聘。对经教育仍不改正、师德考核仍不合格的教师应调离教学岗位，情节严重的给予政纪处分
教师索要、收受家长财物，数额巨大，影响恶劣	违反上级主管部门的规定，给学校带来负面影响，给家长带来利益损害	
学校/教师乱收费，数额巨大，影响恶劣	导致家长和学生利益受损，损害学校形象	

（三）为达到或超过法律法规的要求，学校实施的关键过程、测量指标和目标

1.关键过程、测量指标和目标

学校建校至今，一贯重视依法治校、依法治教，为达到或超过法律法规的要求，组织实施的关键流程、测量指标和目标，见下表：

可能会发生的违法问题	关键流程	相关指标
因学校德育教育存在缺陷，学生出现违法行为（如打架、斗殴、盗窃等）	学生行为规范培养学生心理健康疏导	◆ 学生违纪率 ◆ 学生违法犯罪率 ◆ 各班级在各学生学习心理问题种类高、中、低层级上的比例变化 ◆ 违法违纪问题处理率100%
教师体罚学生	师德考核流程	◆ 体罚或变相体罚宗数为0 ◆ 违法违纪问题处理率100%
教师违规补课、有偿家教	师德考核流程	◆ 有偿辅导宗数为0 ◆ 违法违纪问题处理率100%
教师索要、收受家长财物	师德考核流程	◆ 教师索要、收受家长财物宗数为0 ◆ 违法违纪问题处理率100%
学校／教师乱收费	师德考核流程	◆ 学校／教师乱收费宗数为0 ◆ 违法违纪问题处理率100%
教师故意伤害学生事件	师德考核流程	◆ 教师故意伤害学生事件宗数为0 ◆ 违法违纪问题处理率100%

2.所采取的行动

● 日常教育与专题教育相结合

日常教育——诸如开学第二周的法制教育周、学期结束的法制教育大会、法制教育主题班会、主题黑板报等。

专题教育——结合安全教育日、国际禁毒日、法制宣传日、"三拒绝"（拒绝毒品、拒绝电子海洛因、拒绝校边店）教育、廉洁教育等开展。

● 法制宣传教育对象全员覆盖

学校法制宣传教育对象是全体师生，包括学校行政管理人员。学校邀请法律专业人士为全体中层以上领导干部举办法律知识讲座，提高干部依法治教、依法治校的意识和能力。采用印发宣传资料、组织集中学习、举行法律知识竞赛、观看法制教育录像等形式，对全体教师进行法制教育。经常利用鲜活的法制教育事例，或宣讲，或印发张贴，给学生以及时的教育。利用有限空间，在学校走廊、文化橱窗等法制教育阵地宣传法律知识。

（四）学校在对风险防范方面的关键过程、测量指标和目标

学校对于学生安全风险防范方面，建立了相关的流程或方案、测量指标和目标，见下表：

可能存在的风险	相关的流程或方案	相关的指标
校园安全事故	校园安全管理	安全事故零发生率
外出活动安全	社会实践管理	安全事故零发生率
重大自然灾害	重大突发事件应急预案	信息报送及时率
公共卫生实践	流行病传染病防治管理	传染病的发生率 信息报送及时率
重大突发学生群体事件	重大突发事件应急预案	信息报送及时率
防火和安全用电	水电安全使用管理流程 突发事件演习控制流程	安全责任事故零发生率

风险预案的评估与修订

为了保证风险预案能够有效适应学校不断发展的现状，由学校高层领导主持，每学期都会对风险预案的适应性和有效性进行评估，以确保预案达到100% 有效。

二、道德行为

（一）学校倡导并确保在所有交往中的道德行为

教职员工的道德素养影响着其日常的行为，而教职员工的行为决定了教学与服务的质量，进而会影响到学校的品牌形象维护、顾客的认可度、可持续发展等方方面面，所以教职员工的道德建设是学校管理的重要内容之一。

学校的道德建设主要分为以下方面：

● 制定规范性、约束性文件，对员工的行为加以指引与约束，如《珠光小学教职工师德行为规范要求》《珠光小学师德考核方案》等设定适当的监管、监督机制，对员工的行为进行监察。

● 以多种形式开展教师职业道德教育活动，评选表彰师德先进，如优秀教师、优秀班主任、十佳德育标兵等，弘扬正气，纠正行业不正之风。

● 建立教师师德档案，结合区教师师德考核基本指标，结合我校实际，制定了指标考核要素，对教师的师德师风进行考核。教师师德考核在学年度考核前进行，并将考核结果作为年度考核的依据之一。师德考核结果为合格，方可参加学校评优评先。考核结果列入教师师德考核档案。

（二）监测关键流程或制度的相应道德行为

用以推动并监测在治理机构、整个学校内部以及在学生和家长、合作伙伴、供应商及其他利益相关者交往中的道德行为的关键流程或制度和测量指标。

交往对象	可能会发生的问题	关键过程	相关指标
治理机构	打击报复提出意见或建议的人	教师申诉制度	教师申诉宗数
学校内部	在教师间挑拨离间，搬弄是非	师德考核流程	因搬弄是非导致投诉的宗数
	剽窃他人教育科研成果	师德考核流程	剽窃他人教育科研成果宗数
	在教育教学过程和效果方面弄虚作假，夸大其词或隐瞒事实	师德考核流程	教育教学过程和效果方面弄虚作假宗数
学生和家长	教师体罚或变相体罚学生，未造成学生身心伤害	师德考核流程	体罚或变相体罚宗数（轻微）
	教师违规补课、有偿家教；情节轻微，经警告后有悔改表现	师德考核流程	有偿辅导宗数（数额较少）
	教师索要、收受家长小额财物，能主动退还或经警告后有悔改表现	师德考核流程	教师索要、收受家长财物宗数（数额较少）
合作伙伴	违反师德要求的行为	校外教师资源的挖掘、选择和评价流程	家长、学生对校外教师的投诉宗数
供应商	在教材、办公用品等采购中存在吃拿卡要，情节轻微	采购管理制度	供应商投诉宗数
上级主管部门	在教育教学过程和效果方面弄虚作假，夸大其词或隐瞒事实	教科研管理过程	教育教学过程和效果方面弄虚作假宗数

（三）学校监控和处理违反道德的行为

学校通过家长举报、学生问卷调查、学生访谈、日常教学巡查等多种渠道监控教师违反道德的行为，并对违反道德的行为以"发现一个处理一个"的态度，及时按照学校的相关管理制度对教师进行警告和处分，确保发现处理率为100%。为了防止被处分教师对学生进行打击报复，学校对举报人身份进行保密，并密切关注被处分教师对举报人的行为，如孤立、调座位等冷暴力行为。

第三部分　社会责任

一、社会福利

（一）把社会福利和利益作为战略与日常运营的一部分

1.确定了与自身决策和活动有关的社会福利和社会利益类别

基于深圳的教育现状，作为公立小学，为社会提供优质的学位成为学校最主要的社会责任。除此之外，学校还依据使命、愿景、价值观，从内外部利益相关方所关注的社会福利和利益问题的角度出发，结合自身的运作特点，通过学校对社会责任的现有立场，以及对社会责任的承诺力度和理解程度三个维度的分析，确定了其他与自身决策和活动有关的社会福利和社会利益类别及关注重点，以及产生的价值。

类别	关注重点	价值
社会捐赠	捐赠方向、捐赠金额	体现社会关怀；道德教育培养
公益服务	项目和价值	社会价值观认同；道德教育培养；社会责任感提升
送教支教	效果和社会影响	教育资源共享；社会责任感和价值观体现；行业影响力提升
义务培训	培训的针对性、社会效果	教育资源共享；社会责任感和价值观体现；行业影响力提升

续表

类别	关注重点	价值
经验与学术推广	行业影响力、学术水平和推广的价值	有助于形成学校新的核心竞争力；扩大学校品牌的知名度；行业影响力提升
资源开放	效果和社会影响	扩大学校的品牌知名度；增加社会教育资源

2.社会福利和社会利益的方向与学校的战略方向一致

学校把"为学生提供个性化的，着眼于综合素养的，为幸福人生奠定基础的教育服务"设定为总的战略方向，其中重点关注了学校的社会贡献——"一所学风良好、教学质量优良的友善、安全校园"，"培养成功人生所需的持续的热情、强烈的好奇心和使命感"，"实施社区强化计划"，实现了社会福利和社会利益的方向与学校的战略方向一致。

3.均衡对社会福利和利益的贡献与利益相关方之间的价值冲突

在实施社会责任活动过程中，学校有时会面临与个别利益相关方价值之间的矛盾或者分歧，对此，学校通过下述方法来均衡这些矛盾或分歧：

● 通过面谈的方式，面对面地讨论，争取得到受活动影响的利益相关方的支持与认可；

● 通过文件、通告等书面的文字信息，解除利益相关方的误解和质疑；

● 设立校长信箱，接收意见，并及时进行回复；

● 召开相关的会议，与利益相关方共同讨论应对方法。

学校通过进行定期审查计划和行动方案完成情况、接受利益相关方的反馈（包括投诉和满意度调查），以及访谈、活动现场观察等方式，对展开的活动进行监控管理，并且就存在的问题进行分析和提出改进意见，定向跟踪改进结果。

（二）为环境、社会和经济体制做出的贡献

为环境、社会和经济体制做出的贡献（节选）

时间	事项
2013—2014 学年第二学期	学校开展"爱心牵手，你我同行"香格里拉爱心义卖捐衣捐物活动
2015—2016 学年第一学期	全校进行"情随衣动"捐衣捐物献爱心活动
2015—2016 学年第二学期	党支部带领老师学生慰问西丽敬老院
2015 年	2015 年 6 月学校与市电化教育馆签订优质数字教学资源建设合作项目，在签订会上向与会的 12 家合作单位共同分享了我校在优质数字教学资源建设方面的经验、做法和思考。在 2015—2016 学年，第一学期向市电教馆提供了 40 节高质量的普通课例及 30 节微课，下半年提供了近 60 节各类课例
2013—2016 年	校际交流次数 2013 年 6 次，2014 年 6 次，2015 年 8 次，2016 年 28 次，将优秀的教育教学模式辐射到周边学校，带动了整个片区的教育发展
2014 年	学校李文韬老师与丽山学校小学部徐燕老师进行授课实时视频互动，直播两校学生的课程进展，两所学校借助信息化网络，穿梭时空，共同完成了一堂跨学校、跨年级的"空中课堂"，开启了南山区公办学校、民办学校结对互助、推动教育信息化的新模式
2016 年	2016 年 7 月 31 日台风来袭，开放学校二楼多功能厅，安置了深圳建安集团地铁 7 号线的 50 名工人，直到台风过后安全撤离。受到了街道办事处和社会的好评
2016 年	2016 年 10 月 21 日台风，开放学校二楼多功能厅，安置了 35 名避台风的群众，直到台风过后安全撤离。受到了街道办事处和社会的好评

二、社区支持

（一）学校的关键社区

学校作为公立学校，根据上级教育主管部门规定，为鼎胜山邻居、龙辉花园、达能益力矿泉水厂、深圳市军队离休退休干部第二休养所（干休所）、荔景花园、光前大厦、光前村、汇文苑等学区内社区学龄儿童及其家长提供

教育服务。

由于学校地处光前村，与该社区联系最为紧密，因此将光前村作为学校的关键社区。

（二）参与的领域，支持和强化关键社区

学校通过对自身核心竞争力的分析，利用学校丰富的师资力量、教育领域的专业性等，积极地参与到光前村开展的各种活动中，充分发挥了自身的特点，促进了社区的发展。

内容	强化和支持的方式	价值
社区教育活动	学校提供师资和资金	提升社区整体文化素质
社区文化、体育活动	场地、人员、设备的调配	向社区提供资源共享，解决资源紧张问题，改善社区居民体质
家庭教育咨询与辅导、宣传	学校提供师资	充分调动广大家长、社区关心和支持学校的积极性，引导家庭加强对孩子的"行为习惯"和"学习习惯"教育
社区环境保护	组织学生在社区开展环境保护活动	由学生的实际行动带动提高社区的环保意识

（三）对社区改进做出的贡献

● 碳汇林

珠光小学建立学校的"碳汇林"，种植了多种树木。在为社区提供了优美的休憩休闲环境的同时，"碳汇林"作为自然学校、自然课堂，渗透绿色环保教育，提升社区居民的低碳意识，对推动低碳生活，传播生态文明，保护生态环境，倡导人与自然和谐相处，有着积极的意义。

● 幸福路

校长王春平认真研究学生上下学行路安全问题，用数据说话，向南山区委、区政府提出修建新校道的要求。经过一年多各方努力，2015年3月23日，南山区委、区政府民生工程、珠光小学新校道"幸福路"对步行师生、家长开放。新的校道上，没有了原村道大货车、小汽车的安全威胁，珠光小学近1500名学生上学、放学行路安全得到保障。

● 其他

类目		2013—2014 学年	2014—2015 学年	2015—2016 学年
支持关键社区	社区文化、体育活动次数	3	3	4
	家庭教育咨询与辅导、宣传次数	2	2	2
	社区环境保护活动次数	2	3	5
	党员志愿者进社区次数	1	2	3

第二章

战　略

战略是拉动学校发展的引擎，是在内外部环境下，用来开发核心竞争力、获取竞争优势，使学校持续地产生差异化的一系列系统的约定和行动，是实现学校愿景的手段。

珠光小学的战略体系由战略描述（战略地图）、战略衡量（平衡计分卡）和战略执行（行动方案）三个环节组成，三者紧密关联：

● 战略描述体系——战略地图，从总体方向、客户、内部流程和学习成长四个方面描述战略。

● 战略衡量体系——平衡计分卡，对战略地图中每项战略规定目标。

● 战略执行体系——行动方案，描述实现战略目标的具体方案。

珠光小学的战略管理具有如下的特点：

● 清晰和准确的方向（定位）、支撑总体方向的各个战略重点，以及相应的保障措施，构成了学校的战略描述体系。

● 针对每个战略重点建立其衡量指标，使已经确定的战略重点得到准确衡量。

● 针对相应战略衡量指标建立起的行动方案，使战略得到有效执行。

● 系统和逻辑关联的战略描述、清晰准确的战略衡量以及相应的战略执行机制，以及三者的紧密关联构成了学校战略管理的显著特点，也为战略的深入落实打下了扎实的基础。

第一节　战略策划准备

一、组成战略管理机构

（一）关键参与者

我校考虑学校的特点，组建了跨部门的战略管理机构。战略管理机构的成员是学校制定战略的关键参与者。

● 组成人员：校长以及学校各个部门的负责人作为主要组成人员。必要时还会邀请教师代表、校外的专家、社区管理人员、学生家长等外部人员。

● 职责范围：对学校战略管理的各环节加以管理，包括战略信息收集分析、战略制定、战略执行、监控和回顾等。各部门负责人根据部门职责，并结合长期战略、中期战略和短期战略，明确部门的工作目标和关键工作任务，以此保障战略实现。

（二）长、短期策划的时间区间

由于各级教育主管部门是公立学校的行政和业务主管单位，这些单位的规划都是五年一个周期，而且学校的工作依据学生的智力水平、身体发育等因素，按照学期和学年进行安排，所以我校根据教育行业特点并结合我校实际，将战略分为五年和年度两个区间。

学校根据深圳市、南山区的中、长期规划，制定学校的五年发展规划，年度的战略主要以落实五年规划为目的。我们通过年度工作计划的方式来落实五年战略，所以不再制定具体的年度战略规划。学校每年底回顾年度的战略实施情况，并为下一年度的工作计划提供依据；在五年长期战略规划区间末进行五年战略回顾，对本区间的战略进行全面评价、分析，为下一个区间的战略规划提供输入。

（三）学校的战略管理流程（关键步骤）

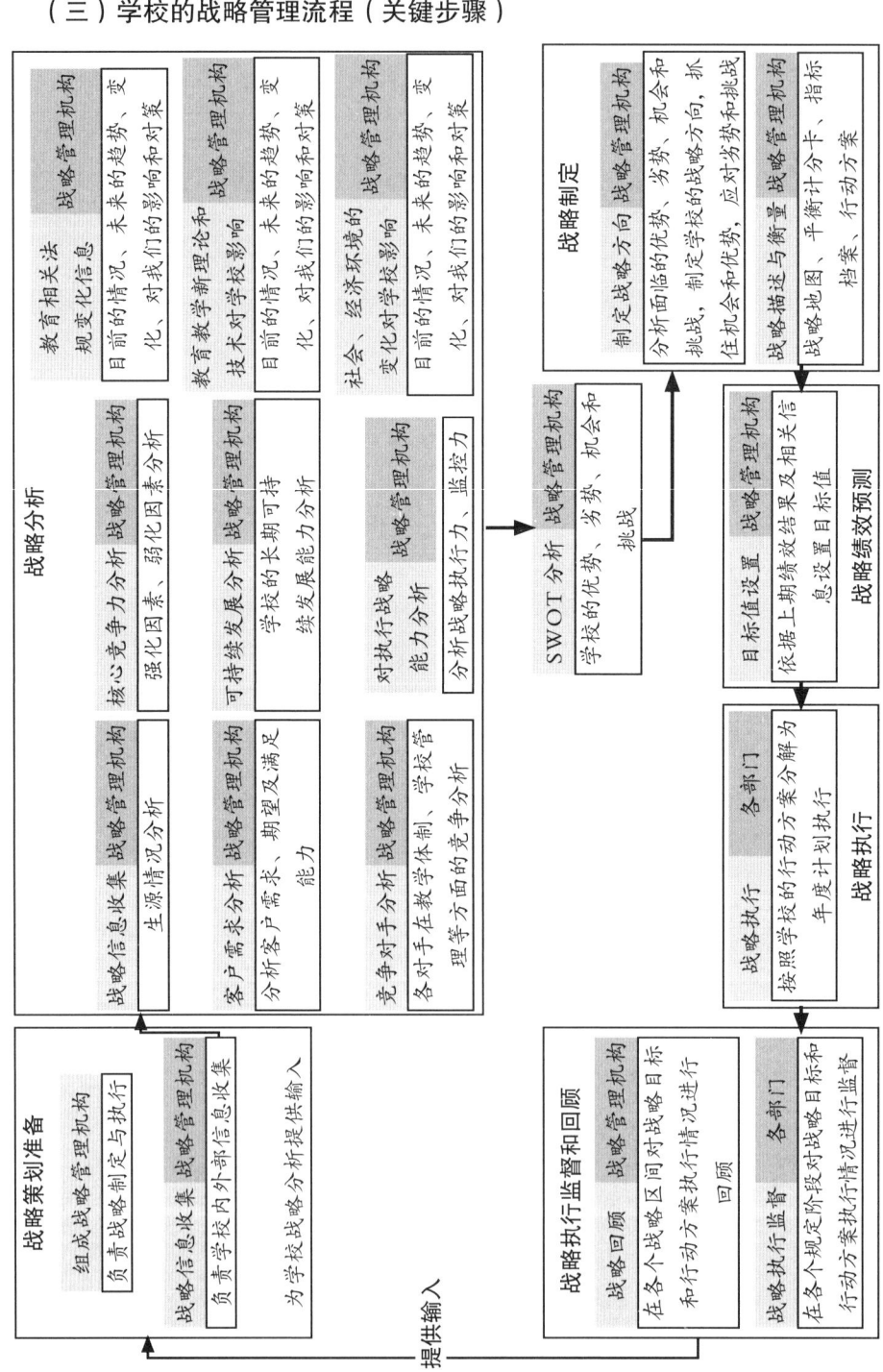

（四）战略策划中的盲点管理

战略策划是依据目前的信息分析和推导未来的过程，可能因为获取的信息质量（全面性、准确性等）、分析过程的逻辑关联程度等等，都会有不同程度的不确定性甚至误判。这种误判达到一定程度时将会影响战略方向和重点的确定。彻底消除战略策划的盲点将是非常复杂和艰难的事情，我们也无能力做到。只能采用下列方法尽可能减少盲点：

● 采用较为成熟的战略分析工具；强化战略分析结果与推导出的战略方向和重点之间的逻辑关联；强化战略描述、衡量和执行之间的逻辑关联。

● 通过各个阶段的战略监测和回顾，重点关注未能实现的战略目标，深入分析其原因，识别出策划的盲点；同时收集哪些是战略中已经要求而尚未得到执行或监控失效的问题，发现执行和监控的盲点。

（五）战略策划中的创新机会识别

战略的目的是实现学校的大幅度发展，这必然将导致学校在教育教学服务、日常运营管理等方面的重大变化和创新，这些改变和创新变化还将延伸到相关的教育教学项目、学生和家长甚至合作伙伴中。

学校从下述范围内寻找创新机会，并将这些创新机会作为战略的输入：

● 关注与组织核心竞争力相关的绩效结果；

● 关注与学生和利益相关方紧密相关的绩效结果；

● 关注面对的战略机会。

（六）关于战略调整（应对转型变革和优先的变革举措、组织敏捷性和运营灵活性的潜在需求）

在战略策划过程中，学校战略管理机构会不定期收集战略相关的信息，包括转型变革和优先的变革举措，并进行分析，学校的战略会随着学校内外部环境的变化进行调整，与业务需要和教育发展方向保持同步，以确保学校的敏捷性。

学校利用行政会议、校长办公会议、教学质量分析会议，监控学校战略计划的执行，确保运营的灵活性。学校每年底回顾年度的战略实施情况，审查当前绩效，基于数据审查结果和学校自身发展以及适应外部环境的要求，详细说明学校的主要优势和挑战。我们会评估需要调整的幅度：对于较小的调整，可能调整具体的某些战略重点或者是对应的指标或者是相关的行动方案，并评价调整的正确性；对于较大的调整，可能需要重新进行完整的战略分析和策划。

二、战略信息收集

全面、准确的信息收集和分析是战略分析的基础。但是在目前的教育管理体制下，各种信息的收集渠道、全面性、深入性等受到很大限制，这将导致战略信息的盲点。我们只有采取不断积累的方式来解决信息的全面性问题；采用对各种信息进行比对验证的方式来部分地解决信息准确性的问题（例如将教师满意度调查问卷结果与网络调查比对，等等）。所以，我们的战略分析只能是以客观信息与管理者直觉判断相结合的方式进行。战略管理机构负责信息的收集和分析。

信息收集的内容和渠道如下：

信息类别	信息的内容	收集渠道
客户需求／期望	● 当前学生／家长的需求 ● 潜在学生／家长的需求 ● 以往学生／家长的需求 ● 竞争对手／标杆学校的学生／家长的需求	● 各类学生／家长专项调查 ● 学生／家长满意度和契合度调查 ● 学生／家长的投诉、反馈 ● 家委会的反馈 ● 报纸、电视、网络等媒体报道
各对手在学校管理等方面的信息	● 学校在教学、德育、课程、生活服务、品牌、教师素质、教研能力等方面的信息	● 教育主管部门相关统计 ● 教育类刊物 ● 报纸、电视、网络等媒体报道 ● 校际间交流活动
核心竞争力相关信息	● 核心竞争力对内部运营环节的影响和水平 ● 竞争对手在该方面的水平	● 同上 ● 学校内部各类教育教学评价
PEST分析（社会／法规／技术／经济环境分析）	● 目前的情况、未来的趋势、变化、对我们的影响和对策	● 政府公示公告 ● 行业信息 ● 报纸、电视、网络等媒体报道
学校的长期可持续性发展分析	● 长期发展可持续性的各种因素，如生源、政策、未来功能的风险等情况	● 学校内部各类教育教学评价 ● 报纸、电视、网络等媒体报道 ● 教育主管部门相关统计 ● 政府公示公告 ● 行业信息
对执行战略的能力分析	● 学校的设备、设施、教师的素质等对战略的支撑程度	● 学校教学设备、设施、员工能力等评价结果

第二节 战略分析

　　战略分析包括：市场分析、客户需求/期望分析、各对手在学校管理等方面的竞争分析、PEST分析（教育相关法规/教育教学新理论和技术/社会经济环境变化影响分析）而形成学校的SWOT分析，进而进行核心竞争力分析、学校的长期可持续性发展分析、对执行战略的能力分析。

一、市场分析

　　学校的市场细分——学校的招生按政府政策规定，就近属地入学，其市场为政府规定的招生片区：鼎胜山邻居、龙辉花园、达能益力矿泉水厂、深圳市军队离休退休干部第二休养所（干休所）、荔景花园、光前大厦、光前村、汇文苑。

市场特征	学校的招生策略
● 地处城中村与花园住宅的混合社区，生源结构复杂 ● 家长教育背景：根据学籍系统显示，有家长学历记录的共516人，其中专科75人，本科48人，研究生3人，共126人，占24.4% ● 家长职业背景：个体商贩，基层打工者，少数白领 ● 非深户生源占比60%	通过学校自身教学服务质量的提升，扩大学校的美誉度，通过各种社团活动扩大学校影响力，从而吸引潜在的学生来校就读

　　学校属于划片区招生，与竞争对手只在教育教学质量方面进行比较，不

存在市场竞争情况。

而民办学校在本区域内的细分市场特征与本学校一致，但其招生对象一般为"双免"审核不合格的学生，当学校生源超出额定生源数时，符合"双免"政策的学生会被调剂到其他公办学校或由政府出资购买学位的民办学校就读。

二、客户需求 / 期望分析

学校的客户是学生及其家长。按照其与学校的关系，分为四类：

● 现有的客户：指在校就读的一至六年级的学生及其家长。

● 潜在的客户：指本片区内学龄前儿童及其家长。

● 以往的客户：指已从本校毕业的学生及其家长。

● 竞争对手 / 标杆的客户：指竞争学校或标杆学校的学生及其家长。

基于教育行业的特点和学生的身心发展规律，学生因为处于成长阶段，表达出来的需求主要是学生目前的需求；而家长则承担对学生未来发展规划的责任，因此家长的需求实际上包含了他们的目前和未来需求，同时也包含了学生的未来需求。

随着社会的快速发展，学生、家长对学校提供的教育教学服务提出了更多和更高的要求，而且这些要求和期望是不断变化的。珠光小学及时从课程、教学、身心、家校师生关系等各个角度和项目来调查学生、家长的需求。

确定需求后，学校将该需求的解决方案与竞争对手进行比较和分析，包括对需求的满足程度、存在的问题、与竞争对手的差距等方面。我们选择满足程度高于竞争对手的需求再次进行分析，包括：需求被满足后的价值贡献、需求被满足所需资源分析、需求被满足所需资金投入分析。我们选择资源、资金能够满足的，价值贡献较大的需求，进行颗粒度的均化，并进行分类，形成客户价值感受主题。以此作为我们制定、调整战略 C 层（即客户层，详细见战略地图）的输入。（具体的分析方法见"第三章顾客"）

客户分类	需求/期望	提供战略的输入
当前和潜在的学生及其家长	丰富多彩的课程与活动、合理的课程安排。尽可能多的课程	● 多样化的课程提供了个性化选择空间 ● 课程实施的多种方式、多种渠道、多种手段，满足不同学生的需求
当前和潜在的学生及其家长	优异的学习成绩、良好的学习习惯、兴致盎然的学习状态，针对性的教学与辅导，学习能力得到提升	● 培养"听、说、读、写、算、做"六项基础学力 ● 评价方式多样化及个性化，保护了学生的学习兴趣
当前和潜在的学生及其家长	身体健康，自信自律，有责任心，心态积极向上，富有创新精神。孩子能够开心健康地成长	● 人格健全 ● 学会学习与生活、学会合作、学会选择、学会创造 ● 培养成功人生所需的持续的热情、强烈的好奇心和使命感 ● 身体健康 ● 奠定良好的身体健康基础，培养运动的好习惯 ● 自信、自律、健康成长 ● 兴趣广泛，多才多艺
当前和潜在的学生	个性得到充分体现，兴趣和特长得到培养。 体育和艺术素养提升	● 兴趣广泛，多才多艺
当前和潜在的家长	有效的家校沟通，获得一定的家庭教育知识，家长能够参与到学校的管理，如校本课程实施、教育教学评价等	● 家长参与学校活动，适度参与学校评价 ● 家长为学校提供资源支持 ● 为家长提供全面、准确的学校办学业绩信息 ● 学校为家长提供教育方面的培训
当前/潜在/以往的家长	不断上升的学校声望，良好的品牌形象	● 一所学风良好、教学质量优良的友善、安全校园
以往的学生		

三、各对手在学校管理等方面的竞争分析

珠光小学作为公立学校，按照国家要求，义务教育阶段实施属地入学的政策，无法选择客户。而本片区内符合深圳市 1+5 政策的客户也无法跨区选择其他公立学校。

但从提高学校管理水平、为学生提供更适合其个性发展的教育教学服务的角度而言，学校更应该从针对学生的个性化发展需求及家长的差异化教育需求，提供更好的教育教学服务方面下功夫。通过竞争分析，获得我们与竞争对手在满足客户需求能力方面的优势和弱势。这些将为 SWOT 中的 S 和 W 提供输入。以下为部分分析的结果（因为内容较多，只能部分截取）。

类别	珠光小学	西丽小学
德育	● 养成教育 　　学校围绕学生行为习惯养成，将学生日常行为习惯管理转化为德育养成学科教育，根据小学生年龄、心理特征，对不同年龄段的学生提出不同的教育要求，构建小学生道德养成教育体系。"好习惯养成"教育深受学生和家长的好评，学生行为习惯越来越好 ● 环保教育 　　学校开展了多种形式、多种方法、多种渠道的环保教育，形成"四个结合"模式：一是面向全体学生的环保教育和环保小组活动相结合；二是学生自主性课题研究和教师指导相结合；三是专家"请进来"和学生"走出去"相结合；四是教师的环境教育和宣传活动相结合 ● 学生评价 　　建立了学生素质评价系统，实现学生评价电子化，要求每位科任教师必须对任教班级学生进行评价，且只能对该生该科进行评价。家长可利用学生学号进行登录，及时了解查看自己孩子的学习情况	西丽小学一直把"生长教育"的办学理念贯穿到学校教与学的方方面面。与之相对应的"生长课堂"，是要把教学看成是生命与生命平等的对话、交往的过程，顺应孩子的心灵需求，使每个儿童都作为独立的生命个体参与教学活动，感悟到个体间的个性差异，激发生命的潜能

续表

类别	珠光小学	西丽小学
教学	学校全面践行"以人为本"的办学理念，贯彻"以生为本、以学为主"的教学思想，提高学生在课堂教学的参与度，落实学生的主体地位，把课堂还给学生，倡导"自主、合作、探究"的学习模式。以促进创新精神和实践能力培养、全面发展为目的，关注学生的活动体验和情感发展。让学生在参与、探究、体验的过程中，实现对知识的认同、接纳、融合，以及应用拓展。教学质量有了明显的提升，已名列西丽片区前茅	积极探索开展"小班化教学""全科制老师""大班下的小班化"等教学新模式
课程	学校立足实际，挖掘学校原有课程资源，开发了"养成教育""环保教育""综合实践""快乐体育""科技教育"等五类课程。并以快乐体育、环保教育、科技教育为突破，初步形成了学校的办学特色。阳光体育、校园NO.1、"2+1+1"工程、生态教育、信息技术教育、科技教育、一年一度的科技文化艺术节、英语节、体育节以及综合社会实践等丰富多彩的活动，更是为学生提供了活动和展示的舞台	坚守"生长教育"的办学理念，为儿童的身体生长、智能生长、精神生长全面奠基。借鉴多元智能理论，积极探索素质教育的新途径，创造性地开发多元化、系列化的"一级一能"校本课程，促进学生全面发展和个性发展，逐渐形成科学教育、视频教育、体育、艺术教育等方面的特色
教研	学校根据自身实际，积极参加各级各类课题研究和校本问题研究，如全国小学语文"发展与创新教育"研究、八岁儿童"能读会写"课题实验、养成教育研究、特殊学生随班就读研究等等	多次承担区级、市级教研活动，教研基础好
师资	学校现有89位专任教师，均有本科以上学历。其中硕士研究生导师1人，硕士研究生及在读研究生8人，中学高级教师1人，小学高级教师46人	专任教师112人，其中国家级、省级优秀教师6人，中学高级教师3人，外籍教师4人

续表

类别	珠光小学	西丽小学
信息化	信息化水平位于全区前列，是广东省教育现代化实验学校，连续五年被南山区评为科技创新学校，现为深圳市教育云首期应用项目试点学校	通过"广东省现代教育技术实验学校"和"教育现代化示范学校"等专项评估
规模	校园占地面积19237平方米，建筑面积8900平方米。现有30个教学班，学生1422人	占地27000多平方米，共有48个教学班，学生2359人
品牌	始创于1936年，从20世纪70年代中期到2013年7月，历经7位校长薪火相传，学校不断建设，不断进步。1997年成为区一级学校，2001年评为市一级学校，2003年又成功通过省一级学校评估，成为广东省一级学校。通过广东省教育现代化实验学校评估，现为深圳市教育云首期应用项目试点学校、深圳市卓越绩效标准实验学校。当时创办的体育节、科技文化节，经过十几年的发展已成为学校文化的品牌项目，科技创新、OM、机器人项目在全区有一定影响力，得到社区、家长、上级部门的认可	创建于1933年，是深圳市为数不多具有悠久办学历史的学校。1986年，西丽小学被确定为深圳市重点学校（首批），之后又分别通过了"广东省一级学校""广东省绿色学校""广东省现代教育技术实验学校"和"教育现代化示范学校"等专项评估
存在的问题	● 目前学校各学科缺乏有一定影响力的学科骨干 ● 校园老化，教室和功能室配备严重不足 ● 校内教师资源不能充分满足校本课程开设的需求，导致不能开设更多的校本课程	略

分析结论：

	优势	劣势
	S1 学校围绕学生行为习惯养成，将学生日常行为习惯管理转化为德育养成学科教育，根据小学生年龄、心理特征，对不同年龄段的学生提出不同的教育要求，构建小学生道德养成教育体系。"好习惯养成"教育深受学生和家长的好评，学生行为习惯越来越好 S2 倡导"自主、合作、探究"的学习模式。以促进创新精神和实践能力培养、全面发展为目的，关注学生的活动体验和情感发展。让学生在参与、探究、体验的过程中，实现对知识的认同、接纳、融合，以及应用拓展。教学质量有了明显的提升，已名列西丽片区前茅 S3 学校开展了多种形式、多种方法、多种渠道的环保教育，形成"四个结合"模式：一是面向全体学生的环保教育和环保小组活动相结合；二是学生自主性课题研究和教师指导相结合；三是专家"请进来"和学生"走出去"相结合；四是教师的环境教育和宣传活动相结合 S4 学校立足实际，挖掘学校原有课程资源，开发了"养成教育""环保教育""综合实践""快乐体育""科技教育"等五类课程。并以快乐体育、环保教育、科技教育为突破，初步形成了学校的办学特色 S5 信息化水平位于全区前列，是广东省教育现代化实验学校，连续五年被南山区评为科技创新学校，现为深圳市教育云首期应用项目试点学校 S6 学校现有89位专任教师，均有本科以上学历。其中硕士研究生导师1人，硕士研究生及在读研究生8人，中学高级教师1人，小学高级教师46人 S7 学校始建于1936年，有优良的文化传承	W1 目前学校尚没有区级以上名师和学科带头人，各学科缺乏有一定影响力的学科骨干 W2 校园老化，教室和功能室配备严重不足 W3 校内教师资源不能充分满足校本课程开设的需求，导致不能开设更多的校本课程

四、PEST 分析（教育相关法规／教育教学新理论和技术／社会经济环境变化影响分析）

学校高度重视对教育、教学新理论、新技术、法规环境、外部经济环境的跟踪和识别，确定这些因素的变化对学校是否会产生影响，是否带来机会或者威胁，这些将为 SWOT 的机会（O）和威胁（T）部分提供输入。

项目	目前情况	未来趋势	对我们的影响及对策	机会/威胁的判定
教育法规政策	打造南山北部片区教育品牌，区委区政府先后出台5个文件。《南山区教育质量攻坚五年行动计划》提出在北部片区借助大学城、南方科技大学实验学校、国际教育资源优势就地打造两三所品牌学校	不断提升和强化学校的办学特色，打造学校的品牌	在学校80年的办学基础上，形成生态文明教育、科技创新教育、信息技术应用、多元校本课程四大特色	机会
	学校的生源按政府政策规定，就近属地入学，其市场为政府规定的招生片区	随着大沙河开发区和大学城的建设，周边生源将呈现多样性和不确定性的特点	生源状况更加复杂，生源质量不稳定不可预知。珠光小学必须满足多元化的教育需求	挑战
教育教学新理论新技术	随着新的信息技术手段在教育领域的实际应用，为学生、家长、教师提供大量的学习资源	无处不在的学习，是一种任何人可以在任何地方、任何时刻获取所需的任何信息的方式	基于移动终端、4G技术、物联网、云计算等服务，建设泛在学习环境，实现信息技术条件下的教育教学变革	机会
	以生为本，以学为主，根据学生的个性、兴趣、特长、需要施教，促使学生自主性学习	个性化教学是素质教育的必由之路，教师从"知识传授者和专家"逐渐变为"协作人员，帮助者，有时是学习者"，同时学生的角色已不再是"听从者和学习者"而是"协作人员，有时是专家"	课程实施的多种方式、多种渠道、多种手段，满足不同学生的需求。根据学生的年龄特点和课程标准，培养学生自主学习、合作学习、探究学习的能力	挑战

续表

项目	目前情况	未来趋势	对我们的影响及对策	机会/威胁的判定
社会经济环境	南山区教育系统2013暑期学习会，时任区长余新国提出建设新南山"一带、五圈、两基地"，"一带"指的是打造大沙河走廊，即北环大道以北，包括学校在内的社区	区政府拟投资6000万—8000万元于珠光小学所在龙珠地区法定图则1-06地块，用地性质为配套设施用地，配套设施为30班小学和9班幼托，备注现状保留；拟调整用地性质为教育设施用地，配套设施为小学（不少于36班），备注规划 经各级领导协调，拟在校园东北角开一条六米宽道路直通龙珠大道	2013年9月，新一届领导班子初到学校即着手推进校门大道及校园改造工程，目前新校门大道已经启用，校园改造工程即将动工，这两项工程的实施将极大地提升我校的校容校貌，改善我校的办学条件，为打造北部片区优质学校及未来学校创造条件	机会
	周边社区居住环境的改善，社区居民对教育的重视、投入程度及期望程度远高于过去，对教育发展内涵的理解也与过去相去甚远	参与学校教育教学的愿望大大增强，能为学校提供远超以往的教育教学资源，主观上为学校的发展提供了支持	学校建立义工队伍和家长教师队伍，与学校形成相互守望的团队	机会
	区域教育版图正在发生变化，各种新型优质学校不断涌现。龙珠大道上共有已建小学3所、中学2所、九年一贯制学校3所、国际学校1所，在建九年一贯制学校2所（其中文理实验学校2015年9月招生），周边学校办学各具特色、各有优势，竞争激烈	南山北部片区的学校品质正在整体提升，尤其是周边新学校高起点的高调开办，加之家长们对珠光小学发展的热情期盼，珠光小学要成为南山北部片区的领头羊式窗口学校，无疑面临着巨大的挑战	形成生态文明教育、科技创新教育、信息技术应用、多元校本课程四大特色	挑战

续表

项目	目前情况	未来趋势	对我们的影响及对策	机会/威胁的判定
社会经济环境	深圳作为中国改革开放的前沿，正处于国际化发展的关键阶段，必须以加快国际化城市建设为契机，在更高起点上取得新进展、实现新突破、迈上新台阶	教育国际化是世界教育改革发展的潮流，也是我国未来十年教育改革发展的方向	以创建国际生态学校为契机，搭建科技生态学校的国际交流平台，开展国际学校的交流活动，建立师生互访机制 以科技生态课程为载体，适切开发、引进国际课程，让学生感知、了解一些国际素养	机会

分析结论：

项目	机会	威胁
分析结论	01 打造南山北部片区教育品牌，区委区政府先后出台5个文件。《南山区教育质量攻坚五年行动计划》提出在北部片区借助大学城、南方科技大学实验学校、国际教育资源优势就地打造两三所品牌学校 02 新的信息技术手段在教育领域的实际应用，建设泛在学习环境，实现信息技术条件下的教育教学变革 03 南山区教育系统2013年暑期学习会，时任区长余新国提出建设新南山"一带、五圈、两基地"，"一带"指的是打造大沙河走廊，即北环大道以北，包括学校在内的社区 04 周边社区居住环境的改善，社区居民对教育的重视、投入程度及期望程度远高于过去，参与学校教育教学的愿望大大增强，能为学校提供远超以往的教育教学资源 05 教育国际化是世界教育改革发展的潮流，也是我国未来十年教育改革发展的方向	T1 随着大沙河开发区和大学城的建设，周边生源将呈现更为多样性和不确定性 T2 个性化教学是素质教育的必由之路，对教师提出了更高的要求，实现教师和学生角色的相互转换 T3 区域教育版图正在发生变化，各种新型优质学校不断涌现。周边学校办学各具特色、各有优势，竞争激烈

五、SWOT 分析

依据上述的分析结果，并结合学校战略管理机构人员的经验和直觉判断，我们对学校面临的优势、劣势，面对的机会和威胁进行全面和系统的识别和分析。分析结论见本书第 69 页。

六、核心竞争力分析

通过核心竞争力分析，我们识别出哪些是学校独有的、其他学校难于复制的、给学生带来实际价值的真正的竞争力。通过此项分析，我们将获得核心竞争力与战略的关联，通过战略来强化已经建立的竞争力。

学校的核心竞争力是：基于学生个性及成长特点，对学生构建并实施综合素养全面培养。我们通过对核心竞争力产生的影响和价值、优势对比、强化措施等进行分析，将核心竞争力与战略的关联通过战略来进行强化。具体见下图（基于教育管理的考虑，中国的教育主管部门不提倡进行各种对比，也无官方数据。所以，本校核心竞争力的各种对比数据不适合在此展示）：

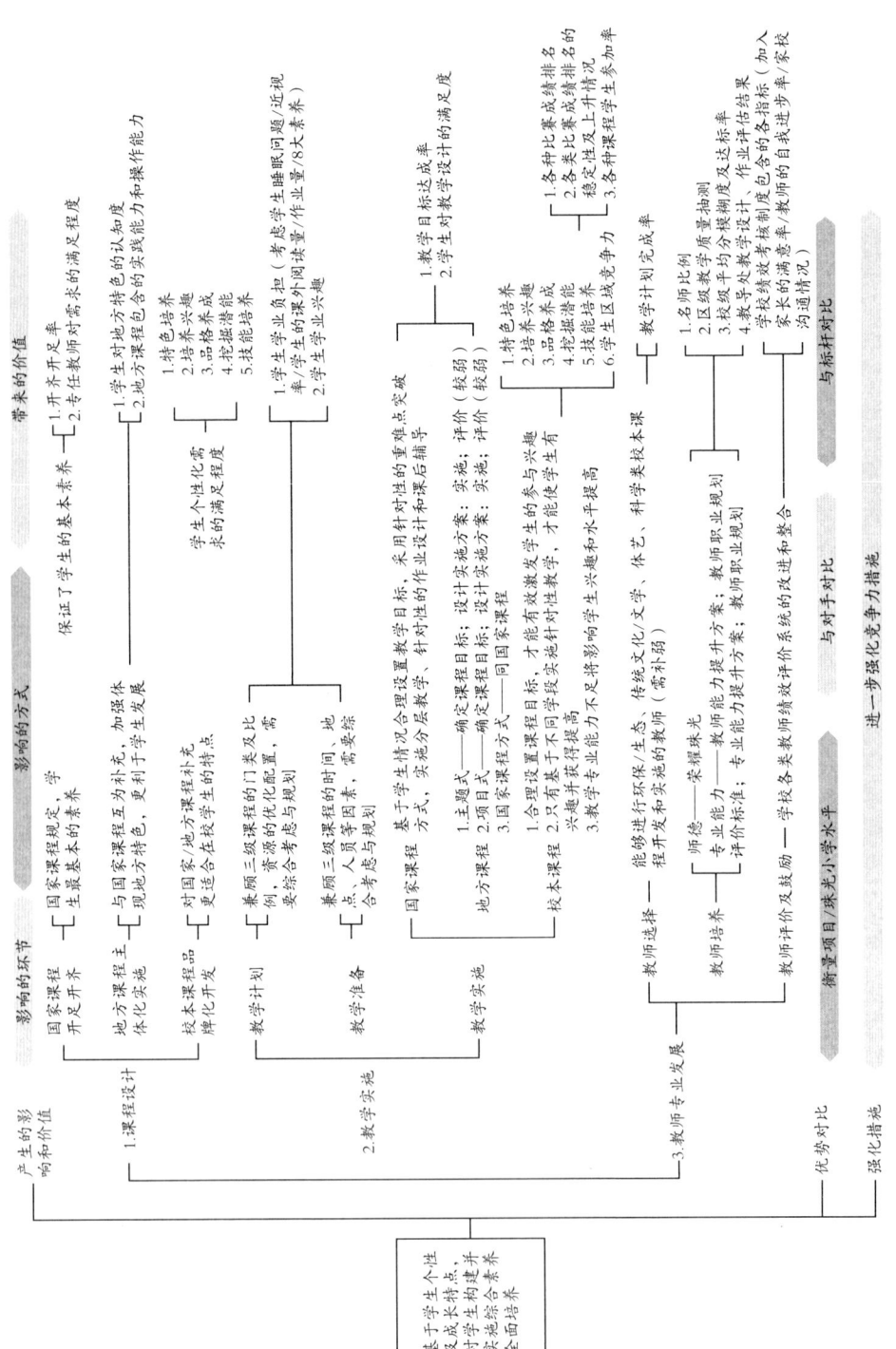

依据以上分析，识别出我们的核心竞争力及提升方案，并将提升方案作为战略制定的输入：

核心竞争力提升方案战略输入

核心竞争力	核心竞争力提升方案	战略输入
基于学生个性及生长特点，对学生构建并实施综合素养全面培养	1. 更符合学生特点的课程设置	P11 改善校本课程的内容和实施方式，加强与学生年龄的契合
		P12 增加生活体验类和动手实践类课程
	2. 增加名师比例	L4 青年教师的阶梯发展机制
		L5 卓越教师的运行机制
	3. 教师绩效考核制度的完善	L1 校内教师校本课程奖励机制（课程研究、校本课程、学生社团）
	4. 提升学生成绩（学生学业成绩抽测／参加各种竞赛成绩）	P1 建立珠光小学集体备课管理模式
		P2 个人备课关注学情、教学目标、教学设计、作业设计四者之间的逻辑关系
		P3 根据学生的年龄特点和课程标准，培养学生自主学习、合作学习、探究学习的能力
		P5 关注学困生，提供必要的学业支持和帮助
	5. 课程体系建设	P13 完善地方课程和校本课程的评价
		P14 建立系统化的校本课程体系结构
	6. 完善学生评价体系	P4 关注学生各阶段成长结果，以激励的方式完善现有学生评价机制

七、学校的长期可持续性发展分析

随着深圳的不断发展和国家异地高考政策的实施，生源也在不断增长。公立学校作为关系到民生的重点领域，从资金、政策等方面会得到政府的大力支持。

在学校管理方面，随着规模的扩大，学校在教育、教学和管理方面的优势逐渐增大，品牌吸引力也在逐渐增大。

学校目前所具有的核心竞争力——基于学生个性及生长特点，构建并实施对学生综合素养全面培养等能力，将使教师的敬业精神和素质不断获得提升，也会使学生的培养价值获得更高的体现，这将为学校的可持续性发展打下最坚实的基础；而且随着竞争力不断得到强化（强化措施具体见核心竞争力分析部分），将更加强化学校可持续发展的能力。

但随着社会和老百姓对教育的差异化需求日渐增多，社会力量办学、优质特色学校如雨后春笋，来自各方面的竞争压力日益加大，在强化现有核心竞争力的基础上，学校着眼于培育未来竞争力。如下：

教育改革发展趋势	学校的发展优势	关键的战略目标	未来竞争力
互联网＋的蓬勃发展	信息化研发能力和水平位于全区前列，曾为南山教育研究中心、南山少年创新院提供技术支持	P25 研究基于教育云的泛在学习方式	教育教学信息化能力

八、对执行战略的能力分析

学校在战略策划中，认真分析了影响战略执行的各种要素：

● 设备设施——功能室数量不足，不能满足教学需要，但已申请的学校校园安全重建改造工程在 2018 年完工，可以充分满足学校战略实现的设备设施资源需求，所以不作为战略输入的内容。

● 教师队伍的素质和专业能力——教师是教育教学服务的主体，其素质和能力直接影响教育教学的服务质量。提升教师专业能力是我们迫切需要解决的问题。因此，将此项内容作为战略输入之一。

分析结论：

类别	提升方案	战略输入
教师队伍的素质和专业能力	推行卓越教师机制，建立优秀人才成长的培养机制，建设一支适应珠光小学教育发展需要的高素质教师队伍，并带动和影响教师队伍整体素质的提高	L5 卓越教师的运行机制
	根据青年教师入职的不同年限，设计针对性的培养目标，建立专业通道和管理通道的培养方案，使青年教师迅速成长	L4 青年教师的阶梯发展机制

第三节　战略制定

一、制定战略方向和战略目标

　　基于学校的核心文化，根据战略思考和 SWOT 分析结果，采用优势、劣势、威胁、机会组合方法，和基于对核心竞争力的分析、学校的长期可持续性发展分析、对执行战略的能力分析，我们推导出学校的总体战略方向——为学生提供个性化的，着眼于综合素养的，为幸福人生奠定基础的教育服务，以及以下 8 个方面的战略主题及 34 个战略目标：

主题	要素	战略目标
教学	核心竞争力提升方案 / S2+T2	P1 建立珠光小学集体备课管理模式
	核心竞争力提升方案 / S2+T2	P2 个人备课关注学情、教学目标、教学设计、作业设计四者之间的逻辑关系
	核心竞争力提升方案 / S2+T2	P3 根据学生的年龄特点和课程标准，培养学生自主学习、合作学习、探究学习的能力
	核心竞争力提升方案 / T2	P4 关注学生各阶段成长结果，以激励的方式完善现有学生评价机制
	核心竞争力提升方案 / S2+T2	P5 关注学困生，提供必要的学业支持和帮助

续表

主题	要素	战略目标
德育	S1+T1	P6 确立分年级的、切合学生实际的德育培养目标
	S1+O4+T1	P7 针对常规的德育问题，建立系统的培养方式和解决方案
	S1+S3+S4+O4+T1	P8 完善学校德育课程、团队课程、生态环保教育、心理健康教育，实施生活育德、活动育德
	S1+O2+T1	P9 建立基于班级建设的学生日常行为的考核标准及考核方式
	S1+S3+S4+O2+O4+T1	P10 获取学生家庭及社区教育的支持，共同培养学生的品行习惯
课程管理	核心竞争力提升方案/S4+O1+O4	P11 改善校本课程的内容和实施方式，加强与学生年龄的契合
	核心竞争力提升方案/S4+O1+O4	P12 增加生活体验类和动手实践类课程
	核心竞争力提升方案/S4+O1+O4	P13 完善地方课程和校本课程的评价
	核心竞争力提升方案/S4+O1+O4	P14 建立系统化的校本课程体系结构
	S4+O4+W3	P15 做好校本课程、社团活动专项经费的预算管理
	S7+O1+O5+T3	P16 增设国际化课程
客户关系	O4+W3	P17 完善家委会运作模式
	O2+O4+T1+T2	P18 建立学生需求收集和分析机制
	T1+T2	P19 建立学生及家长服务平台
	S2+S5+O2+T2	P20 建立学生及家长对教师、环境、氛围等方面的评价机制
	S7+O4+T1	P21 办好家长学校
	S7+O3+O4+T1	P22 实施社区强化计划

续表

主题	要素	战略目标
教研	S2+S5+O2+T2	P23 建立不同学科、不同课型的模板
	S5+S6+W1+O2+T2+T3	P24 建立课题研究模式
	S5+O2+T3	P25 研究基于教育云的泛在学习方式
教师资源	核心竞争力提升方案 / S5+W1+O2	L1 校内教师校本课程奖励机制（课程研究、校本课程、学生社团）
	S4+O4+W3	L2 校外教师资源的挖掘、选择和评价流程
	S4+O4+W3	L3 建立与外部教师资源共赢的合作模式
	核心竞争力提升方案 / 战略执行能力提升方案 /S5+S6+O2+W1	L4 青年教师的阶梯发展机制
	核心竞争力提升方案 / 战略执行能力提升方案 /S5+S6+O2+W1	L5 卓越教师的运行机制
	S6+O2+W1	L6 建立小课题管理和激励机制
组织建设	S7+O3	L7 建立学校的校史室
	S1+S3+S4+S7+O1+T3	L8 学校文化系统的建设
信息系统	S5+O1+O2+T3	L9 智慧校园建设

对于 SWOT 中 S、W、O、T 各个要素的其他组合方式所推导出的各个战略目标，我们也同样进行过分析和判断，主要从如下方面进行：

- 该组合对学校总体方向的支持程度；
- 该组合与学校目前实际的适应程度（学校的学生、教师水平等等）；
- 该组合将给我们带来的竞争优势；
- 该组合的可行性；
- 该组合实施的资源需求等。

通过上述的分析我们发现其他的组合或者缺乏实际的价值，或者是不适合学校目前实际而无法实施，我们都予以舍弃，仅仅保留上述组合，作为学校的关键战略目标。

同时我们将核心竞争力分析结果、学校的长期可持续性发展分析结果、对执行战略的能力分析结果、创新机会分析结果作为战略性的输入，对战略重点（战略目标）进行调整和补充。

二、战略描述与衡量

（一）战略描述体系

针对上述已经确定的总体战略方向、战略主题和战略目标，我们通过对影响这些主题的学校各个层次关键因素的分析、思考和梳理，基于逻辑关联的原则，建立起学校的战略描述体系（战略地图）。该战略体系分为四个层级：战略总体方向、客户层（客户价值感受）、内部运营层、学习和成长层。凡是战略地图中的战略目标均为学校的关键战略目标。如下图所示。

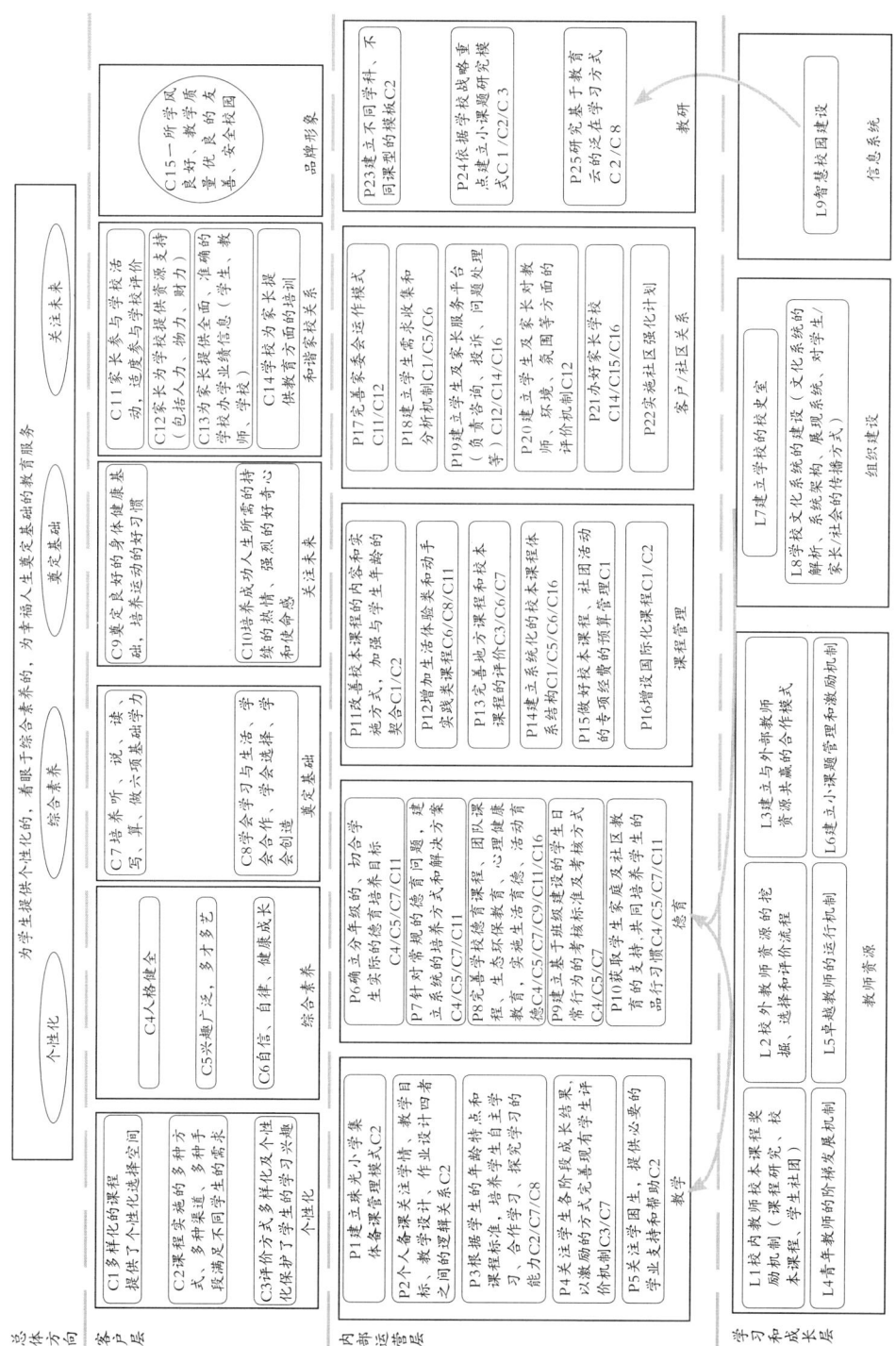

（二）战略衡量体系

学校根据战略描述体系，确定出对应的战略衡量机制，包括平衡计分卡和指标档案。平衡计分卡和对应的指标档案对战略描述体系中每项战略规定目标，并详细地描述每项战略目标定义，为战略制定了详细、具体的评价指标，实现了战略的全面和准确衡量。在平衡计分卡中，所有的指标需要每年进行衡量；而行动方案中，有的项目需要持续几年、有的只需要一年内完成。下图为 2013—2014 学年的平衡计分卡：

角度	战略主题及重点项目	指标名称	指标值	统计频次	行动方案
客户层	个性化 C1 多样化的课程提供了个性化选择空间	1.（校本）课程的门数	15	学年	
		2.（校本）课程的类别	3	学年	
		3.课程对学生需求的覆盖程度	40%	学年	
		4.参加各类教育行政部门比赛项目的百分比	70%	学年	
	C2 课程实施的多种方式、多种渠道，满足不同学生的需求	5.教学方式对学情的符合度	60%	学年	
		6.教育技术应用的种类	3	学年	
		7.教学设计对学情的符合度	60%	学年	
		8.作业对学情的符合度	60%	学年	
	C3 评价方式多样化及个性化，保护了学生的学习兴趣	9.学生主动参与评价的参与率	20%	学年	《完善学生评价体系》
		10.学生、家长对评价的满意度	75%	学年	
	综合素养 C4 人格健全	11.学生综合素质评价系统之心理素质、品德的等级C级以上占比	70%	学年	
	C5 兴趣广泛，多才多艺	12.参加各类兴趣培养的人数比	40%	学年	
		13.体育课、美术课、音乐课三项各为A以上的学生占比	40%	学年	
	C6 自信、自律、健康成长	14.自信、自律、健康成长评价等级C级以上占比	70%	学年	

续表

角度	战略主题及重点项目	指标名称	指标值	统计频次	行动方案
奠定基础	C7 培养"听、说、读、写、算、做"六项基础学力	15. 期末考试成绩合格率/优秀率	90%/60%	学年	
	C8 学会学习与生活、学会选择、学会合作、学会创造	16. 学会学习与生活、学会选择、学会合作、学会创造的评价等级C级以上占比	40%	学年	
		17. 国家体质测试数据达标率	80%	学年	
关注未来	C9 奠定良好的身体健康基础,培养运动的好习惯	18. 体质合格、良好、优质学生各占比例	50%/20%/10%	学年	
		19. 学生所参与体育项目的数量	2	学年	
	C10 培养成功人生所需的持续的热情,强烈的好奇心和使命感	20. 学校各项体育活动(含比赛)学生参与比例	40%	学年	《成功人生奠基培养方案》
客户层					
和谐家校关系	C11 家长参与学校活动、适度参与学校评价	21. 家长参加学校活动的领域数量	2	学年	
		22. 家长参与学校评价	1	学年	
	C12 家长为学校提供资源支持	23. 家长义工数	50	学年	
	C13 为家长提供全面、准确的学校办学业绩信息(学生、教师、学校)	24. 信息提供的种类	5	学年	
	C14 学校为家长提供教育方面的培训	25. 家长为学校举办培训的次数	2	学年	
		26. 家长参与家长学校培训的占比	50%	学年	
品牌形象	C15 一所学风良好、教学质量优良的友善、安全校园	27. 家长对学校的满意度	90%	学年	

续表

角度	战略主题及重点项目	指标名称	指标值	统计频次	行动方案
内部运营层	P1 建立珠光小学集体备课管理模式	1. 集体备课参与率	100%	学年	《集体备课管理模式》
		2. 集体备课频次	8次/学期	学年	
	P2 个人备课关注学情、教学目标、教学设计、作业设计四者之间的逻辑关系	3. 教师备课教案合格率	100%	学年	《教学设计流程》
		4. 教师备课教案优秀率	30%	学年	
	P3 根据学生的年龄特点和课程标准，培养学生自主学习、合作学习、探究学习的能力	5. 教学设计中自主学习、合作学习、探究学习与课型、学情的物合度	70%	学年	
		6. 自主学习参与度和达成度	70%	学年	
		7. 合作学习参与度和达成度	70%	学年	
		8. 探究学习参与度和达成度	70%	学年	
教学	P4 关注学生各阶段成长结果，以激励的方式完善现有学生评价机制				《完善学生评价体系》
	P5 关注学困生，提供必要的学业支持和帮助	9. 得到学业支持和帮助的学困生所占比例	100%	学年	
		10. 学困生的转化率	40%	学年	

续表

角度	战略主题及重点项目	指标名称	指标值	统计频次	行动方案
内部运营层（德育）	P6 确立分年级的、切合学生实际的德育培养目标				《八大素养培养计划》
	P7 针对常规的德育问题，建立系统的培养方式和解决方案	11. 德育问题种类及数量降低比例	10%	学年	《各类常规的德育问题的解决方案》
	P8 完善学校德育课程、团队课程、生态环保教育、心理健康教育，实施生活德育、活动育德	12. 德育课程、团队课程设置的门类、数量	2	学年	
		13. 生态环保教育课程/活动的学生参与率	90%	学年	
		14. 青春期心理健康教育课程开设的覆盖率	100%	学年	
	P9 建立基于班级建设的学生日常行为的考核标准及考核方式				《基于班级建设的学生日常行为的考核标准及考核方式》
	P10 获取学生家庭及社区教育的支持，共同培养学生的品行习惯	15. 家长对学生行为习惯的满意度	85%	学年	
		16. 学校与社区联动教育活动的次数及领域	2	学年	

续表

角度	战略主题及重点项目	指标名称	指标值	统计频次	行动方案
内部运营层		P11 改善校本课程的内容和实施方式，加强与学生年龄的契合	17. 校本课程实施方案与学生年龄的契合度	80%	学年	
			18. 学生对校本课程的满意度	85%	学年	
		P12 增加生活体验类和动手实践类课程	19. 生活体验类和动手实践类课程的种类及数量	2	学年	
	课程管理	P13 完善地方课程和校本课程的评价				《珠光小学教育教学创新奖励办法》
		P14 建立系统化的校本课程体系结构				《校本课程体系结构》
		P15 做好校本课程、社团活动专项经费的预算管理	20. 预算对实际经费需求的满足度	100%	学年	
		P16 增设国际化课程				国际化课程设计

续表

角度	战略主题及重点项目	指标名称	指标值	统计频次	行动方案
内部运营层（客户/社区关系）	P17 完善家委会运作模式				《家长委员会管理流程》
	P18 建立学生需求收集和分析机制				《学生需求收集和分析流程》
	P19 建立学生及家长服务平台（负责咨询、投诉、问题处理等）	21. 学生和家长对学校沟通的满意度	85%	学年	
	P20 建立学生及家长对教师、环境、氛围等方面的评价机制				《学生及家长对教师、环境、氛围等方面的评价机制》
	P21 办好家长学校	22. 家长对家长学校的满意度	85%	学年	
	P22 实施社区强化计划	23. 社区环保宣传频次	2	学年	
		24. 进社区志愿者活动次数	2	学年	
内部运营层（教研）	P23 建立不同学科、不同课型的模板				《不同学科、不同课型的模板》
	P24 建立课题研究模式	25. 课题数量	5	学年	
		26. 课题与学校管理、教育教学实际、教材研究、课程建设的结合度	100%	学年	
		27. 教师参与的比例	20%	学年	
	P25 研究基于教育云的泛在学习方式				《泛在学习方案》

续表

角度		战略主题及重点项目	指标名称	指标值	统计频次	行动方案
学习成长层	教师资源	L1 校内教师校本课程奖励机制（课程研究、校本课程、学生社团）	28. 教师对校内教师校本课程奖励机制的满意度	70%	学年	《珠光小学教育教学创新奖励办法》
		L2 校外教师资源的挖掘、选择和评价流程	29. 校外教育资源占学校校本课程的比例	25%	学年	《校外教师资源的挖掘、选择和评价流程》
		L3 建立与外部教师资源共赢的合作模式				《四点半学习计划》
		L4 青年教师的阶梯发展机制	30. 任务完成率	100%	学年	《青年教师的阶梯发展规划》
		L5 卓越教师的运行机制	31. 培养目标的达成率	100%	学年	《卓越教师的运行机制》
		L6 建立小课题管理和激励机制	32. 卓越教师的数量	1	学年	《珠光小学教育教学创新奖励办法》
	组织建设	L7 建立学校的校史室				建设校史室
	信息系统	L8 学校文化系统的建设				学校文化系统的建设
		L9 智慧校园建设				智慧校园建设

附：指标档案示例

战略重点	C1 多样化的课程提供了个性化选择空间		
衡量指标	（校本）课程的门数	统计频次	学年
计算公式	统计，无计算公式		
数据来源	学期课程安排表	样本量	100%
目标值设置责任人	王春平	达成目标值的责任人	李捷
数据提供部门	教导处、教科室	数据统计部门	教导处、教科室

三、战略目标思考

（一）应对面临的挑战

战略分析中所采用的重要工具之一——SWOT 就是识别、分析出了我们面临的机会和威胁，以及自身的优势和劣势；利用优势、市场机会，扭转我们的弱势、抵御各种威胁（挑战），并扩大我们的优势。据此制定出的战略方向和重点，以及对其进行衡量的计分卡，自然会有效地应对各种挑战并有效利用外部的机会和我们自身的优势。例如：

机会／优势／挑战	应对措施	价值
O4 教育国际化是世界教育改革发展的潮流，也是我国未来十年教育改革发展的方向	P16 增设国际化课程	文化的多元化使学生对世界了解的渴望变得更加迫切，希望了解的范围也更加广阔。基于这一需求，推动增设国际化课程建设，使得学生对世界认知的渴望得到满足
S5 教师队伍年轻化，整体学历水平高，能快速接受新事物新思维，行动力强	L4 青年教师的阶梯发展机制 L5 卓越教师的运行机制	采用现代化的教育理念和方法，建立有序的教师梯队，打造优秀教师队伍
T3 区域教育版图正在发生变化，各种新型优质学校不断涌现。周边学校办学各具特色、各有优势，竞争激烈	P25 研究基于教育云的泛在学习方式	培养教师教育教学信息化能力，打造新的竞争优势

（二）平衡核心竞争力、战略优势和战略机会

学校在制定战略目标时，通过利用已形成的核心竞争力，并考虑学校的战略优势和面对的战略机会，使学校的优势变为胜势。如：

战略目标	组合方式	方法
P11 改善校本课程的内容和实施方式，加强与学生年龄的契合	核心竞争力提升方案+S4+O1+O4	在快乐体育、环保教育、科技教育为突破的办学特色的基础上，利用社区居民参与学校教育教学的愿望大大增强，能为学校提供远超以往的教育教学资源和南山区委区政府打造南山北部片区教育品牌的契机，引入四点半学校，使课程设置更符合学生特点
L4 青年教师的阶梯发展机制	核心竞争力提升方案+S5+S6+O2+W1	基于学校教师群体高学历和信息化水平位于全区前列的优势，利用新的信息技术手段在教育领域的实际应用，实现信息技术条件下的教育教学变革的战略机会，建设泛在学习环境，拓宽青年教师的培养途径和提供信息化教育教学手段，增加名师比例

（三）平衡长短期时间区间

我们的战略是五年为一个周期，通过五年的努力实现计分卡中的各项指标。根据各个战略主题及其中各个战略重点的内容和性质不同，其实施的时间区间也是有所差别的。在计分卡中，所有的指标需要每年进行衡量；而行动方案中，有的项目需要持续几年、有的只需要一年内完成。例如：

战略主题/重点	对应的行动方案	持续的时间段
P6 确立分年级的、切合学生实际的德育培养目标	八大素养培养计划	一个战略周期
L4 青年教师的阶梯发展机制	青年教师的阶梯发展规划	一个战略周期
	卓越教师的运行机制	一个战略周期
L9 智慧校园建设	智慧校园建设	两年

（四）考虑并平衡所有利益相关者的需求

在学校的战略描述体系中，主要的利益相关方是学生、家长、教师、教育管理部门、社区、合作伙伴。这些利益相关者都得到了关注和体现：

类别	项目	关注重点	价值
对应教育局	C1~C15	教育代表更多的学生和家长群体，向学校提出需求。教育局关注的是整个学校的教育教学输出	见"对应学生"和"对应家长"的价值
对应家长	C12 家长参与学校活动，适度参与学校评价 C13 家长为学校提供资源支持 C14 为家长提供全面、准确的学校办学业绩信息 C15 学校为家长提供教育方面的培训	通过为家长提供个性化的教育教学服务，并与家长保持良好的沟通，建立良好的关系	家校良好的关系更有利于对学生的共同培养
对应学生	C1 多样化的课程提供了个性化选择空间 C2 课程实施的多种方式、多种渠道、多种手段，满足不同学生的需求 C3 评价方式多样化及个性化，保护了学生的学习兴趣	尊重学生差异，通过为学生提供个性化的教育教学服务，尊重和发挥学生的学习积极性，重视学生个性的和谐发展	个性化教学是素质教育的必由之路
	C4 人格健全 C5 兴趣广泛，多才多艺 C6 自信、自律、健康成长	关注学生的身心健康，培养有健全人格的学生，让孩子的兴趣得到广泛发展	培养学生的综合素养，引导学生身心发展，以达到实施素质教育的要求
	C7 培养"听、说、读、写、算、做"六项基础学力 C8 学会学习与生活、学会合作、学会选择、学会创造	关注学生在学习过程中获取的新知识所必需的基本学习经验和学习能力	为后续进入更高一阶的学习奠定基础
	C9 奠定良好的身体健康基础，培养运动的好习惯 C10 培养成功人生所需的持续的热情、强烈的好奇心和使命感	关注学生在未来发展中所需要的要素，对学生进行培养	为学生的未来发展奠定基础
对应教师	L1 校内教师校本课程奖励机制（课程研究、校本课程、学生社团） L4 青年教师的阶梯发展机制 L5 卓越教师的运行机制	激发教师的教研热情，减少职业倦怠，提升教师的能力	提升教师的战略执行能力，保持学校可持续发展

续表

类别	项目	关注重点	价值
对应社区	P22 实施社区强化计划	利用学校丰富的师资力量、教育领域的专业性等，积极地参与到社区的各种活动中	充分发挥了自身的特点，强化了社区的发展和社区文化建设
对应合作伙伴	L2 校外教师资源的挖掘、选择和评价流程 L3 建立与外部教师资源共赢的合作模式	与众多机构合作校本课程的开发和实施	通过课程的合作，为学生打造更多的校本课程

四、工作系统和核心竞争力

（一）工作系统

学校按照自身的工作特点，基于教育理念、核心价值及学校总体战略方向，识别出工作系统的输入、输出要求，将工作系统各环节按相互关系进行划分，分别为核心业务层、技术及人力资本层、资源及安全保障层。实现了整个学校工作系统教育教学管理体系、监控体系与改进体系的系统优化和协调配合，使整个学校的运营过程都可以得到有效的识别与管理，并清晰地显示各个管理过程之间的关系，为更好实现学校总体战略规划、有序地改进管理过程、提升学校工作系统的整体效能奠定了良好的基础。

工作系统的输入		国家政策法规的要求、上级教育主管部门的要求、学生及家长的需求、社区和社会的期望
工作系统	核心业务层	德育管理、教学管理、课程管理、教科研管理、客户管理
	技术及人力资本层	教师管理、新信息技术管理
	资源及安全保障层	设备设施管理、财务管理、安全管理、社会工作管理、后勤服务管理
	监督评价改进体系	检查监督、分析评价、改进提升
工作系统的输出		满足学生成长需求的教育教学服务

（二）做出工作系统决策以促进战略目标完成

学校将工作系统输入和输出的要求进行分析，转换成客户价值感受，识别出衡量指标，建立学校层工作系统目标体系，作为学校教育教学服务效果的最终衡量指标。这些指标与学校战略中的客户层战略主题相一致，从而保证了工作系统决策促进战略目标完成。

（三）由外部供应商和合作伙伴来完成的关键过程

学校涉及外部供应商和合作伙伴的工作过程包括德育管理、课程管理、设备设施管理、后勤服务管理等，我们将影响战略主题实现的工作过程作为外部资源关键过程，分别为德育管理过程和课程管理过程：

工作过程	供应商／合作伙伴	合作内容	影响的战略主题
德育管理过程	社区	社区为学校提供各种资源共享	P10 获取学生家庭及社区教育的支持，共同培养学生的品行习惯
	社会实践活动组织机构	为学校提供社会实践活动的组织服务	P8 完善学校德育课程、团队课程、生态环保教育、心理健康教育，实施生活育德、活动育德
课程管理过程	四点半学校各类机构	与学校合作校本课程的开发和实施	P11 改善校本课程的内容和实施方式，加强与学生年龄的契合 P12 增加生活体验类和动手实践类课程
设备设施管理过程	设备设施提供商	设施设备的更新与维护	无
后勤服务管理过程	食品食材供应商	食品食材采购	无
	保安公司	学校治安防护	无

学校在选择供应商和合作伙伴时，充分考虑供应商／合作伙伴的核心竞争力对学校核心竞争力强化的影响。候选的供应商／合作伙伴的核心竞争力是决定能否建立伙伴关系的最重要因素。通过供应商／合作伙伴之间的资源共享、优势互补、共担风险而形成独特的核心竞争力。

核心竞争力	核心竞争力提升方案	合作伙伴	核心竞争力要求
基于学生个性及生长特点，构建并实施对学生综合素养全面培养等能力	更符合学生特点的课程设置	四点半学校等各类机构	有核心专长，师资水平高
	增加名师比例	暂不需要	略
	教师绩效考核制度的完善	暂不需要	略
	提升学生成绩（学生学业成绩抽测／参加各种竞赛成绩）	暂不需要	略
	课程体系建设	四点半学校等各类机构	有核心专长，师资水平高
		社会实践活动组织机构	专注于某一领域，所提供的基地具有一定的特色
		社区	略
	完善学生评价体系	暂不需要	略

在确定未来工作系统时，学校将充分考虑以下要素：

设计要求	设计	主要影响环节
以国家政策法规的要求、上级教育主管部门的要求、学生及家长的需求、社区和社会的期望为依据	以此为工作系统的输入	输入
工作系统的设计必须支持学校总体战略方向		
工作系统的设计满足学校战略体系——客户层战略主题	以此为工作系统的输入、输出	输入、输出
工作系统必须支持学校战略体系——内部流程层战略主题	识别工作系统的核心层工作过程	德育管理、教学管理、课程管理、教科研管理、客户管理
工作系统必须支持学校战略体系——学习与成长层战略主题	识别工作系统的支持层工作过程	教师管理、新信息技术管理
工作系统必须支持组织运营的持续改进和创新	建立工作系统的评价改进体系	评价改进体系

（四）未来的核心竞争力和工作系统

学校在充分利用已有核心竞争力的基础上，还依据办学实际和发展潜力，依据教育教学改革与发展的具体方向，寻求可能形成新的核心竞争力的内容与方向，并在此基础上关注新的核心竞争力潜在要求，为尽快形成新的核心竞争力做充分的准备。

战略优势/战略机会	战略目标	潜在竞争力
S5 信息化水平位于全区前列，是广东省教育现代化实验学校、连续五年被南山区评为科技创新学校，现为深圳市教育云首期应用项目试点学校。 O2 新的信息技术手段在教育领域的实际应用，建设泛在学习环境，实现信息技术条件下的教育教学变革	P25 研究基于教育云的泛在学习方式	培养教师教育教学信息化能力，打造新的竞争优势

第四节　战略执行

一、行动方案的制定

学校的战略描述体系确定了战略方向、主题和重点，对应的计分卡确定了具体的衡量目标和指标（指标档案规定了目标的计算方法和数据源等），行动方案（行动计划）确定了为实现这些目标所需要采取的行动。所以，我们的行动方案依据如下方法制定：

- 分析对应战略目标的状况，期望水平与目前水平的差异。
- 确定解决这些差异需要开展的主要活动。
- 确定这些活动的责任人。
- 确定这些活动实施的重要里程碑点。
- 确定这些活动所需要的各种资源（时间、资金等）。
- 确定这些活动实施后将产生的各种变化，并针对这些变化采取相应的措施，将其补充到所制定的行动方案中，确保这些变化带来的影响不会影响行动方案的执行。
- 评价这些活动实施对战略目标的支撑情况，如果支撑度不够，则修改和完善行动方案。

我们针对学校战略描述体系中客户价值感受、战略重点和支持保障三个层次中的重点项目制定了相应的行动方案，内容包括所支撑战略目标、责任人、参与部门、项目跟踪人员、跟踪频次、开始/结束时间、资源需求、项目的日程安排和里程碑的设置等项目要求，以确保战略目标达成。

并非每个战略目标都需要制定对应的行动方案，只有当该目标的期望水平与实际存在差异时才需要制定方案，其他的只需要监控目标的水平就可以。

本行动方案是框架式的，从总体上概括了行动方案的基本要求，在具体实施时会在此基础上制定更为详细的实施内容和要求。

学校的行动方案向上支撑战略目标实现，向下与年度工作计划相对应，以具体的工作计划来落实。学校的行动方案为长期的（最多可持续五年），而工作计划一般以一个学期或学年为单位，属于短期的；长短期行动方案的结合，确保其共同支撑的学校战略目标得以实现。

同时，还会评估行动方案和年度计划实施时可能带来的各种影响和风险，包括影响现有的管理模式、超出预算、未能达到预期效果、对其他工作的影响等，并事先制定应对措施。

主要评估的角度包括：

● 行动方案实施的时间，以三个月为一个评估阶段，时间越长风险越大。

● 预期的价值回报，以战略管理委员会人员的评价为主，分为高、中、低三级。

● 实施的总成本，分为资金投入和人员投入两个维度。

● 在学校内变革的深度，包括轻微、中等、重大变革。

依据上述方面评价行动方案的风险，评价的结果包括风险的种类、程度和后果；在此基础上，学校会制定出对应的风险应对方案。就目前的各个行动计划而言，风险的程度都较低，所以还不需要制定出对应的风险应对措施。即使这些风险造成一定后果，也都是影响战略目标达成度的问题，尚不会导致财务以及学校生存能力的问题。

二、行动方案的实施

学校的各种行动方案、工作计划，都清晰地规定了开展的活动、责任人、时间和里程碑等内容，依据具体的行动方案的内容和涉及范围不同，有的行动方案需要一个部门完成，有的需要跨部门，甚至需要外部资源（供应商、合作伙伴）协同配合一致才能有效地完成。

行动方案实施后将固化相关的流程或运作模式，并成为学校日常管理机制的一个部分，从而使方案所带来的关键结果能够保持下来。每个行动方案在实施过程中，由指定的项目跟踪人员按照跟踪频次，对行动方案进行全过程跟踪。

三、资源配置

不论是五年长期战略的行动方案还是据此分解的年度计划，在策划前都会详细地分析实施的资金、人力资源等需求，依据各个阶段的工作重点进行资源的分配。

四、教职工规划

学校依据教育教学特点和学生及家长对教育教学质量的要求，对战略重点进行分析，确定战略重点在落实过程中关键环节所涉及的岗位，将该岗位确定为关键岗位，进而确定该岗位对教师数量和教师能力的需求，将这些需求进行汇总整理，作为人力资源规划输入。

五、绩效测量

学校的行动方案是为实现计分卡中的各个战略目标服务的，所以这些战略目标和对应的指标也就构成了追踪行动方案进展情况最终的效果性指标；同时，针对各个行动方案的不同，在每个里程碑点还有具体的过程性衡量内容，用以衡量各行动方案的进展情况。

学校的计分卡中的各项指标是完全基于战略描述体系中的各项战略重点而建立；而战略描述体系通过客户价值感受、战略重点和支持保障几个层次层层递推和逻辑关联，实现对总体战略方向的紧密支撑，使学校变成一个紧密的逻辑关联整体。所以，对学校的战略行动方案测量系统（计分卡的各项指标）的衡量和追求，确保了学校的各项活动紧紧为实现总体的战略方向服务，强化了整个学校的系统性和一致性。

六、行动方案调整

在行动方案的具体执行过程中，相关责任人会在各个里程碑点监控和回顾行动方案的进度和执行的效果、资源消耗，对发现的问题和偏差进行及时的调整；在行动方案完成后会评价所支撑的战略目标实现情况，并根据战略目标的实现情况对行动计划进行修改和调整。

在下列情况下会对行动方案进行调整：

● 在执行过程中发现原来的行动方案无法支撑相应的战略目标；

● 原来的行动计划所需要的资源无法保证；

● 外部环境发生变化，原来的行动方案已经不适用。

行动方案的调整程序与原制定程序相同。只是需要在调整时，考虑相关联的行动方案／工作计划需要协调调整的内容。

新的行动方案制定完成后，立即按照新制定的行动方案执行。

第五节 战略绩效预测、战略执行监督及回顾

一、战略绩效预测

（一）学校的绩效预测

就目前学校的战略管理水平而言，如果要准确地预测未来的战略绩效情况，是比较困难的事情。但战略绩效的预测对于明晰我们能实现的未来水平、积极面对竞争的明晰化具有非常大的价值，所以我们每年坚持进行绩效的预测。我们预测主要从以下角度进行：

● 原先所策划战略目标的合理性。如果战略目标符合学校的实际和外部环境，则其实现的可能性就会很高，否则必然会难以实现或偏离目标。

● 战略行动方案所需要资源的满足程度。

● 每个战略行动计划的执行程度。

在目前的管理水平下，我们还无法做到定量的预测，只能是各级管理人员依据经验来推断。但我们每年进行战略回顾时，会将预测值同实际实现值进行对比，分析其中的原因，通过不断地积累经验，提高以后预测的准确率。基于目前的情况我们只能进行年度战略的预测，还无法进行五年战略的预测。

（二）与竞争对手和标杆的比较

由于各学校之间管理方式和管理方法存在差异化，且计算方式存在差异或该校并未关注某些项目，导致很多内容无法进行对比。

就目前从深圳市及各区教育行政主管部门所获得的数据而言，我们只能进行客户价值感受层的部分目标预测绩效比较，而未包含全部目标，也未包

含内部流程和学习成长层的各个战略目标。即使在客户价值感受层的各个指标中，我们也只能获得"参加各类区级教育行政部门比赛项目的百分比"等类似的指标数据。

对于其他各项指标，我们只能在教学交流活动中进行收集。

在获得这些对比数据后，如果存在差距，我们将评审战略、战略目标、行动方案和资源情况，根据情况进行改进和调整：

● 如果我们的对比数据高于对手目前和未来的水平——我们会密切关注对手的情况，确保继续保持优势；

● 对于我们低于对手的项目——我们会判断有差距项目的重要性（依据对总体战略方向的影响）、差距的大小。如果对总体战略方向的实现影响较大，我们会调整我们战略目标数值、缩小与对手的差距；如果影响较小，我们会密切关注，而不做其他改动。

二、战略执行监督

各行动方案在执行过程中，在各个里程碑点由指定的项目跟踪人员按照跟踪频次对行动方案进行全过程跟踪。如果产生重大影响行动方案实施的因素，具体方案的负责人向主管领导汇报，决定是否需要做出调整。

三、战略回顾

学校每学年进行一次由学校战略机构、各部门负责人参加的战略执行回顾，对战略描述体系、计分卡、行动方案执行情况进行汇总分析、评价和改进，还将评价本年度内整个战略管理机制的有效性，同时策划下一年度的战略。

五年战略制定结束后进行长期战略执行情况的回顾，并策划下一个长期战略的内容。

为确保战略回顾会议切实起到深入、全面、准确地总结当年战略机制、实施情况和效果的作用，我们对战略执行回顾会议规则不断进行改进，对会议的主要内容、事前资料的准备、评审和回顾的议程等，做出了清晰和明确的规定。这一规则每年都得到坚持，并在下一年度的战略回顾阶段进行评价和改进。

第三章

顾　客

第一节 招生市场和顾客群

一、招生市场

（一）目前的市场

学校的招生按政府政策规定，属地就近入学，招生市场为政府规定的学区：鼎胜山邻居、龙辉花园、达能益力矿泉水厂、深圳市军队离休退休干部第二休养所（干休所）、荔景花园、光前大厦、光前村、汇文苑。

市场特征	学校的招生策略
● 地处城中村与花园住宅的混合社区，生源结构复杂 ● 家长教育背景：根据学籍系统显示，有家长学历记录的共 516 人，其中专科 75 人，本科 48 人，研究生 3 人，共 126 人，占 24.4% ● 家长职业背景：个体商贩、基层打工者，少数白领 ● 非深户生源占比 60%	通过学校自身教学服务质量的提升，提高学校的美誉度，通过各种社团活动扩大学校影响力，从而吸引潜在的学生来校就读

（二）未来的市场

随着深圳教育的发展和学龄前儿童人口的增加，有可能会在学校附近出现新的公办小学，我们未来的招生市场有可能会发生变化，但由于珠光小学为公办学校，招生为属地就近入学，我们只能预见大致的学区范围——以光前村为核心的周边辐射区域。目前以学区缩小为主要趋势，教育改革的大学区制是否会落实到我校，尚不能进行明确预见。

（三）市场竞争

由于学校为公办学校，属于划片区招生，与竞争对手只在教育教学质量方面进行比较，不存在市场竞争情况。

而民办学校在本区域内的细分市场特征与学校一致，但其招生对象一般为"双免（1+5文件）"审核不合格的学生。当学校生源超出额定生源数时，符合"双免"政策的学生会被调剂到其他公办学校或由政府出资购买学位的民办学校就读。

二、顾客群

珠光小学当下的顾客是指学校目前在读的学生及其家长。基于深圳市小一招生政策和学校的自身属性，珠光小学未来的顾客是本学区内学龄前儿童及其家长。对于在读学生，我们又按照不同的维度进行了细分，而家长在孩子成长过程中扮演着不可分割的角色，所以家长群也随同学生群体一起进行细分：

（一）按学生的体质情况细分

珠光小学无条件接纳社区中符合招生政策要求，并在本校招生积分线以上的各类儿童，包括正常体质的孩子和一些特殊儿童。所以从身体体质情况这个维度我们将学生分为正常儿童和特殊儿童，对于特殊儿童，我们给予了更多的关爱和照顾，为这部分儿童提供舒适的学习环境，让他们享有学习的权利和自由。

（二）按学生的心理和生理发展规律细分

身心发展是一个由低级到高级、由简单到复杂、由量变到质变的连续不断的发展过程。针对正常儿童，由于6—12岁期间是儿童心理发展迅速的阶段，也是学习知识、发展能力、培养个性的关键时期，必须根据儿童的心理规律，遵循由具体到抽象、由简到繁、由低到高的顺序，做到因材施教。盲目行事，不仅收不到良好的教育效果，还可能给小学生的发展带来不利的消极影响。因此学校按照孩子的心理特点将学生细分为三个年级段，进行分类管理，并针对不同的群体采取不同的管理方式，包括需求的了解、课程的设计、满意度测量方式、学生评价等。

年段	心理特征	生理特征	与学校的关系
低年级段（一至二年级）	●从注意的广度来说，他们观察事物往往只注意整体，比较笼统 ●情绪多变，注意力不集中特别容易受他人的影响和暗示，进而产生不自觉的模仿行为 ●兴趣易转移，行为的自发性和随意性很大。朋友关系很不稳定。情感稳定性较低 ●认识水平低，自我评价几乎完全依赖老师。容易看到自己的优点，不容易看到自己的缺点	●骨骼处于生长期，易弯曲 ●肌肉发育尚不完全，含水分多，肌肉纤维较细，肌腱宽而短，关节的软骨较厚，关节囊韧带薄而松弛，关节周围肌肉较细长，关节的伸展性活动范围较大，牢固性较差，容易发生脱臼 ●小肌肉动作的协调性还较差	该阶段学生与学校的关系处于完全依赖阶段
中年级段（三至四年级）	●独立性、自主意识增强，遇事讲究"公平" ●以兴趣爱好来选择朋友，集体意识增强 ●开始出现趋利避害的心理特点，对自己有利的事就做，有利的话就说，不利的事就躲避 ●学习上出现喜爱某些学科，不喜欢某些学科的兴趣倾向 ●逻辑思维迅速发展，以形象逻辑思维为主，在发展过程中完成从形象逻辑思维向抽象逻辑思维的过渡。随着孩子的逻辑和抽象思维能力发展，归类、对比、推理等能力也开始增强 ●儿童的理解能力和表达能力发展迅速	●除大脑外，三、四年级学生的各项生理指标只在量上比一、二年级学生有所提高，基本没有质的飞跃，仍处于平稳发展的时期	该阶段学生依然愿意依靠老师，但比较关注老师是否"公平"

续表

年段	心理特征	生理特征	与学校的关系
高年级段（五至六年级）	● 智力有很大发展，逻辑思维开始在思维中占优势，创造性思维也有很大发展 ● 独立意识进一步发展，表现在认为自己已经长成大人，甚至比大人还高明，爱自作主张，顶撞老师和家长。 ● 开始追求独立人格。男女界限分明，喜欢结成同性小团体，相互讥讽对抗	● 身高体重明显增长，肌肉骨骼的力量也在迅速增强。可能出现班里个子高矮差距很大的现象 ● 一般到六年级，第二性征开始出现	该阶段学生对老师的行为敢提出批评意见，对老师不公正的处理会有不满的表现，与老师的关系相对独立 一旦认同教师的行为后，会紧密配合

三、业务增长

　　学校发展以促进学生知识、素质和能力的整体发展为最终体现。学校通过各种方法了解顾客的需求，对需求的合理性和可满足程度进行分析，从而提供更好更丰富的教育教学服务（具体参见本章第四节产品提供和顾客支持管理）。如，随着社会发展，家长对学校的要求与日俱增，通过对家长的需求进行评估，至 2016 年 10 月份止，学校设计开发校本课程近 80 门（班）。

类别	2013—2014	2014—2015	2015—2016
校本课程门（班）数	18 门	44 门	77 门

第二节　顾客需求管理

一、需求获取方式

学校采用多种方法倾听顾客的声音，以获得顾客的需求。倾听方法因顾客群的不同而有所区别，使倾听方式更加具有针对性，以保障获得信息的真实性和可靠性。

全校所有教职员工都担负着教育方案与教育教学服务的主体，即学生和家长反馈信息的收集工作。学校各行政部门定期对所倾听到的顾客声音进行收集和汇总，发送至教导处，由教导处指定具体责任人或具体部门进行统计和分析，以识别和预测顾客需求及期望，为制定战略、设计和改进教育方案与服务系统等提供输入或者依据。

（一）获取当前顾客的需求

学校在倾听当前顾客声音时，针对不同的信息类别和顾客群体，采取了不同的方法，以了解顾客的关键需求以及学校提供的教育教学和服务对顾客需求的满足情况。

信息类别	收集对象	倾听方式	频次	责任人
品牌形象	家长	访谈、家长反馈、专项问卷调查、满意度调查	随时／定期	办公室／教导处／教科室／信息中心
校园文化	家长	访谈、家长反馈、专项问卷调查、满意度调查	随时／定期	办公室／德育处／教导处／信息中心
	一至二年级学生	访谈	随时／定期	班主任
	三至六年级学生	访谈、专项问卷调查、满意度调查	随时／定期	班主任／办公室／德育处／教导处／信息中心
教师素质、师德师风、师生关系	家长	家访、专项问卷调查、满意度调查、投诉、家长委员会反馈、班级 QQ 群	随时／定期	班主任／办公室
	一至二年级学生	访谈、满意度调查	随时／定期	
	三至六年级学生	访谈、满意度调查	随时／定期	
教学内容、教学方式、教学评价	家长	家访、专项问卷调查、满意度调查、投诉、家长委员会反馈、班级 QQ 群	随时／定期	教导处
	一至二年级学生	访谈、学生成绩测试分析	随时／定期	
	三至六年级学生	访谈、学生成绩测试分析	随时／定期	

续表

信息类别	收集对象	倾听方式	频次	责任人
校本课程及社团开设	家长	专项问卷调查、满意度调查	随时／定期	教科室、教导处
	一至二年级学生	访谈、学生作品或成绩展示、满意度调查	随时／定期	
	三至六年级学生	访谈、专项问卷调查、学生作品或成绩展示、满意度调查	随时／定期	
学生管理、习惯养成	家长	家访、专项问卷调查、满意度调查、家长委员会反馈、班级QQ群	随时／定期	德育处、大队部、班主任
个性化发展	家长	家访、专项问卷调查、满意度调查、家长委员会反馈、班级QQ群	随时／定期	教导处、德育处
	三至六年级学生	访谈、专项问卷调查、学生作品或成绩展示、满意度调查	随时／定期	
家校沟通情况	家长	专项问卷调查、满意度调查、家长委员会反馈、班级QQ群	随时／定期	德育处／班主任
后勤服务质量	家长	专项问卷调查、满意度调查、家长委员会反馈、班级QQ群、投诉	随时／定期	总务处、办公室
	一至二年级学生	访谈	随时／定期	
	三至六年级学生	专项问卷调查、满意度调查	随时／定期	
学校及周边的治安状况	家长	专项问卷调查、满意度调查、家长委员会反馈、班级QQ群、投诉	随时／定期	安全办

对于特殊儿童，除了访谈、孩子主动提出、测试分析等方式倾听外，由受过专业培训的心理咨询老师与其进行沟通，帮助孩子表达自己的需求。

家长的集体需求通过家长委员会来征集，个体家长的需求信息通过访谈、家访、网络、电话、投诉等方式快速获得。

（二）倾听潜在顾客和竞争者顾客的声音

学校同时也关注潜在顾客以及竞争对手的顾客的需求，用以创新教育教学服务。我们采用以下方式倾听他们的声音：

对象	信息内容	倾听方法
潜在的学生、家长	1. 对教育方案和服务的需求和期望 2. 对学校的认识 3. 学校的品牌认知度和美誉度	接待适龄入学儿童家长的电话、邮件、上门咨询，从而获得他们的需求
		通过现有学生家长反馈来获得潜在顾客的需求
		邀请适龄入学儿童及其家长到学校参观咨询
		网络信息收集
竞争者的学生、家长	1. 对教育方案和服务的需求和期望 2. 对竞争者教育方案和服务质量的反馈	网络信息搜集
		网络及其他媒体信息收集
		目前家长的信息反馈

（三）利用社会媒体和网络技术倾听顾客的声音

随着信息技术的应用，网络新闻、评论跟帖、论坛、贴吧、博客、微博、邮件等已成为被公众广泛应用的民意诉求平台。

学校订阅各类报刊，如《蛇口消息报》《中国教育报》等，关注电视及广播新闻，重点关注深圳和广东省内与教育相关的新闻，各行政部门对收集到的信息在每周行政会上进行讨论，遇重大事项时立即向校长反馈。学校对这些新闻进行分析，从中获得与学生和家长相关的需求。

学校建立了学校网站，开设珠光小学综合服务平台（微信公众号：szzgxxfw），通过平台以及平台的校长信箱接受学生和家长以及社会各界的咨询、意见和建议。

珠光小学微信公众号界面截图

　　除此之外，每个班级还建立了班级 QQ 群或班级微信群，便于学生、家长和老师间的及时沟通，快捷便利地获知在校学生和家长的需求。

二、顾客需求分析

（一）分析方法

　　学校通过对客户意见及建议的收集和分析，将问题进行分类，一类为目前急于解决的问题，一类为对未来的关注。在每一类问题中，我们都将对与学校有关的问题进行分析，包括对影响方式、影响程度、判断的依据和可信度等几个方面进行分析。问题分析后，我们按照其影响方式和影响的程度进行优先级的排序，并按优先级顺序分别对问题现有的解决方案和效果、存在问题及原因、由此产生的需求进行分析，从而得知客户的需求。

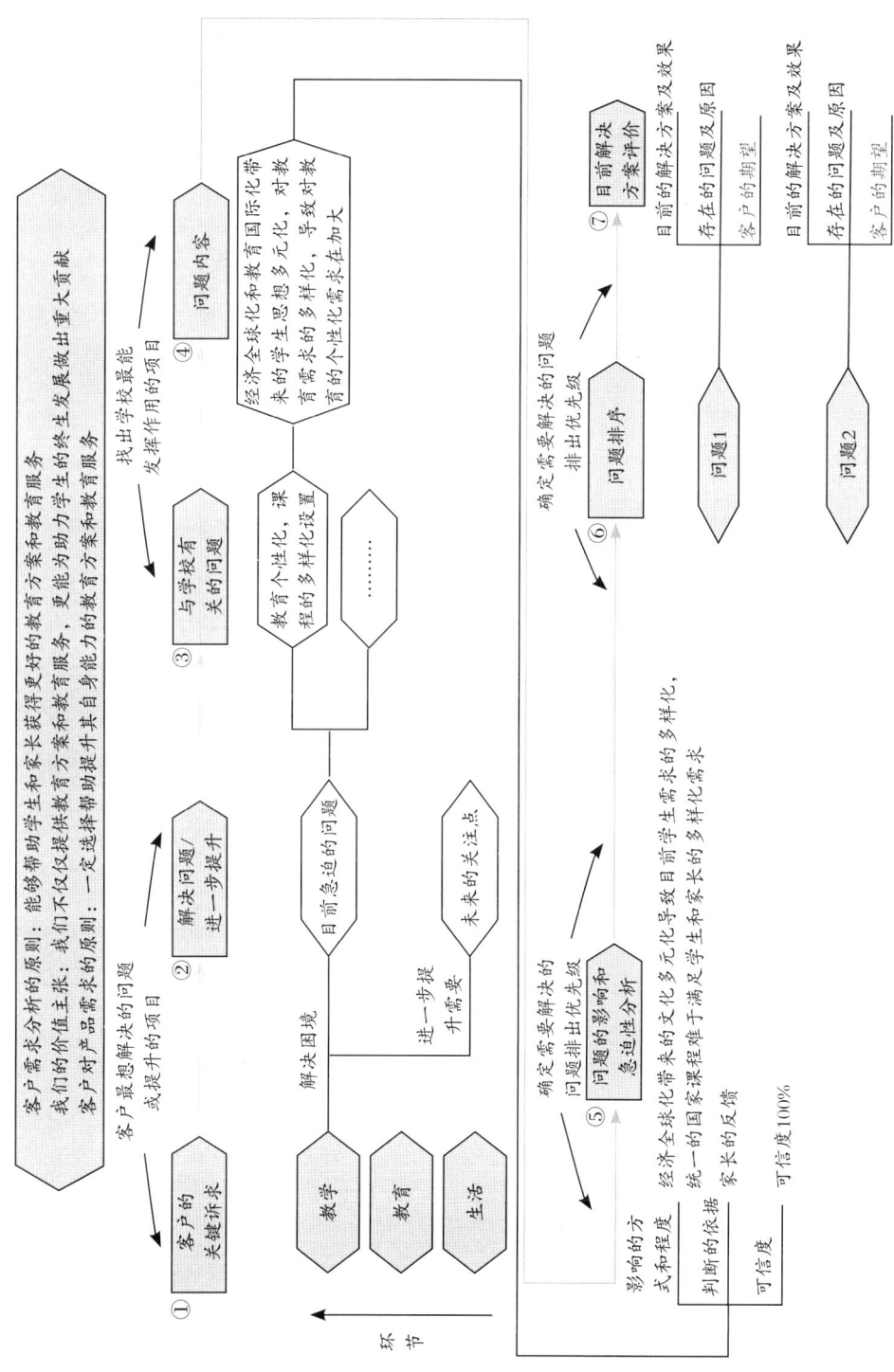

客户需求分析的原则：能够帮助学生和家长获得更好的教育方案和教育服务

我们的价值主张：我们不仅仅提供教育方案和教育服务，更能为助力学生的终生发展做出重大贡献

客户对产品需求的原则：一定选择帮助提升并其自身能力的教育方案和教育服务

① 客户的关键诉求

客户最想解决的项目或进升的项目

② 解决问题进一步提升

③ 与学校有关的问题

④ 问题内容

找出学校最能发挥作用的项目

教学　教育　生活

目前急迫的问题

进一步提升需要　未来的关注点

解决困境

教育个性化，课程的多样化设置

......

经济全球化和教育国际化带来的学生思想多元化，对教育需求的多样化，导致对教育的个性化需求在加大

⑤ 确定需要解决的问题排出优先级急迫性影响分析

影响的方式和程度

判断的依据　家长的反馈

可信度　可信度100%

经济全球化带来的文化多元导致目前学生需求的多样化，统一的国家课程难于满足学生和家长的多样化需求

⑥ 问题排序

确定需要解决的问题排出优先级

问题1

问题2

⑦ 目前解决方案评价

目前的解决方案及效果

存在的问题及原因

客户的期望

目前的解决方案及效果

存在的问题及原因

客户的期望

环节

（二）顾客的需求

通过上述分析方法，我们获得了顾客在当前的需求以及未来的需求：

顾客	需求内容		
	类别	当前需求	未来的需求
当前的和潜在的学生	学校文化	积极向上、友爱、绿色生态的校园文化	●参与校本课程的设计与开发 ●获得学校必要的管理和教学信息，参与学校的某些决策
	课程安排	丰富多彩的课程与活动、合理的课程安排	
	教学质量	优异的学习成绩、兴致盎然的学习状态，针对性的教学与辅导、有利于激励学生的评价	
	教育质量	良好的习惯养成、生动活泼的德育活动、针对性的德育主题、有效的行为与方法指导	
	课业负担	减少完成作业所需的时间，降低作业量，作业内容精、少、高效，有针对性、有实效	
	师生关系	融洽的师生关系	
	同学关系	互助、协作的同学关系	
	自我期许实现	个性化发展的充分实现	
	生活条件及设施	良好、安全的设备设施和教学环境	
当前的和潜在的家长	教学	优质的教学质量；学业水平逐步提升；学生特长得到发展；科学的、有针对性的评价与激励；负责任的、能力强的教师队伍	●参与校本课程的设计与开发 ●获得学校必要的管理和教学信息，参与学校的某些决策 ●教育教学全过程可评价
	教育	健康的心态和个性；良好的行为习惯；能力和素质得到培养和发展；对孩子成长的全方位关注；学生生活学习习惯养成	
	环境及家校关系	良好的环境和设施；人性化的生活服务；有效的家校沟通	
竞争对手的顾客		与本校顾客的需求基本相同	与本校顾客的需求基本相同

第三节 顾客需求的利用

一、依据顾客需求识别并创新教育方案和服务

学校基于顾客需求的内容，结合国家教育方针和教学大纲，经过分析，识别并建立了满足需求的教育方案和服务。

顾客	类别	当前需求	教育方案和服务
当前的和潜在的学生	学校文化	积极向上、友爱、绿色生态的校园文化	校园文化建设：以学校的使命、愿景和价值观为核心，打造学校文化系统。如，学校的宣传栏、雕像、碳汇林、科学实验基地等视觉硬件建设；在校本课程方面，构建了以生态文明教育为核心的新型德育课程体系，学校开发了《生态教育》校本教材，持续培养学生生态文明意识。设计了校徽、校歌等文化传播系统
	课程安排	丰富多彩的课程与活动、合理的课程安排	● 严格按照深圳市教育局制定的课程计划设置学校课程，涵盖国家、地方、校本课程三级课程，其中国家和地方必修课程 11 门，选修课程 5 门 ● 基于学生的兴趣爱好和学校及家长的资源，至2016 年 10 月，开设校本课程近 80 门（班）。实现国家课程校本化、校本课程特色化、特色课程精品化、精品课程品牌化

续表

顾客	类别	当前需求	教育方案和服务
当前的和潜在的学生	教学质量	优异的学习成绩、兴致盎然的学习状态、针对性的教学与辅导、有效的学法指导	● 学校通过集体备课、校本教科室、外出培训、相互听课等方式提高教师的教学能力 ● 教学模式：信息技术与学科教学深度融合 ● 实施动态教学评价的教学质量评价系统，设立55个教学指标，由听课教师根据被听课教师的实际情况选择10项左右进行评价，使听评课更加有针对性，有利于教师能力水平的提升 ● 建立后进生转化辅导表，帮扶学习困难的学生 ● 开展引发学生学习兴趣的新信息技术应用 ★
	教育质量	良好的习惯养成、生动活泼的德育活动、针对性的德育主题、有利于激励学生的评价	● 实施8大素养培养计划 ★ ● 开展生态教育 ★ ● 开展各种主题队日活动 ● 按不同学段开展学生评价 ● 开展小绅士、小淑女培养和评价 ★
	课业负担	减少完成作业所需的时间，减少作业量，作业内容精、少、高效，有针对性、有实效	● 一至二年级不留书面作业，三至四年级作业量每天不超过30分钟，五至六年级作业量每天不超过1小时 ● 不向学生布置教育部门发放之外的作业
	师生关系	融洽的师生关系	● 制定《珠光小学教师职业行为规范》《珠光小学教职工师德行为规范要求》《课堂教学管理条例》等规章制度对教师进行明确的要求 ● 定期进行问卷调查，了解学生对师生关系的满意程度 ● 严格执行教育主管部门学生救济的相关制度，确保学生的权利得到维护
	同学关系	互助、协作的同学关系	● 制定《小学生日常行为规范》《8大素养培养方案》，引导学生团结互助，友爱协作 ● 定期对学生的行为进行评价，奖励表现优秀的学生，激励全体学生 ● 开展小绅士、小淑女培养和评价
	自我期许实现	个性化发展的充分实现	● 开设校本课程、社团，培养学生特长 ● 为学生提供各种平台，使学生拥有充分的展示空间。如，学校在微信综合服务平台建立了学生个人展厅，将学生的作品、成果进行展示。还不定期在学校举办各种比赛，为学生提供展示空间。通过社团活动，搭建各级比赛通道

续表

顾客	类别	当前需求	教育方案和服务
当前的和潜在的学生	生活条件及设施	安全、良好的设备设施	● 学校配备了先进的设备设施，如触摸屏电视或电子白板 ● 学校定期对设备设施进行巡检，确保安全防护到位
当前的和潜在的家长	教学	优质的教学质量；学业水平显著提升；学生特长得到发展；负责任的、能力强的教师队伍	● 学校通过集体备课、校本教科室、外出培训、相互听课等方式提高教师的教学能力 ● 教学模式：信息技术与学科教学深度融合 ● 实施动态教学评价的教学质量评价系统，设立55个教学指标，由听课教师根据被听课教师的实际情况选择10项左右进行评价，使听评课更加有针对性，有利于教师能力水平的提升 ● 建立后进生转化辅导表，帮扶学习困难的学生 ● 开展引发学生学习兴趣的新信息技术应用★
	教育	健康的心态和个性；良好的行为习惯；能力和素质得到培养和发展；对孩子成长的全方位关注；学生生活学习习惯养成；科学的、有针对性的评价与激励	● 实施8大素养培养计划★ ● 开展生态教育★ ● 开展各种主题队日活动 ● 按不同年段开展学生评价
	环境及家校关系	良好的环境和设施；人性化的生活服务；有效的家校沟通	● 学校配备了先进的设备设施，如触摸屏电视或电子白板 ● 学校定期对设备设施进行巡检，确保安全防护到位 ● 建立有效的家校沟通机制，如，设立班校两级家长委员会，通过家长学校、学校义工组织等定期举行家长开放日活动 ● 通过网络建立班级家校沟通平台，及时了解家长的需求，发布学校以及班级动态

● 备注：带★的为学校创新的教育方案和服务

在关注学生和家长当前需求的同时，学校更加关注学生和家长未来的需求，创新了相关的教育方案和服务，以超越其期望。

顾客	未来的需求	教育方案和服务创新
当前的和潜在的学生	●参与校本课程的设计与开发 ●获得学校必要的管理和教学信息，参与学校的某些决策	●拟在高年级试点学生社团课程自我申报，自我管理，教师辅助指导 ●拟尝试"校长小助理"岗位，由高年级学生竞争上岗，代表同学们向校长反映客观情况，提出合理化建议，参与一些与学生有关的决策
当前的和潜在的家长	●获得学校必要的管理和教学信息，参与学校的某些决策	●学校将家长委员会纳入学校的治理机构，并在校务委员会中设立家长席位，让家长真正参与到学校的某些决策中

学校从以下几个方面重点提供教育方案和服务：

（一）基于顾客需求设计的多元校本课程

通过对学生及家长需求的分析和确定，学校发现国家、地方课程远远不能满足学生对文学、体育、科学、艺术等方面的需求。基于此，完善校本课程体系势在必行，以实现国家课程校本化、校本课程特色化、特色课程精品化、精品课程品牌化，以满足家长、学生的需求，达到为学生全面发展服务的目的。

学校建立了校本课程管理相关流程，依据流程对学校拥有的资源进行评估，了解现有课程资源条件，分析课程的设置与开发的实现基础和条件限制，着手完善校本课程体系。

校本课程设计开发管理流程（节选）

投诉处理流程（1）			
步骤	关键点	责任人	资料
需求评估 学生发展需要 社会发展需要 学校特色建设的细化 国家和地方课程的补充 对需求进行排序	1.需求是否被真实反映 2.对新课程的需求空间 依据需求的急迫程度排列优先级 1.是否清楚了解现有课程资源条件 2.是否分析课程的设置与开发的现实 3.现有资源与所需资源的差距 4.资源解决的难易程度	申请人 申请人 申请人	 校本课程开发 分析报告 校本课程开发 分析报告 校本课程开发 分析报告
资源满足程度分析 课程人力资源分析 课程经费资源分析 课程政策资源分析 确定待开发的课程	依据需求的急迫程度和资源解决的难易程度来确定 概要说明想开发什么课程，教学哪些内容，大约需要多少课时，采用什么方式组织教学活动	申请人	校本课程开发 分析报告 校本课程开发 分析报告
申请开发课程项目 审议 审批	1.是否体现学校价值观 2.是否能增强学校核心竞争力 3.是否具有开发可能性 4.申请者是否具备所申请课程项目的能力和基础知识 5.课时和教学活动安排是否合理 6.课程内容是否具有价值 同上	课程评审 小组 校长或分管校长 教科室	校本课程开发 分析报告 课程开发申请 选修课程目录 和课程介绍 选修课程目录 和课程介绍
作业交送科任老师 检查交作业情况 科任老师了解原因 调整作业量	说明各门课程师资配备、教学条件设施情况，并附各门课程的《课程简介》 1.是否出现诱导情况 2.学生、家长选课是否出于自主认知 选修学生低于10人者淘汰	教科室 班主任 教科室	选修结果 校本课程开发 项目

　　2014 年初申报校本课程、学生社团 18 门（个），参与教师共 28 人，占学校教师总人数的 40%，850 人次的学生受益，而到 2015 年 3 月，学校校本课程、学生社团增加至 44 门（个），参与教师共 49 人 54 人次，占学校教师总人数的 55.1%，1906 人次学生受益，增加了 124%，发展势头迅猛，逐渐形成了"文学与阅读""科学与实践""体育与艺术"三个系列课程。2014 年 490 次在区级以上比赛中获奖的学生，都来自学校各个社团。

　　其中创意故事绘与玩转文学两门校本课程通过南山区教科室评审，在 34 所学校近 70 门上报参评的校本课程中脱颖而出，在全区范围内展示，成为南山区精品校本课程。其余包括合唱团、排球队、田径队、篮球队、成语训练营等一批明星社团，学生活动丰富多彩，校园生活魅力无限，学生区域竞争力不断增强，多项比赛在市区比赛中名列前茅。

　　学校从门类数量、参与教师人数、参与学生的人次、学生及家长的满意情况几个方面进行了效果比对：

年份 （学年度）	门类数量	参与教师 （校内外）	教师占比	参与学生	学生占比	满意度
2013—2014	18 门	28 人	40%	850 人次	65.7%	/
2014—2015	44 门	49 人	55.1%	1906 人次	134%	98%
2015—2016	77 门					
增幅						

珠光小学课程体系具有以下特点：

　　一是生态课程普及化，学校将生态课程、科技课程普及到所有课堂，让每一个学生都有学习机会，增强了课程实施的针对性及适应性。

　　二是个性课程超市化，在近 80 门（个）选修性校本课程、社团，学生们可以挑选几门自己喜欢的个性课程进行实践、体验、探究。

　　三是特色课程精品化，学校针对特色课程编制课本、课程实施纲要、课程实施安排、考核评价方式等课程要素，使学校特色课程具有稳定性、一致性和连续性，如创意故事绘与玩转文学两门校本课程成为南山区精品校本课程。

（二）生态教育

当前时代是一个高效率、高产量同时也是高碳排放的时代，低碳生活已成为全球的共识。为了让学生更好地了解气候变化的科学知识，培养学生低碳生活的方式，形成绿色生活风尚，学校于2013年10月引进国际生态学校的理念与方法，将学习和行动结合在一起，采用国际通用的七步法，将可持续发展理念融入学校学科教学中，将国旗下讲话、班队会、综合实践课、社团活动按标准课程运作，构建了以生态文明教育为核心的新型德育课程体系。

学校开发了《生态教育》校本教材，持续培养学生生态文明意识。并积极开发家长资源、社会资源，为学生提供实践的平台，将家长、社区资源纳入德育课程体系中，覆盖行为教育、社会实践、亲子活动、社区合作、少年讲师团、家长义工等项目。

（三）八大素养培养计划

珠光小学结合社会主义核心价值观及深圳《关于进一步提升中小学生综合素养的指导意见》，遵循学生身心发展规律，以培养爱学习、爱劳动、爱祖国，身心健康、人格健全、社会责任感强，具备国际视野、较强创新精神和实践能力的特区新一代青少年为目标，针对当前教育存在的重分数轻素质、重知识轻能力、重书本轻实践等问题，制定了分年级的八大素养培养计划，以提升学生身心健康水平，增强创新实践能力，更好地适应城市现代化、国际化、信息化对人才的素质要求。

珠光小学8大素养——学习素养分年级培养方案

年级	个人标准	个人职责	小组长、科代表职责	科任教师职责	班主任职责	教导处、德育处职责
一至二年级	认真听讲积极发言	课堂上发言先举手，自己发言时，站姿端正，表情自然，声音响亮；同学回答问题时，应认真倾听	/	教师提出的问题指向性明确，突出教学的重点、有梯度，引导、调控到位，能够分层，设计问题和个别指导。个人发言声音洪亮，小组讨论组员听清即可	1. 制定详细的学习习惯养成方案及各种记录表格 2. 督促科代表、小组长及时填写，每天了解、翻阅 3. 和科任教师共同解决习惯问题 4. 利用班队会、思品课及各种活动对科代表、小组长进行培训，提高管理水平 5. 期末对持续拥有良好学习习惯的学生进步大的同时对学生进步表彰；特别是对学生也进步表彰；对学生的阅读量及习惯进行跟踪、表彰	1. 通过日常工作了解全校、各班级学生整体学习习惯状况 2. 为存在问题的班级和需委帮助的班主任教师，任提供相应的帮助，共同解决问题 3. 与德育处配合，落实班级学习制度建设，宣传良好的学习习惯 4. 提供各种培训机会，定期开展教研对会对班主任进行培训，提供交流机会 5. 通过各种科任活动对学生学习习惯进行督导，建立阅读习惯 6. 开放阅览室、建立阅读习惯向分析制度。（联合信息中心完成）
	读书写字姿势标准	读书、写字做到"三个一"，眼离书本一尺，胸离桌子一拳，手离笔尖一寸	/	组织教学关注学生坐姿、写字姿势		
	完成作业整洁美观	按时按质按量完成作业，保持书写工整；练习用书不卷折、不带、不撕，书面整洁、不破损，书写整洁、不乱涂乱写	小组长早读前收齐作业并登记，未交时交作业的，列明情况（未交、未写、未带、未完成、未签字等），将情况报告给科代表，科代表上课前交给科任教师	要求学生作业完整，通过各种平台向家长及时反馈学生学习情况		
	乐于阅读多看书报	坚持每天课外书读点；喜欢阅读，一周阅读，至少读两篇文章，朗读时声音洪亮	周二午读时，带领本组阅读	坚持面向全体学生培养学习习惯，与班主任合作解决，每学期向学生推荐适于阅读的书目2本		

续表

年级	个人标准	个人职责	小组长、科代表职责	科任教师职责	班主任职责	教导处、德育处职责
	课前预习课后复习	做好课前准备，把学习用品放在课桌左上角；每天坚持上课前主动预习，放学后自觉复习	课前督促做好准备工作，及时填写各种记录表，向科任教师、班主任反馈	课前检查学习用品摆放情况，合乎要求再上课；有预习作业，课前督促科代表、小组长检查，登记	1. 制定详细的学习习惯养成方案及各种记录表格 2. 督促科代表、每天了解、小组长及时填写、翻阅 3. 和科任教师共同解决共同问题 4. 利用班队会、思品课及各种活动对科代表、小组长进行培训，提高管理水平 5. 期末对持续拥有良好学习习惯的学生进行表彰，对习惯进步大的同时对学习习惯及习惯进步的学生也进行表彰；特别是对学生的阅读进度及习惯进行追踪、表彰	1. 通过日常工作了解全校、各班级学生整体学习状况 2. 为存在问题的班级和需要帮助的科任教师、班主任提供相应的帮助，共同解决问题 3. 与德育处配合、落实班级学习制度建设、宣传良好的学习习惯 4. 提供各类培训机会、定期开设研讨会对班主任进行培训，提供交流机会 5. 通过各种教科研活动，对学生学习习惯进行督导 6. 开放阅览室、建立阅读习惯趋向分析体系，建立阅读制度。（联合信息中心完成。）
三至四年级	主动学习合作分享	上课主动参与，积极思考，坐姿正确，尊重老师和其他同学，不随意插嘴，发言前要先举手，声音洪亮。书写时，能做到眼离书本一尺，胸离桌子一拳，手离笔尖一寸	以身作则，主动参与，积极发言，举手并声音洪亮，小组合作时，主动分享	组织教学关注学生坐姿，写字姿势；要求学生发言前举手，不随意插嘴；个人发言声音洪亮，小组讨论组员听清即可		

续表

年级	个人标准	个人职责	小组长、科代表职责	科任教师职责	班主任职责	教导处、德育处职责
三至四年级	善思多问自主探究	勤于思考，小组合作中能和同学共同探讨，学习；认真完成自己的任务	小组长在讨论探究时应领本组同学完成讨论任务，事先分工并督促完成任务	1.要求学生作业记录完整，通过各种平台向家长及时反馈学生学习情况，一、二年级教师应上课后即反馈，三年级以上可定期反馈；督促科代表、小组长做好记录 2.对小组合作学习的目的、时机及过程进行认真设计，避免在小组里讨论毫无价值的问题 3.教师在小组合作中注重引导和参与，使合作集中，保证质量和效率 4.对学生反馈的学习信息准确，进行针对性指导 5.及时总结和梳理学生反馈的学习信息，形成普遍性和规律性的认识	同前	同前
	完成作业书写认真	认真、独立完成老师布置的各项作业，书写工整，准确率高，作业有错误及时订正	小组长早读前收齐作业并登记，未及时交齐作业的、明情况（未写，未带，未完成，未签字等），将情况报告给科代表，科代表上课前交给科任教师	课堂教学关注学生自主探究、合作学习的习惯与能力，对学习小组进行分组规划分，培养习惯，指导提高		
	乐于阅读多看书报	喜欢阅读，积极订阅报纸杂志，每周阅读高于5000字	周二午读时，带领本组人员阅读	坚持面向全体培养学生学习习惯，就存在的问题向班主任合作解决。每学期向学生推荐适于学生阅读的书目2本		

续表

年级	个人标准	个人职责	小组长、科代表职责	科任教师职责	班主任职责	教导处、德育处职责
五至六年级	课前预习课后复习	按老师的要求做好课前预习和课后复习；考试不作弊	课前督促做好准备工作，及时记录，向科任教师、班主任反馈	有预习作业，课前督促科代表、小组长检查、签记	1.制定详细的学习习惯养成方案及各种记录表格 2.督促填写，每天了解，小组长管理、翻阅 3.和科任教师共同了解问题 4.利用班队会、思品课及各种活动对科代表、小组长进行培训，提高管理水平 5.期末对持续拥有良好学习习惯的学生进行表彰，特制定对学习习惯复习的跟踪、表彰	1.通过日常工作了解全校、各班级学生整体学习习惯状况 2.为存在问题的班级和需要帮助的科任教师、班主任提供相应的帮助，共同解决问题 3.与德育处配合，落实班级学习制度建设，宣传良好的学习习惯 4.提供各类培训机会，定期开展教研讨会对班主任进行培训，提供交流机会 5.通过各种班会活动，对学生学习习惯进行督导 6.开放阅览室，建立阅读习惯走向分析制度，建立信息中心完成。（联合信息中心完成。）
	专心听讲积极发言	认真听讲，勤于动脑，积极举手发言，不抄袭别人见解；发言有依据，有创意		教师提出的问题讨论及讨论的问题指向性明确，突出教学的重点，调控到位，引导，分层设计问题和个别指导		
	完成作业乐思善问	认真完成老师布置的各项作业，不抄袭，作业书写工整，字迹端正，作业有错误及时订正；在学习中善于观察，思考中善于提问和提问	小组长早读前收齐作业并登记明情况（未及时交、未写、未带、未签字等），将情况报告给科代表，科代表交给科任教师	要求学生作业完整，通过各种平台反馈学生情况，督促科代表、小组长做好记录		

续表

年级	个人标准	个人职责	小组长、科代表职责	科任教师职责	班主任职责	教导处、德育处职责
	乐于阅读多看书报	学会通过多种途径查找资料，对资料能进行简单的整理，能根据学习需要综合运用各种资料，有读书笔记，摘录好词好句；喜欢阅读，积极订阅报刊，每周阅读量不少于4000字	每周一检查上一周的读书笔记	坚持面向全体培养学生学习习惯，就存在的问题与班主任共同解决。每学期向学生推荐适于阅读的书目2本		
五至六年级	学会学习合作探究	学习上合作互助，虚心接纳别人的意见；主动帮助学习上有困难的同学，学习资源共享，共同探讨解决问题	以身作则，主动参与，积极发言，举手并声音洪亮；小组合作时，主动分享	对小组合作学习的目的、时机及过程进行认真设计，避免毫无价值的问题在小组里讨论；教师在小组合作中注重引导和参与，保证质量和效率；对学生反馈的学习信息找准原因，进行针对性指导；及时总结和梳理学生反馈的学习信息，形成普遍性和规律性的认识		

（四）科技创新

1. 少年创新学院

2014 年 11 月，南山区教育局、共青团南山区委员会、中国科学院深圳先进技术研究院三方联合共同打造"深圳市南山少年创新院"，其目的在于以中国科学院深圳先进技术研究院的智力、技术和服务为主要依托，借助南山教育、文化和科技的区位优势，促进教育、文化、科技等资源的有效对接和融合，创新人才培养机制。学校通过科技课程激发学生创造力，成为南山区首批八所少年创新学院之一，是孩子们放飞梦想、大胆想象、激发创造的摇篮。

学校以社团活动为抓手，现有车模航模社团、机器人社团和数字艺术社团。

● 车模航模社团

社团以四至六年级动手能力强的学生为主，活动形式以常规活动与竞赛活动相结合，融航空模型、无人机、模拟飞行为一体。

社团以"培养学生的创新思维，提高学生的动手动脑能力，养成团结协作的精神，立志于开发每个学生的潜能，促进学生生动活泼的发展"为宗旨，开展航模活动。

如，为了实现以第一视角操纵模型，社团成员在李文韬老师的带领下研发了能够自主飞行的无人机。目前我校社团自主研发的无人机飞行距离达到了 20 千米，最快时速达到 100 千米，高度达到 1000 米，安装了自动巡航系统、OSD 视频合成（显示电池的电压、电流、电量）和 GPS 的定位（显示起飞的坐标、离起飞的距离和方向、高度和速度）和失控返航的设备。随着飞行控制模块和地面站系统的配合使用，已经可以实现全自动、定点定时定高巡航，自动驾驶、人工控制与电脑驾驶混合模式，数据实时传输等功能。

● 机器人社团

机器人活动是近几年在中小学中开展的新型的活动项目。该活动以讲授、辅导、组装、编程为主，活动主要使用厂家生产的机器人活动套件。同学们将学习掌握机械、电子、结构和信息科学的相关知识。社团以"大胆创新，挑战自我，服务未来"为宗旨，以"提高学生创新精神和实践能力，培养学生的科学思想、科技知识、科学工作方法等适应未来发展需求的基本素质"为目标，通过组织和指导学生学习机器人相关软硬件知识，了解未来机器人领域的发展趋势，倡导"科技创新，不畏艰难，勇于攀登，团结合作"的探究学习精神，努力成为未来机器人科技领域的开拓者和引领者。

● 数字艺术社团

社团以"新型体感3D打印技术支持下的艺术创作"为主题，开展社团活动。

虽说3D打印技术走下神坛，走入我们的生活，但设备高昂的价格及设计建模过于专业，一直成为普及道路上的高大门槛。Arduino（阿尔杜伊诺）平台和体感技术的出现给我们带来了曙光。Arduino是一款便捷灵活、方便上手、廉价的开源电子原型平台，李文韬老师利用Arduino平台搭建Deltas（三臂并联结构）式3D打印机，这种打印机速度快、精度高，可打印体积较大，且成本低廉，可使用无毒无味可降解的PLA材料（从玉米中提取）。采用体感技术利用双手轻松地进行建模，就像玩橡皮泥一般进行创作建模。

该社团深受学生们的喜爱，不断激发出学生探索的兴趣，充满了未来色彩。

2.科技文化节

学校致力于打造科技创新为基本色调的科技文化节，为学生提供自我展示、自我发展的平台。每年5月启动，迄今已逾18届，几经变迁，活力依旧，现发展为拥有科技制作、小论文、车模航模、慈善义卖超市、"校长杯"电视辩论赛、科学大讲堂、读书嘉年华等25个项目的盛会，每位学生都可以参与自己感兴趣的项目，参与率100%。

学生的科技创新硕果累累，如在第十九届深圳市青少年车辆模型四驱车拼装赛中，珠光小学获男子团体第一名。郑伊琪同学发明的智能光导室内照明系统获第十二届"广东省少年儿童发明奖"发明作品一等奖，在省市区科技大赛中，学校有24人次获得各级奖项，多元化能源再利用车、废水分流、洗衣机废水收集处理系统等3项获得国家专利，五（2）班周璨同学获评中国少年科学院小院士。

（五）引发学生学习兴趣的新信息技术应用

学校开办iPad班，将新技术在教学中进行应用，如在英语教学中，采用虚拟现实技术，将教学卡片中的图像通过iPad扫描后，在iPad上呈现出立体的动植物，吸引了孩子的学习兴趣，深化了学生的知识感受和体验。

学校研发微信综合服务平台，学生拥有自己的专属账号，通过游戏化学习全程记录学生各种数据。学生在入学时就可以用家长的微信注册自己的账号登入平台，领取任务（根据深圳市"八大素养"量化的考核指标设置）挑战，学生在完成任务的同时系统也从中收集客观的评价数据。学生完成任务后，会有相应的金币和积分奖励，并可兑换实物（如铅笔盒、转笔刀等）或虚拟物（装扮自己的个人形象，换取游戏时间等），提高学生的任务领取积极性。

游戏化管理的任务及任务挑战界面

独有的宠物系统提高参与积极性。学生领养的宠物通过各种学科问题互动，领取金币和积分来兑换宠物的粮食、药物等进行喂养，通过游戏化的学习方式，在玩中学习，增加学习趣味性，能让学生更自主、更积极地去学习。

在2015年12月发布的2.5版本中，新增了数字展厅及社团管理模块，开始了对学生成长过程的记录与收集。通过它，教师、学生、家长可以将学生成果分享到朋友圈，大大地增强了学生的自信心；学生在某方面取得突破，教师可以发布在班级的风采展示栏，班级的家长可以及时收取信息，可以分享到朋友圈，形成班级内部的良性竞争。

（六）关爱帮扶行动

● 学困生转化

学校对学困生转化坚持一学期一人的原则，有的放矢，稳步推进。学校成立学困生教育核心研究小组，具体指导和研究学困生转化工作，检查监督开展学困生转化工作。要求每个科任教师认真对学困生加强辅导，"把爱的情感向他们多倾斜一些"，"上课多提携他们，把问题降低难度，减小坡度，鼓励他们积极动脑、动手、动口并不厌其烦地点拨他们，以增强他们的自信心，提高他们的思维能力和解决问题的能力"。

学校为每个学困生建立档案（后进生转化辅导记录表），制定出针对性的辅导目标和辅导计划，并对辅导情况进行跟踪检验。

● 关爱特殊儿童

随着全纳教育的推广，越来越多特殊学生进入校园。2012年以来，在我校先后就读的特殊学生达到20人，100%随班就读，老师、学生积极接纳、帮助他们。学校也坚持教育为主、教学为辅的原则，耐心陪伴他们成长；其中9人已经顺利毕业，没有一名学生因各种原因辍学、中途退学。学校也不断调整对他们的教育策略与方针，使他们真正公平地享有接受与其他孩子平等的教育权利：

家长陪读——对于情绪不稳定，有暴力倾向，以及不具有独立学习生活能力的孩子，学校尝试家长陪读制度；

心理咨询——聘请专业的心理咨询专家，对学生和教师进行辅导和培训，使孩子在情绪问题、行为问题、人格问题等方面获得专业性的疏导和帮助，进行情感沟通，让孩子能够融入学生生活之中；

专业培训——帮助教师获得专业性知识，使其能够应用到具体的实践活动中。如邓××同学患有唐氏综合征，老师们关心呵护他，同学们喜欢他，从不歧视他，使他觉得在学校很快乐，他喜欢上学，还在小学毕业生"六一文艺汇演"上动情发言，表达对学校老师和同学的感激之情。

（七）学生素质评价

学校建立了学生素质评价体系，针对各个学科的情况进行评价。

2015—2016 学年度第二学期学生期末评价表

班级：六（1）班学号：2010360199　姓名：郑伊琪

科目	评价指标	评价等级	科目	评价指标	评价等级
语文	汉语拼音、识字写字	A	数学	概念理解能力	A
	阅读理解	A		数与运算意义的理解和应用	A
	书面表达（低年级写话，中、高年级习作）	A		空间与图形理解能力	A
	口语交际（听、说、朗读和背诵能力）	A		综合应用解决问题的能力	A
	作业	A		作业	A
英语	听读	A	音乐	感知与欣赏（聆听音乐的习惯和辨别美的能力）	A
	书写	A		创造与表现（演唱与表演）	A
	阅读理解	A	美术	材料准备	A
	作业	A		色彩运用	A
信息技术	基础操作	A		创意构思	A
	信息处理和应用能力	A		学习习惯	A
科学	课前准备	A	思想品德	遵章守纪	A
	合作学习	A		文明礼仪	A
	探究效果	B		劳动卫生	A
	实验记录	A		人际关系	A
	作业	A		服务意识	B
体育	身体素质	A		心理素质	A

续表

	时间	奖项	等级	备注
获奖情况				
	项目	成绩	等级	备注
2+1考核				

情况说明：评价等级分为 A、B、C，A 等为优秀，B 等为良好，C 等为尚需努力或者存在一定问题。

（八）开放的家校平台

1.提供评价、监督学校的平台

学校建立班级、学校两级家长委员会。家长委员会是代表全体家长参与学校民主管理，支持和监督学校做好教育工作的群众性组织，作为全体家长的代表参与学校管理工作，在家校之间和家长内部担负沟通协调、监督评议的职能，发挥促进教学改革、完善学校管理、维护学生及家长权益等方面的作用。学校将家长委员会纳入到学校治理机构中，鼓励家长对学校的办学方向、教育质量、教师工作、行政管理等方面提出建设性意见，做出适当的评价，实行必要的监督。

家长委员会每年定期（每学期开学初和学期末）听取学校有关教育、教学等方面的工作计划和总结，通过各种渠道了解家长对学校教育的要求，对学校的教育发展、教育教学和日常管理工作提出意见和建议。

2.提供参与学校建设的平台

学校开展"家长义工进校园"活动，建立学校义工组织，为热心教育、关心教育的家长搭建走进校园，参与学校建设的平台。如，学校邀请家长义工参与学生上下学交通安全管理。

● 参与学校校本课程建设

学校在开展校本课程的过程中，邀请有资质的家长参与课程建设。学校建立《校外教师资源的挖掘、选择和评价流程》对家长进行选择和评价。

校外教师资源的挖掘、选择和评价流程（节选）

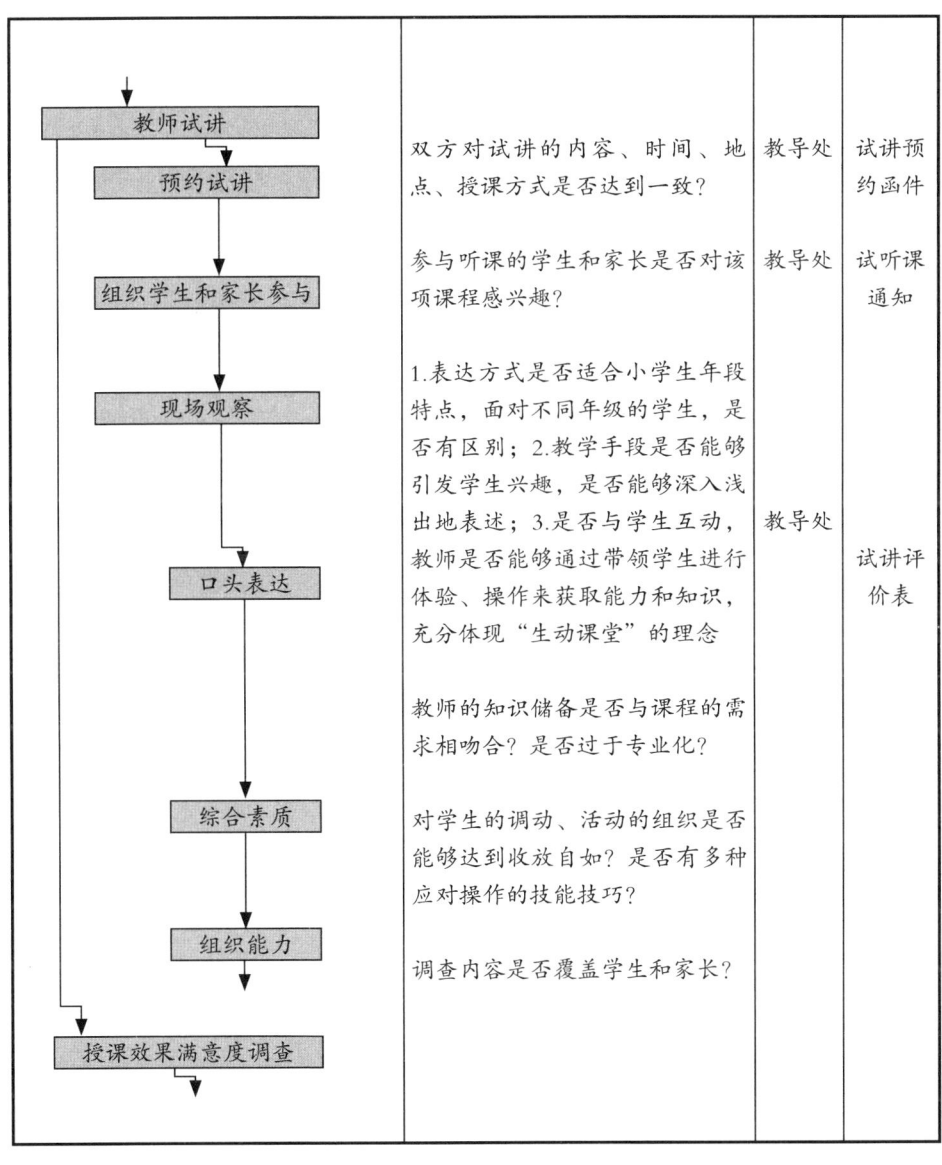

到目前为止，有 14 门校本课程由家长执教。

二、顾客需求作为战略策划的输入

确定需求后，学校将该需求的解决方案与竞争对手进行比较和分析，包括对需求的满足程度、存在的问题、与竞争对手的差距等方面。我们选择满足程度高于竞争对手的需求再次进行分析，包括：需求被满足后的价值贡献、需求被满足所需资源分析、需求被满足所需资金投入分析。我们选择资源、资金能够满足的、价值贡献较大的需求，进行颗粒度的均化，并进行分类，形成价值感受主题。

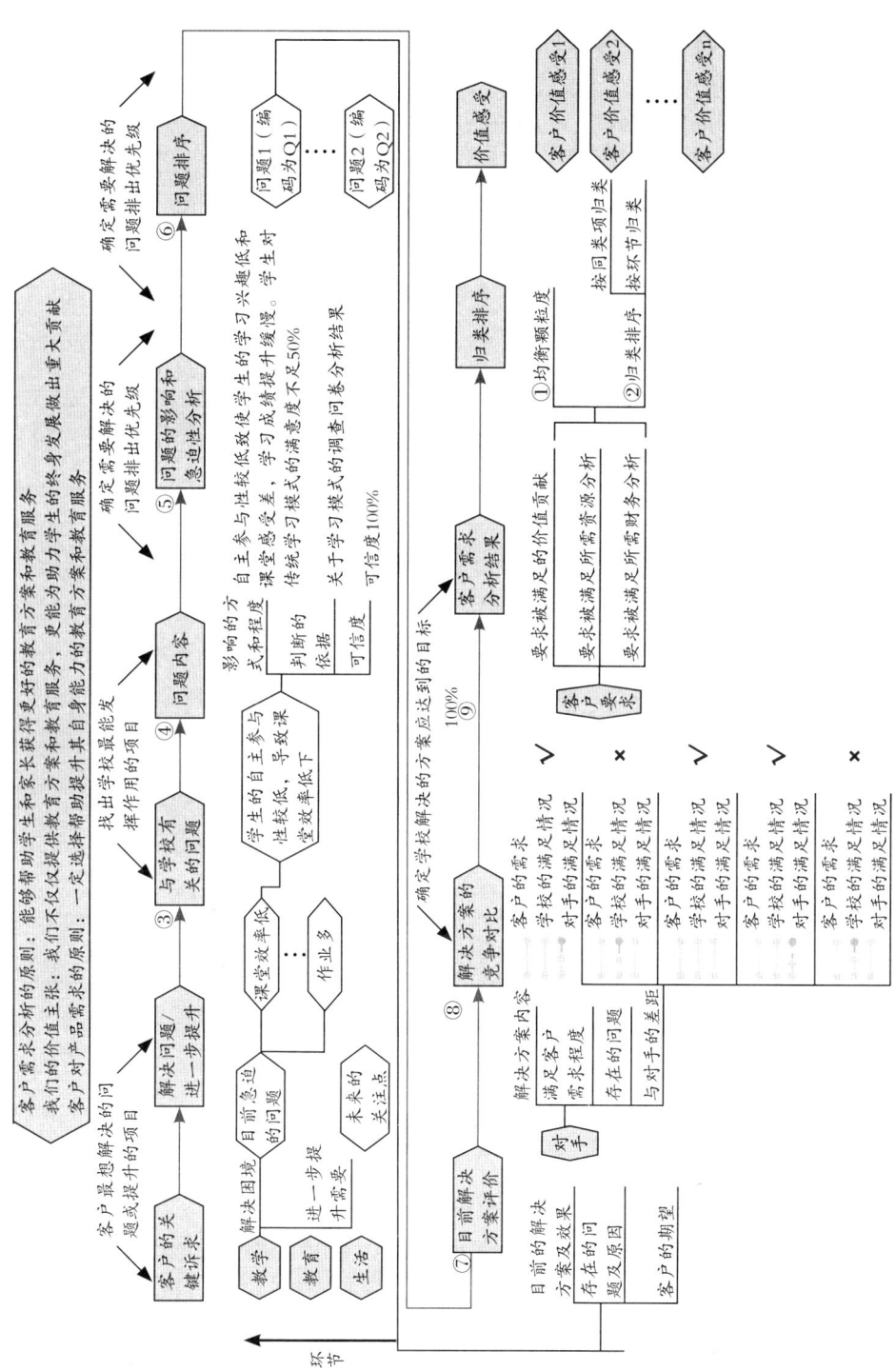

通过上述分析方法，我们获得了顾客的价值感受，设计了相关的指标来进行衡量，并将此作为学校战略的内容进行管理（详见"第二章战略"）。

顾客价值感受	衡量指标
多样化的课程提供了个性化选择空间	1.（校本）课程的门数
	2.（校本）课程的类别
	3. 课程对学生需求的覆盖程度
课程实施的多种方式、多种渠道、多种手段，满足不同学生的需求	4. 教学模式在不同学科不同课型、不同年级的分类
	5. 教学模式对学情的符合度
	6. 课外教学方式对学情的符合度
	7. 教育技术应用的种类
	8. 教案对学情的符合度
	9. 课堂教学对学情的符合度
	10. 作业对学情的符合度
评价方式多样化及个性化，保护了学生的学习兴趣	11. 学业考试成绩占学生整体评价的比例
	12. 教师激励性评价手段的数量
	13. 教师激励性评价对学生群体的覆盖程度
人格健全	14. 教师和家长评价结果
兴趣广泛，多才多艺	15. 教师和家长评价结果
	16. 学生有 2 项体育特长、1 项美术特长、1 项音乐特长的人数
自信、自律、健康成长	17. 教师和家长评价结果
培养"听、说、读、写、算、做"六项基础学力	18. 考试成绩结果

续表

顾客价值感受	衡量指标
学会学习与生活、学会合作、学会选择、学会创造	19. 教师和家长评价结果
奠定良好的身体健康基础，培养运动的好习惯	20. 体质合格、良好、优质学生各占比例
	21. 学生所参与体育项目的平均数量
	22. 学生有 2 项体育特长的人数
培养成功人生所需的持续的热情、强烈的好奇心和使命感	23. 教师和家长评价结果
家长参与学校活动，适度参与学校评价	24. 家长参加学校活动的领域
	25. 家长参加学校活动的平均比例
	26. 家长参与评价的项目数量
家长学校提供资源支持	27. 家长义工数
为家长提供全面、准确的学校办学业绩信息（学生、教师、学校）	28. 信息提供的全面性和及时性
	29. 信息提供的准确性
学校为家长提供教育方面的培训	30. 家长学校举办培训的次数
	31. 家长学校举办培训的项目
	32. 家长参与家长学校培训的人数
一所学风良好、教学质量优良的友善、安全校园	33. 家长、社会对学校的认可度

　　学校通过规划的战略重点来实现顾客的价值感受，学校通过学期和年度的战略回顾，对顾客价值感受的实现情况和支持顾客价值感受的战略重点落实情况进行汇总分析、评价和适度调整，提出改进方案，从而确保学校在管理过程中不断释放出新的活力，提供给学生和家长更加适宜的教育教学服务，进而提升学校的品牌价值（详见"第二章战略"）。

第四节　顾客支持

一、顾客咨询服务

为了更好地服务家长和社会公众，学校开设了"服务窗口"。通过各种渠道（邮件、微博、报纸、电话、信件、微信等，以及家长会、家长开放日等各类活动）多种形式介绍宣传国家教育法规文件、学校办学思想、管理制度和服务内容。服务窗口24小时提供服务，上班时间由办公室和教导处具体负责接待，下班时间由门卫值班室负责接待。学校服务窗口服务的对象主要为家长，服务内容包括招生、插班、转学的咨询，教育质量、学生情况、对学校的意见或建议等。

二、学生救济

为了维护学生合法权益，保障、监督学校依法行使职权，学校严格执行教育主管部门关于学生救济制度，成立"学生申诉委员会"，专门受理学生的申诉。学生申诉委员会由学校党组织、校行政、校工会领导和家长代表共7人组成。学生有下列情形之一者，可以向学校提出申诉：

- 警告、严重警告、记过、留校察看、开除学籍等纪律处分。
- 取消报考资格或入学资格。
- 停学、休学、复学、转学、退学的处理。
- 学校违法要求学生履行义务。
- 按法律、法规、规章规定可以提起申诉的其他处理决定。

三、家庭教育辅导

（一）建立家长学校

学校指导家长树立正确的教育观念，学习与掌握科学的家庭教育知识和有效的教育方法，为学生健康成长营造良好的家庭教育环境。学校通过家长学校的教学形式，使广大家长明确党的教育方针，了解国家的有关法律、法规及政策；了解学校教育规律、办学思想、办学思路和校规校纪；认识家庭教育的意义、作用，增强家庭教育的使命感和责任意识。

学校精选各类教师，对家长展开教学活动：

● 精选部分素质高的在职教师兼任家庭教育教师。

● 聘请有事业心、热爱家庭教育，具有丰富经验的离退休老教师、老干部、老同志、老领导作家庭专题讲座。

● 聘请家庭教育方面的专家、学者、教授作家庭教育专题报告。

● 聘请家教有方、子女学业有成的家长作经验介绍。

（二）小一家长培训《准备好了吗?》

为更好地做好幼小衔接工作，学校在每年7月为全体新生家长进行题为《准备好了吗？》的专题培训，从"起点——奠定孩子的一生""转变——做有智慧的父母""成功——我们才刚刚上路"等三个方面，以案例分享的方式，向家长们介绍小学教育与幼儿教育的不同、学校办学特色、办学理念、育人目标、战略目标等，并向家长提出了假期生活的要求、开学应注意的事项等，希望通过这样的培训帮助家长、孩子做好开学的准备。

四、顾客投诉管理

学生、家长的投诉是确保学校可持续发展的宝贵资料，是学校服务对象对学校信赖的表现和寄托，是促进学校改进和进步的机会。

学校通过加强对全校教职工的监督管理，改进工作作风并畅通投诉渠道，提高教职工的服务意识，切实有效地对家长及学生反映的热点、难点问题进行整改。投诉由办公室、教导处、德育处共同受理，并建立投诉处理流程：

● 投诉接待人员接到投诉后，应根据投诉内容和学校各处室的职责范围，将投诉转交相关部门具体处理。

● 负责投诉处理的须落实专人负责，其任务是对投诉所涉及的有关事项进行调查、取证、报告，并在处理过程中随时和投诉者进行沟通和反馈。

● 学校接诉部门会同具体投诉处理部门对调查报告进行审核，提出初步处理意见报学校领导。

● 投诉的最终处理决定由学校领导签发，重大投诉事项由学校领导班子成员会讨论做出处理决定。

● 处理决定由接诉部门送达投诉单位或投诉人。

● 投诉处理时限从受理之日起，须在 15 个工作日内做出处理决定并送达投诉单位或投诉人。

学校对投诉处理结果和过程进行满意和不满意的量化分析，并完成后续的客户关系改善行动，以确保能恢复学生及利益相关者信心，提高他们的满意度和契合度。并且定期对投诉记录进行汇总统计、分析，并提出改进或预防措施。

珠光小学投诉处理流程（节选）

投诉处理流程（1）			
步骤	关键点	责任人	资料

	学生在自我评价前是否理解每一项评价内容的等级标准： A 为优秀；B 为良好；C 为合格；D 为待合格		
客户投诉渠道分类 来校投诉　电话投诉　上级主管部门转来　其他文字投诉	态度是否谦和？是否能够对投诉人的情绪进行引导？	投诉接待人员	
情绪激动	所选择的区域是否相对封闭？	投诉接待人员	
安抚情绪 情绪稳定		投诉接待人员	
引导至接待室　电话接待	是否能够将远离主题的客户带回主题讨论？是否能够表现出正在聆听？聆听的过程中是否容许客户发泄不满情绪？	投诉接待人员	
聆听投诉人员诉说		投诉接待人员	
与投诉者进行沟通	是否虚心接受客户的意见？是否千方百计找理由推脱？对失实、偏激或误解的投诉，是否出现敌对性、辩解性的反驳？	投诉接待人员	
对客户的表述进行记录		投诉接待人员	
对客户的表述进行复述和确认	1. 客户的个人信息记录是否齐全？ 2. 事件要点是否清晰准确？笔迹是否清晰可查？	投诉接待人员	
了解客户情况	所记录的内容与客户的投诉内容是否一致	投诉处理人员	
投诉登记	1. 客户的个人信息记录是否齐全？ 2. 事件要点是否清晰准确？笔迹是否清晰可查？	投诉处理人员	投诉记录
收集与投诉相关的信息		投诉接待人员	投诉记录
对投诉进行定性和原因分析	所收集的信息是否能够全面呈现事件全过程？	德育处	投诉登记表
能当时答复的　不能当时答复的	定性是否只凭片面之词？定性的依据是否可靠合理？	投诉接待人员	投诉记录表
当时答复	该原因是否为导致事件发生的根本原因？责任人之间是否相互推诿？	投诉处理人员	检查记录
满意　不满意			投诉处理解决方案
归档	资料是否齐全？		
承诺时限予以解决	一般为两个工作日内		
制定投诉解决方案	方案的可操作性如何？ 方案能否消除投诉者的不满意？ 方案能否提升投诉者的信心？		

第五节　顾客关系管理系统

一、建立顾客关系

（一）获得顾客和市场份额

1.幼小衔接

为了帮助适龄入学儿童全面、直观地了解小学的学习生活及环境，学校与学区内的幼儿园联手开展幼小衔接参观活动，组织适龄入学儿童参观学校的操场、多功能厅、教学楼、文化长廊、小学生美术作品展览等，通过亲眼观察、亲耳聆听、亲身体验，让孩子们对即将踏入的小学有了进一步的真切了解，使其想做小学生的愿望愈加强烈。幼小衔接活动不仅激发了幼儿对小学生活及学习的美好向往，同时也为幼儿适应小学生活做好了充分的心理准备，更为他们未来的小学生活打下了良好的基础。

2.招生宣传咨询

每年在教育局发布招生信息后，学校联合社区，在社区内举办小一招生咨询，除了现场咨询以外，学校还在学校官网上提供在线咨询，家长还可以通过来人来电进行咨询，帮助适龄入学儿童的家长及时获得招生信息。

（二）管理和提升学校品牌形象

学校将品牌形象的建设纳入到战略管理中，把建设"一所学风良好、教学质量优良的友善、安全校园"作为学校的战略重点，并设置相关的指标进行监控。

战略重点	衡量指标	监测频次
C16 一所学风良好、教学质量优良的友善、安全校园	社会和家长对学校的认可度	学年／次

在管理和提升学校品牌形象方面，学校采取了以下策略：

1.开展"走进市民身边的好学校"活动

2015年12月8日，珠光小学成功承办了深圳市教育局"市民走进身边的好学校"活动。来自市区教育局的领导、多家媒体朋友和市民、家长代表等一百余人，走进珠光小学校园零距离感受，通过巡视校园、观摩特色活动、互动交流等方式体验学校的美好与健康、优雅与书香。

"走进市民身边的好学校"策划人之一——李庚靖博士，对本次走进珠光小学活动作总结讲话。他在讲话中提到，市教育局对学校荣获首批"深圳市智慧校园示范校"称号表示高度赞赏，对学校的未来发展充满希望。李博士表示，通过今天对学校系列活动的观摩，到访的市民、家长完全可以放心。正如现场市民所说，将孩子交给学校，放心，今天走进校园，真切感受到珠光小学是身边名副其实的好学校，孩子在校园里学习、生活，幸运！

2.提升学校在区内、市内的影响力

学校积极开展合作研究、学术推广、现场研讨会、学术交流、培训等活动，提升学校在区内、市内的影响力。

如，2015年6月，学校与市电化教家馆签订优质数字教学资源建设合作项目，在签订会上向与会的12家合作单位共同分享了我校在优质数字教学资源建设方面的经验、做法和思考。在2015—2016学年，第一学期向深圳市电化教育馆提供了40节高质量的普通课例及30节微课，第二学期提供了近60节各类课例。

（三）在顾客生命周期的各阶段满足顾客要求并超越其期望

作为公立小学，学校的顾客生命周期包括以下几个阶段：考察期、形成期、稳定期、退化期。在四个核心阶段中，学校根据顾客的不同需求制定了各阶段的工作举措和流程，旨在增强顾客感受。

生命周期阶段	学生/家长状态	顾客需求	学校采取的措施
考察期	了解	了解学校的办学特色、学区范围	1.举办幼小衔接活动、邀请幼儿园小朋友到学校参观 2.开展社区、网上、校内的各种咨询活动，解答家长在报名时存在的问题 3.印制各种宣传单，对以往报名中家长提出的问题进行解答
	报名	明确的招生要求、报名程序	
形成期	入学	学生快速适应学校的学习生活，家长及时获知孩子在校的情况	1.报名录取后，学校组织被录取学生的家长进行新生家长培训，以案例分享的方式向家长们介绍小学教育与幼儿教育的不同、学校办学特色、办学理念、育人目标、战略目标等，并向家长提出假期生活的要求、开学应注意的事项等 2.学校开展高年级对低年级的对口帮扶，包括纪律、卫生、做操等活动 3.一年级设立副班主任，增强管理教育力量
稳定期	在读	见表——依据顾客需求识别和创新教育方案和服务	见表——依据顾客需求识别和创新教育方案和服务
退化期	毕业	依旧能够与学校保持联系	建立学校校友会，在学校举办的各种大型活动中，邀请以往的校友回校，增强毕业生对学校的归属感
	转学	因对学校不满意而转学	及时了解家长不满意的原因，通过积极的挽回措施挽留顾客
		因居住地迁移而转学	积极配合提供学生转学所需资料，尽可能帮助家长解决在转学过程中遇到的问题

二、顾客满意与契合

学生和家长的建议和意见对促进学校改革和教育教学质量的提高起着重要推动作用。因此，学校运用科学的方法，调查、测量和分析顾客对学校教育教学服务的满意和契合程度，并据此不断改进和完善服务体系，丰富教育服务内涵。

（一）满意与契合要素

学校根据调查问卷、访谈、实地调研、相关考核及各种反馈信息进行分析，确定了影响学生和家长满意与契合的各项要素，并根据这些要素设计调查问卷。这些要素包括：文化建设、教育教学、学生发展、后勤服务、生校关系等。

（二）满意度与契合度的调查

学校教导处依据满意与契合要素设计了涵盖特长发展、教学服务、成长支持、师生／家校关系、文化氛围、后勤服务等调查维度的问卷。问卷区分学生和家长，内容依据调查对象的不同，分别设计。

附：

珠光小学顾客满意度调查问卷
（学生）

亲爱的孩子，你好！

为了了解你对学校的满意程度，提升学校的整体水平，特别制定了如下问卷。我们希望能够从中了解到你的想法。请在符合你感受的答案前的"□"内打"√"。

此问卷一至三年级学生由家长协助完成，四至六年级学生要求独立完成。

一、文化建设（共10分，每项5分）

1. 我非常清楚学校的校训和倡导的学风、校风，并去遵循

　　□满意　　　　□一般　　　□不满意，因为_____

2. 学校的校园环境很好，有很浓厚的学习氛围

□满意　　　□一般　　　□不满意，因为＿＿＿＿＿＿＿＿＿＿

二、教育教学（共30分，每项5分）

1. 老师按时上、下课，不迟到，不拖堂

□满意　　　□一般　　　□不满意，因为＿＿＿＿＿＿＿＿＿＿

2. 老师在课堂上教学有趣味，课堂氛围活跃，师生互动较多

□满意　　　□一般　　　□不满意，因为＿＿＿＿＿＿＿＿＿＿

3. 课堂教学纪律好，不出现打闹现象

□满意　　　□一般　　　□不满意，因为＿＿＿＿＿＿＿＿＿＿

4. 老师布置作业的量适中、题目难易程度适当，对作业批改认真，作业讲评也能听懂

□满意　　　□一般　　　□不满意，因为＿＿＿＿＿＿＿＿＿＿

5. 评价方式多样化、个性化，保护了我的学习兴趣

□满意　　　□一般　　　□不满意，因为＿＿＿＿＿＿＿＿＿＿

6. 我的听、说、读、写、算、做等六项能力都得到了不同程度的提升

□满意　　　□一般　　　□不满意，因为＿＿＿＿＿＿＿＿＿＿

三、学生发展（共20分，每项5分）

1. 学校的校本课程（社团）很多，能够满足我的需求

□满意　　　□一般　　　□不满意，因为＿＿＿＿＿＿＿＿＿＿

2. 学校组织的比赛和展示活动多，给我搭建了一个自我展示的平台

□满意　　　□一般　　　□不满意，因为＿＿＿＿＿＿＿＿＿＿

3. 我的生活能力和文明习惯在学校得到了培养

　□满意　　　□一般　　　□不满意，因为_____

4. 学校培养了我自信、自立的人格

　□满意　　　□一般　　　□不满意，因为_____

四、后勤服务（共20分，每项5分）

1. 学校的门卫对校园的保护让我们觉得很安全

　□满意　　　□一般　　　□不满意，因为_____

2. 学校的体育器材都做好了安全防护措施

　□满意　　　□一般　　　□不满意，因为_____

3. 我能够在校医那里得到我想要的帮助

　□满意　　　□一般　　　□不满意，因为_____

4. 学校图书馆藏书很多，我总是能够借阅到我喜欢的图书

　□满意　　　□一般　　　□不满意，因为_____

五、生校关系（共20分，每项5分）

1. 老师对我的评价非常准确，能够真诚地指出我的缺点，耐心指导我

　□满意　　　□一般　　　□不满意，因为_____

2. 老师能够公平公正地对待我

　□满意　　　□一般　　　□不满意，因为_____

3. 老师能够理解我的内心想法和感受

　□满意　　　□一般　　　□不满意，因为_____

4. 老师把我们当作朋友，经常与我们沟通交流

　□满意　　　□一般　　　□不满意，因为_____

对于契合度方面，除了采用问卷调查的方式了解以外，我们还关注学生的流失情况、出勤情况、各类活动的参与率、学生参与学校管理的情况，家长向他人推荐学校的情况、家长对学校的贡献、家长与学校的配合、家长参与学校管理的情况等等，来判断学生和家长对学校的契合程度。

附：

珠光小学契合度问卷调查
（学生）

亲爱的同学，你好！

为了了解你对珠光小学的认同程度，提供更符合你要求的教育教学服务，特别制定了如下问卷。我们希望得到你的积极配合与支持。请在符合您感受的答案后的"□"内打"√"。认同程度从 1 至 5，1 为认同最低，5 为认同最高。

1. 这是一所我喜欢的学校

   5 分□   4 分□   3 分□   2 分□   1 分□

2. 我愿意向我的小伙伴讲述我的学校

   5 分□   4 分□   3 分□   2 分□   1 分□

3. 在老师的帮助下，我能够养成良好的文明礼仪行为

   5 分□   4 分□   3 分□   2 分□   1 分□

4. 在老师的帮助下，我能够养成良好的学习习惯

   5 分□   4 分□   3 分□   2 分□   1 分□

5. 我会积极参加学校举办的各种活动

   5 分□   4 分□   3 分□   2 分□   1 分□

6. 我会利用放学后的时间帮助老师整理教室

   5 分□   4 分□   3 分□   2 分□   1 分□

7. 我愿意为班级建设做些我力所能及的事

　　5分□　　　　4分□　　　　3分□　　　　2分□　　　　1分□

8. 除非生病，我不会缺课

　　5分□　　　　4分□　　　　3分□　　　　2分□　　　　1分□

9. 我上学从不迟到

　　5分□　　　　4分□　　　　3分□　　　　2分□　　　　1分□

10. 我对老师布置的任务总是能够很圆满地完成

　　5分□　　　　4分□　　　　3分□　　　　2分□　　　　1分□

（三）对标竞争学校，努力提高顾客满意度

　　竞争对手和行业标杆的信息是学校取长补短、解决问题、寻找发展契机的良好途径。

　　学校的主要竞争对手是西丽小学，获取竞争对手学生和家长的满意度信息的主要途径是通过校际交流、学生家长反馈等方式。

　　获取行业标杆的顾客满意度信息的途径主要有：专业网站、报刊查询，或者通过上级政府及业务主管部门统计信息进行了解。

　　其他提供类似教育方案与教育服务的组织的顾客满意度参照性信息主要通过上级主管部门以及社会第三方的调研获取。

　　学校通过顾客的满意度信息与竞争对手及标杆对比，发现改进机会。但是由于竞争对手和标杆的满意度调查方式和调查内容与我校并不一致，所以只能在整体满意度上进行对比。标杆的满意度来自上级主管部门抽样及网络或社会舆论，仅供参考。

（四）满意度与契合度信息的利用

1.调查结果分析比对

　　● 趋势对比分析——学校通过与往期的满意度调查结果进行对比，发现存在下降趋势的项目。

　　● 水平对比分析——学校通过本期满意度调查各项指标之间的对比，发

现满意度低的项目。

● 与竞争对手和标杆对比分析——学校通过与竞争对手和标杆的满意度水平进行比对，发现弱势项目。

2.改进和发现创新机会

学校对发现的问题进行详实细致的分析，寻找问题的症结所在，针对原因，经过反复探讨，在制定解决措施予以改进的过程中，学校识别创新机会，通过改进和创新来提升满意与契合度。

3.调整满意与契合要素

在满意度测量结果分析中，重新识别影响学生、家长及利益相关者满意与契合的要素，并在学校的绩效测量系统中设置了指标，希望以此超越学生和利益相关者期望。

三、顾客不满意管理

学校确定顾客满意度的方法主要有两种方式，一种为被动获得，一种为主动获得。

被动获得以投诉受理为主，主动获得的方式主要有问卷调查、意见征询、电访、家访、面谈、互联网、电子邮件等方式。

在满意度和契合度调查数据统计分析中，除了处理直接反馈的不满意内容外，学校还注重检讨，独立、逐项确认和分析顾客不满意项，审慎思考、识别不满意根源，并思考可以系统解决的方法，确保避免未来的不满意情形出现，有益于将来满足顾客要求与期望。

在日常工作中，一线教师随时收集学生或家长表达出来的不满意情绪或言行，在学科组或教科室组内进行沟通和分析，及时采取措施，消除这些不满意。同时学校还通过教职员工自身工作的反思来分析在学生和家长中存在的潜在不满意。

四、顾客关系改进

每学期末，教导处、办公室对本学期的满意与契合调查结果、学生和家长的不满意信息、学生和家长的投诉情况进行汇总，提交学校行政会分析讨论，分析结果将作为下一学期改进及制定下学期绩效和工作改进目标的参考，并通过工作计划和总结、督导验收等落实到各相关部门人员。

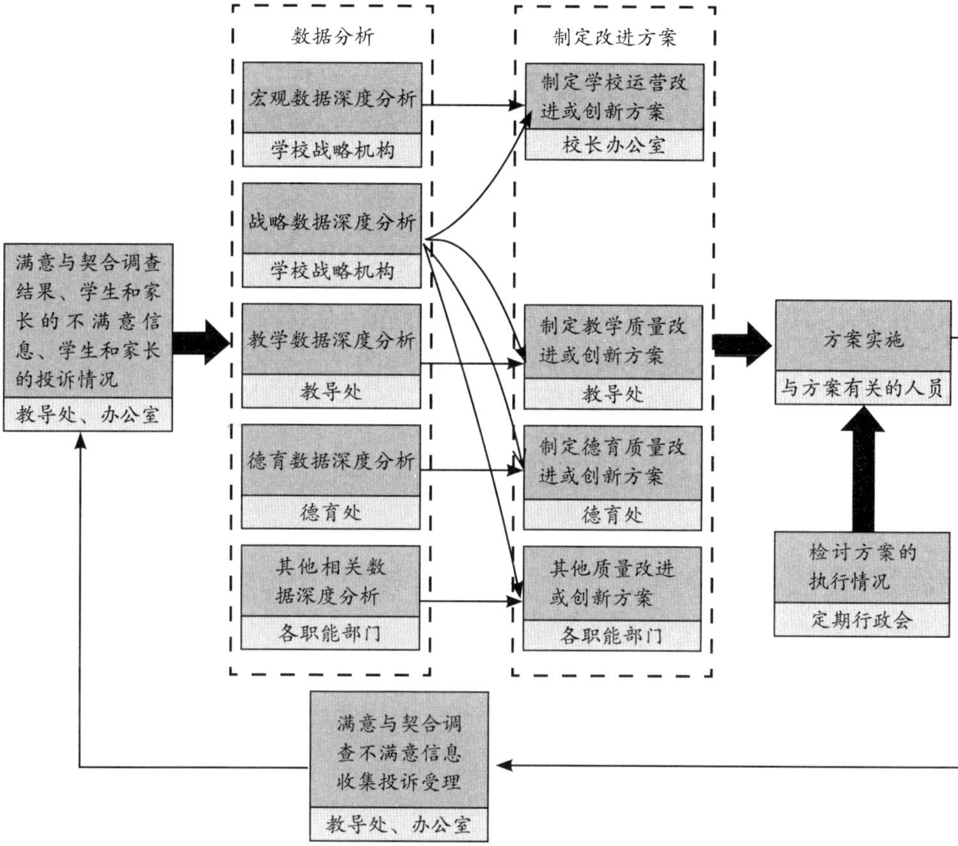

顾客关系改进流程图

第四章

测量、分析和知识管理

第一节　组织绩效的测量、分析和改进

珠光小学的绩效系统由三个层级构成，分别如下：

●学校层：学校运作的最终效果是通过客户所体会和感受的价值来评价。所以我们将学校战略衡量机制（平衡计分卡）的客户价值层指标作为学校层指标。测量方式为战略回顾，测量频次为一学年一次。

●运营层：平衡计分卡中其他各层的指标实现了对客户价值感受层各个指标的支撑，同时也是对教育、课程、德育等各个工作系统运作情况和效果的衡量，所以我们将这些指标作为运营层指标。运营层指标的回顾与学校层指标一样，在每学年的战略回顾中进行。

●底层：学校各项具体工作过程的衡量指标。其测量指标为日常监督检查评价指标，测量方式为日常监督检查评价，测量频次不定期（每天、每周、每月、半学期）。

学校的组织绩效体系具有如下特点：

●基于战略——由战略目标分解，与战略目标紧密关联。通过绩效系统的驱动作用，确保战略目标的实现，具有了强大的保障力。

●关注重点——选择重要的战略目标与学校内部运营相关的指标内容，作为衡量对象，保证重点任务得到重点关注。

●可测量性——针对每个绩效测量指标，都清晰地定义了测量方式、计算公式、数据源等。

●强支撑性——指标从三个层级进行测量，每个层级都是从上至下分解而来，下一层级指标的完成确保了上一层的指标完成，形成了强逻辑支撑关系。

第一部分 绩效测量

一、绩效测量

（一）数据与信息的选择

学校绩效测量数据与信息的选择分三个层级进行，分别包括学校层指标（平衡计分卡的客户价值感受层指标）、运营层指标（平衡计分卡其他各层的指标）和底层指标（关键工作过程效果性指标和过程性指标）。

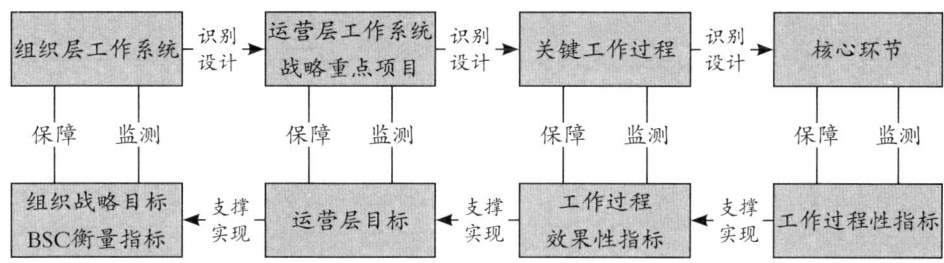

1.学校层指标的选择

在学校战略体系中，采用战略地图进行战略描述，进而对战略地图中的各个战略重点采用平衡计分卡和指标档案进行战略衡量。在学校平衡计分卡中，我们将"客户价值感受"作为学校教育教学服务效果的最终衡量指标。这些指标的指标档案则详细地描述了指标的具体定义。

2.运营层的指标选择

运营层指标由学校平衡计分卡中支撑客户价值感受层的其他各个指标构成，包括内部运营层、学习和成长层。这些指标是对学校各个工作系统（德育、教学、课程、教研、教师管理等）重要运作活动的衡量。通过这些活动的有效运行，支撑了学校计分卡中客户价值感受层各个指标的实现。

由于指标过多，我们在此仅作部分展示，全部指标可见"第二章战略"。

运营层指标（节选）

角度	战略主题及重点项目		指标名称	统计频次
内部运营层	德育	P7 针对常规的德育问题，建立系统的培养方式和解决方案	1. 德育问题种类及数量的降低比率	1次／学年
		P8 完善学校德育课程、团队课程、生态环保教育、心理健康教育，实施生活育德、活动育德	2. 德育课程、团队课程设置的门类、数量	1次／学年
			3. 生态环保教育课程／活动的学生参与率	1次／学年
			4. 青春期心理健康教育课程开设的覆盖率	1次／学年
		P10 获取学生家庭及社区教育的支持，共同培养学生的品行习惯	5. 家长对学生行为习惯的满意度	1次／学年
			6. 学校与社区联动教育活动的次数及领域	1次／学年
	课程管理	P11 改善校本课程的内容和实施方式，加强与学生年龄的契合	7. 校本课程实施方案与学生年龄的契合度	1次／学年
			8. 学生对校本课程的满意度	1次／学年
		P12 增加生活体验类和动手实践类课程	9. 生活体验类和动手实践类课程的种类及数量	1次／学年
		P15 做好校本课程、社团活动专项经费的预算管理	10. 预算对实际经费需求的满足度	1次／学年
	教研	P24 建立课题研究模式	11. 课题数量	1次／学年
			12. 课题与学校管理、教育教学实际、教材研究、课程建设的结合度	1次／学年
			13. 教师参与的比例	1次／学年

3.底层指标

学校各项具体工作过程的测量指标。其测量指标为日常监督检查评价指标，测量方式为日常监督检查评价，测量周期为不定期（每天、每周、每月、半学期）。

如，教学常规检查。学校通过教案检查、日常巡堂、听课，发现问题及时解决。由校长、教导处、教研组、备课组全面铺开对日常教学的监控和评价反馈。

附：

珠光小学教学常规检查细则

类别	内容	分值	得分
计划	教师个人制定教学计划，内容应包括：学生基本情况分析、教材分析、教研课题的确定及实施方法、教学进度的安排等	10	

①项目每少一项扣2分。②项目全但分析不具体、不细致每项内容扣1分。内容千篇一律的扣2分，并需重写。③计划种类上不全者每种扣5分。④不按时上交的每种视情况扣1—4分。⑤书写不认真、不规范者视情况重写并扣1—2分。⑥期末必须有全面、深入的工作总结，无总结者扣3分，有但不全面、不深入者可视情况扣1—2分

类别	内容	分值	得分
备课 20 分	教师须提前3个课时以上备好教案。教龄3年以上的教师可以使用电子版的教学设计，教龄3年以下的教师必须手写详案	2	
	每个教案必须包括下列几项内容：①讲授内容；②教学目标（知识与能力、过程与方法、情感态度与价值观）；③知识的重点和难点；④教学方法；⑤教学步骤；⑥作业题型设计；⑦教后感（参见下一条）	7	
	教案目标明确，重难点突出，教学流程清楚，书写工整。教学后记及时，有建设性，每学期至少50%的教案附有个人教学反思或者教学后记	3	
	重视练习课、复习课、活动课、试卷评讲课、语文学科的口语交际课、作文课的备课	2	
	教案节数必须达到或超过规定课时要求	3	
	备课前认真研读教材，分析教学对象特点，进行富有创造性的教案设计，不照搬参考教案，个人教案检测相似度不超过10%	3	

说明：1.备课数量不足，缺一课时扣1分；2.备课环节明显不完整，如无教学目的，无重点难点、教学过程，无教学理念，无作业内容，无教学反思或教学后记等，缺一项扣1分；3.一学期原创教案达5篇及以上者加1分

类别	内容	分值	得分

续表

类别	内容	分值	得分
上课 20 分	教师必须严格遵守课堂纪律，不在课堂随意接听、拨打电话等	2	
	教师必须按教学计划完成课堂教学任务，坚持面向全体学生，尊重学生个性发展，努力提高课堂教学质量，重视教学方法的改革与研究	2	
	坚持上课铃响前教师到位（音体美及实验课教师必须在上课铃响前将学生整队带入规定场所，下课整队带回），上课期间不能离开教室，上课期间不能坐堂，下课不拖堂	2	
	正确贯彻教学原则，做到掌握知识与实践能力相结合，智力因素与非智力因素相结合，知识技能、过程方法与情感态度价值观相结合，统一要求与因材施教相结合	3	
	注意演示与示范，充分利用板书、挂图、标本、录音、投影、录像、多媒体等教学工具和手段辅助教学	2	
	教学过程要组织严密，安排紧凑，结构合理，重点突出，难点突破，无知识性错误，做到精讲精练，采用小组教学、讨论等方式，让学生成为教学的主人，自主自能学习	3	
	教师上课必须坚持使用普通话，写字规范，语言文明规范，板书设计合理，口头表达自然流畅，亲切生动，教态自然大方，要加强与学生的沟通、交流，营造和谐、欢快、民主的教学气氛	3	
	学生思维活跃，重视课堂的多向交流，活跃学生思维，学习潜力发挥好，并能实现预定的教学目的	3	

说明：上课时不按时到堂、提前离堂或中途离堂等，发现一次扣1分

类别	内容	分值	得分
作业 10 分	作业格式要规范、要求应统一	2	
	课内、课外作业都要精选，作业布置针对性强，利于学生巩固所学知识，作业量要适中，符合学校要求	2	
	作业布置及时并达到教学进度	2	
	无重复性或机械性抄写作业	2	
	作业体现出分层，尖子生和学困生作业应有差别	2	

续表

说明：一次布置作业内容过于简单或难度过重扣 1 分			
类别	内容	分值	得分
作业批改 10 分	课堂作业和课外作业必须全批全改，作业批改要及时，项目要全面	2	
	作业批改符合学科组的要求	3	
	作业批改要细心、工整，不错改、不漏改	2	
	提倡对学生的作业写上简单的鼓励性评语，不能只是简单判断对错。作文批改要做到详批、略批相结合	3	

说明：1.作业批改无日期、无等级，一次扣 1 分。2.批改次数不足，少批一次扣 1 分。语文、数学作业批改注重记录，少一次扣 1 分；必须有批改记录；学生改正后的作业教师应给予批阅，一次不批扣 1 分；作文批语要规范、正确，对作文每次均用激励性评语，全批全改，若批语中出现一次错别字、不通顺的句子扣 1 分。3.不按时批改与讲评，发现一次扣 1 分

类别	内容	分值	得分
学习评价 10 分	按照教学计划开设的课程都要进行考试或考查，每单元进行检测	2	
	试卷领走后一周内要安排时间进行测试	2	
	每次检测后教师应及时批改，做出成绩统计	2	
	单元测试领走之后两周内，按《单元试卷分析表》上所要求的内容写好试卷分析	2	
	做好检测后的反馈，检测后要及时评讲，要备好试卷评讲课，并将错题记入作业本	2	
类别	内容	分值	得分
教学研究 10 分	教师要自觉参加学校组织的各项教研活动，不得缺席、迟到或早退	2	
	教师之间要互相学习，坚持随堂听课，每位教师每月听课次数不低于学校要求次数，并做好记录	3	
	听课内容填写齐全，记录详实。突出体现课堂教学过程和教学结构	3	
	听课后对上课教师的教学过程和教学内容都有自己的评价或体会	2	

续表

说明：不积极参加学校教研活动的每次扣0.5分；每月各教师听课每少一节扣0.5分；不参与学校、上级业务部门组织的活动者，每发现一次扣0.5分；听课记录等不达要求者，酌情扣分			
类别	内容	分值	得分
考勤 10 分	1. 教师要积极、按时签到，不得代签，按照顺序依次签到 2. 工作期间，要坚守工作岗位，不得无故离岗、脱岗（学校分定时与不定时相结合查岗） 3. 教师有事必须请假，并写好假条、安排好课程，经领导签字后方可离校，严格按照学校制定的教师请假制度办事	10	
说明：迟到一次扣0.2分，无故脱岗、离岗发现一次扣3分，旷工一次扣3分；请事假一天扣2分，一节课扣0.2分			

在学校层级的教学常规检查细则的基础上，各学科组又制定了更加细致的标准。

附：

珠光小学数学科组作业批改、教案标准及检查细则

作业标准

一、作业布置基本标准

年级	检查批改类作业（课堂作业）		检查类作业（家庭作业）
一至六年级	知识与能力训练	课堂作业本	口算、科任教师布置的家庭作业、教科书上的练习等。 说明：检查类作业由各科任教师根据自己教学需要自行安排，教师可以只检查不批改，或交由家长、班干部等检查完成。布置的量不能超过国家规定
各类作业批改要求	全批全改，在每课结束后及时布置、及时批改	全批全改，三至六年级必须写在黄色本子上，一至二年级也可以布置在教材上，iPad班可以布置在全景课堂上。不管是哪一种形式的作业，次数不少于15次	

二、学生作业标准

（1）每次作业标清题号。数字、符号、文字书写规范、端正，大小适中，符号和数字搭配协调。图形题、连线题严格要求用铅笔、直尺完成。

（2）黄本子上的作业格式先左再右（特别是能力训练），每写完一小题空一格。作业前端书写位置对齐。

（3）要求学生作业工整、整洁，封面完整，不使用涂改液、涂改纸，空白处不得乱涂乱画。

（4）一、二年级用铅笔书写，三至六年级用水笔或钢笔书写（三年级刚过渡到用水性笔，可以酌情考虑允许学生继续使用铅笔）。

（5）严格要求作业改正制度。《能力训练》订正在错题旁边；黄色本子的作业订正在教师批改的日期下面。所有错误作业，要求在错题旁边写"订："之后，再写上正确答案。

（6）解决问题答案尽量做到"三对齐"。

尽量做到对齐原题第一个字开始写；

多个算式需要写几行的话，算式要对齐；

答语和算式尽量对齐。

三、教师批改标准

（1）教师应按教学需要，精心设计作业。

（2）对题打"√"，错题画"×""？"。

（3）认真仔细批阅，适当有中肯的评语。比如提示学生自我修正的话语，表扬学生的语言，等等。

（4）等级为"A+""A""B""C""D"，日期写在等级的右下角，以斜线分隔。形如单元总练习"A+"也可以用"100"来代替。

（5）教师应认真批改作业，不得由学生代劳，并及时获取反馈信息，改进教学。

● 教案标准

1.根据学校备课的要求，按照教学计划认真设计教案。新授课一课一案，注明所需课时；练习课可在书本中备注。电子教案可不用上传练习课。

2.教案详细、完整。每个教案应包括教学课题、教学目标、教学重点和难点、教学过程、作业布置、板书及教学反思（注：一个学期教学反思不少于20篇，每篇教学反思的字数在50字以上）。

3.教案格式不做统一要求，但版面尽量美观，自己的教案格式要统一，不要有他人教案的痕迹。

4.教学辅助资料除使用教学光碟，世纪阳光资源外，鼓励自制课件。

5.3年以上教龄的教师写电子教案，3年以下教龄的教师手写教案。

● **作业、教案检查**

（1）检查安排：每学期两次（半学期、期末各一次），具体时间由教务处安排。主要由科组长牵头，组织备课组长检查，具体安排详见《检查安排表》。检查安排表：

科组长 （魏冬梅）	备课组长1 （吕云娣）	备课组长2 （周丽梅）	备课组长3 （张洁瑜）
吕云娣　周丽梅 张洁瑜	魏冬梅　蔡婉玲 刘　芳　黄保渠	卿美娟　姜淑华 伍　纯　张　娟　林洁纯	马婧怡　刘丹桐 王国勇

（2）组长对每位教师所教学科的学生作业和教案进行检查，每次检查做好记录，及时向任课教师反馈检查情况，及时指出问题所在。

（3）等级评定：组长们参照标准，遵循公平、公正、求实的原则。结果根据两次检查情况来做最后评定，每期末将记入教学综合评价量化表。

全部达标的，评为：A

基本达标的，评为：B

不达标的，评为：C

附：

珠光小学作业检查记录表

四至六年级（语文）

姓名	作业书写是否规范、工整	作业布置是否科学、实效	作业量 批改次数	批改是否仔细及时	评价
苏国发					
张美嫦					
陈忠秀					
罗惠琼					
丁志波					

续表

姓名	作业书写是否规范、工整	作业布置是否科学、实效	作业量批改次数	批改是否仔细及时	评价
张紫红					
罗新文					
庄少燕					
李捷					
郑伟					
雷静					
罗燕					

科组长签名：　　　　检查行政领导签名：　　　　　　检查日期：

又如，在德育管理方面，学校开展了对德育计划制定情况、主题教育活动、任课教师的课堂德育渗透情况、学生行为表现情况、班级文化建设情况、检查德育资料/档案情况的监督和检查。

检查项目	检查方式	检查内容
德育计划制定情况	德育计划抽检	1. 德育工作计划是否覆盖了应该涉及的德育目标 2. 计划制定是否配合教学工作 3. 计划是否具有可行性 4. 评估过程是否可操作、有效果
主题教育活动	现场观察	1. 活动方案的设计是否能够达成德育目标 2. 活动参与度是否足够广泛 3. 活动是否达到预期效果
任课教师的课堂德育渗透情况	教案检查 听评课	1. 渗透点是否准确 2. 渗透方式应用是否合理 3. 预期渗透效果和实际渗透效果比较 4. 价值思想被接受和认可程度

续表

检查项目	检查方式	检查内容
学生行为表现情况	标兵班级评比	1. 遵守纪律情况 2. 卫生习惯养成情况 3. 文明礼仪表现
班级文化建设情况	现场观察	1. 黑板报／宣传栏是否更新及时 2. 是否起到相应的宣传作用
检查德育资料／档案情况	档案抽检	1. 学生操行评定、后进生转化情况记录、家校互动情况记录、主题活动总结报告、德育成果等资料是否完整、客观 2. 纸质档案和电子档案是否一致

至此，基于战略目标的绩效系统得以建立，其具有如下特点：

● 基于战略——由战略目标分解，与战略目标紧密关联。通过绩效系统的驱动作用，确保战略目标的实现，具有了强大的保障力。

● 关注重点——选择重要的战略目标与学校内部运营相关的指标内容，作为衡量对象，保证重点任务得到重点关注。

● 可测量性——针对每个绩效测量指标，都清晰地定义了测量方式、计算公式、数据源等。

● 强支撑性——指标从三个层级进行测量，每个层级都是从上至下分解而来，下一层级指标的完成确保了上一层的指标完成，形成了强逻辑支撑关系。

（二）数据与信息的收集

1.通过对关键工作过程的评价获得底层流程的绩效数据：学校通过对各个工作过程（如备课、课外辅导、作业布置与批改等）的日常监督检查，或通过对教师的课堂观察、访谈等方式来收集相关的数据和信息。监督检查机制如下（以教学为例）：

类别		检测人	教师覆盖率	测量方式	测量频次	时限
大类	细项					
教学	备课	备课组长	组内教师 100%	检查教学设计	2 次 / 年	学期
		科组长	组内教师 50%			
		教导处	学校教师 20%			
	上课	听课组	公开课教师 100%	听课评价	按次必听	学期
	课后辅导	科组长	全部学困生	学困生检测	随机	学期
	作业	备课组长	组内教师 100%	作业抽查	2 次 / 年	学期
		科组长	组内教师 50%			
		教导处	学校教师 20%			
	教学反思	备课组长	组内教师 100%	检查教学设计	2 次 / 年	学期
		科组长	组内教师 50%			
		教导处	学校教师 20%			

2. 运营层和组织层：这两类指标是通过学校运营回顾和战略回顾的形式进行。平衡记分卡中每个指标都建立了相应的指标档案，指标档案中规定了每个指标的数据来源、计算公式、频率、责任人等。收集方法如下：

● 依据平衡计分卡及指标档案确定各时间点或时间段（学期 / 学年）需要测量的指标；

● 依据指标档案中的"具体数据来源"确定样本的监测者和样本的提供者；

● 依据指标档案的计算公式对获得的数据进行计算，得出测量结果，形成样本数据。

（三）数据与信息的校准

在绩效指标的数据收集过程中可能会出现偏差，有可能不准确或有失公允，导致在计划、过程、资源配置、行动、结果和分析与支持关键的组织目标上的非一致性。为此，我们对可能出现的问题进行分析和关注，并采取相对应的校准方案。

绩效测量过程中可能出现的问题	校准的方法
评价者能力水平的差异，因监测者本身的误差，导致指标结果有偏差	在绩效评价前对评价者进行培训
样本量不具代表性	调查时随机抽样，兼顾不同年级、不同学生层别、不同教职员工
样本量不足	选择合适的时机进行问卷调查；舍弃难以取样的指标
调查方法不科学：如当着当事人的面直接询问被调查人员、调查问卷署名	采取当事人回避制度，涉及当事人的调查，当事人必须回避；问卷收集采取不记名调查方式
调查问卷设计不科学，问题有歧义，指向不明	规范化设计；问题形式力求科学，杜绝暗示或强迫
其他	及时应对，校准

（四）数据与信息的整合

为保持计划、过程、行动、结果和分析的协调一致，根据收集的测量数据，分析在计划、过程和结果中存在的不一致性以及产生的原因，明确优化整合的方法。如下表：

影响的环节	可能出现偏差原因	整合的方法
计划	· 指标设定不全面，不能完全支持或准确对应战略目标 · 未做前期测量 · 前期测量的样本量不足、覆盖范围不全面、参照标准不清晰	· 调整绩效指标内容、校准绩效指标方向 · 增加前期测量 · 明确前期测量的方法、样本量、前期范围 · 参照同行业标准确定参照标准
过程	· 过程汇总对绩效监测点缺乏持续追踪，导致指标结果有偏差 · 对绩效监测内容的计算公式设定有误，无法准确支撑战略	· 完善监测体系，明确监测职责，加大检查与督导力度 · 不断对比、优选计算公式与方法
结果	· 由于计划和过程中积累性偏差造成的结果失真 · 结果与战略目标设定预测有偏差	· 加强计划检查和过程中的跟踪指导，确保过程中数据结果的真实性和战略目标的准确支撑 · 重新审定战略目标预测值，调查结果的真实性，根据结果的真实有效程度，双方向调整或校准

（五）关键的组织绩效测量指标

学校依据学生、家长及利益相关者对工作系统的关键要求转换成可量化、可衡量、可描述、具体的测量指标，并依据其对应目标的周期性和学校实际，确定其监测频率，一般监测频率为一学年一次。学校将组织层的绩效指标作为关键的组织绩效指标，在一个战略周期内持续对这些指标进行测量，均为长期测量的指标。

二、比较性数据

学校主要将期末／调查考试、质量抽测、学期满意度调查确定为教育教学类关键的对比性数据信息，并从一年级至六年级持续进行定向跟踪与分析。

● 同比：学校通过连续多年的纵向比较，看变化趋势与差异，找出主要问题，确定对比结果，确定其发展趋势并制定相应对策。各部门提出具体改进措施或行动计划，从而支持组织的战略决策和创新。

● 与预计目标计划比较：看教学课程规划、教学实施进度和质量、教学评价等关键流程与计划目标的完成情况，找到落后的环节和问题点，促进问题解决。

● 与竞争对手和标杆的比较：对于行业内教育教学类相关信息，学校获取数据的能力和范围是有限的，一般只能通过上级主管教育部门公布的相关结果获取，所以存在部分项目关键信息透明度不高的问题。学校获取的方式只能通过对方学校网站、在读学生与家长定向了解等方式获取，范围包括课程项目、特色创建、办学规模、基本评价的内容等。核心性竞争力分析资料等内部运营信息数据难以获取。对于能获取到的数据，我们确定对比结果，确定需关注和优化的项目内容。

三、学生和利益相关者的数据和信息

教育局、学生、家长、社区等是学校的利益相关者。教育局是代表更多的学生和家长对学校提出要求，学校以教育局、学生、家长的价值感受为依据，制定战略目标／指标，将其纳入到学校战略地图和平衡计分卡中，作为客户层战略主题，并定期进行跟踪调查和反馈。对于社区而言，社区以其自身环境和文化氛围对学生的品格塑造、文化修养起着潜移默化的作用，所以学校将强化社区建设作为一项战略目标。

战略主题及重点项目	指标名称	统计频次
P22 实施社区强化计划	社区环保宣传频次	1 次 / 学年
	进社区志愿者活动次数	1 次 / 学年

四、测量敏感性

当学校战略随着校内外环境的变化进行调整时，与之相配套的绩效系统也必然随之进行调整，会随着敏感的战略系统而对内外部环境保持高度敏感。确保绩效测量系统敏感性的方法如下：

（一）监测点全面覆盖

学校绩效系统针对各个工作过程均设定了具体的评价指标，对应这些指标监测覆盖工作过程的各个方面；针对运营层和学校层，在计分卡中设定了具体的绩效指标，对应这些指标的监测覆盖了战略重点各个方面。

（二）监测点深入工作过程

监测点在运营层和底部流程层被分层放大，逐级深入，对底部工作过程监测点的监控内容和数据进行有效的分析和挖掘，保持了上级监测点的深入性和监测指标的可实现性。

（三）对监测结果的深入解读

在保证了监测点的覆盖率和深入性后，通过对监测信息的获取、计算，对测量结果进行深入分析，制定改进措施：

● 当监测结果出现异常波动或重大改变时，对监测对象和异动原因限时进行定向跟踪和定向分析，在确定原因后提出调整策略和措施。

● 当监测结果与预设值出现偏差时，进行双向分析，对存在问题的一方提供调整策略并予以落实。

● 当监测对象、监测结果因政策、环境或其他因素的变化而导致结果异常时，对监测对象和异动原因限时进行定向跟踪和定向分析，在确定原因后提供调整策略和措施。

● 当监测对象、监测结果因不明原因导致异常或重大改变时，对监测对象和异动原因限时进行定向跟踪和定向分析，在确定原因后提出调整策略和措施。

第二部分 绩效分析、评审

一、评审学校的绩效和能力

学校在战略地图和平衡计分卡的基础上建立起自己的绩效评价系统，并通过定期的战略回顾对其进行总结和评价。其基本框架包括计分卡各项指标完成状态，计分卡中战略目标完成状态统计图，计分卡战略目标对应的指标完成状态统计图，未完成目标及指标原因分析和改进措施。学校每学年进行一次战略回顾。

二、利用关键的组织绩效的测量结果

学校战略地图中的内部流程层、学习成长层，每项战略目标均设置了指标进行衡量。通过这些指标的评审结果，学校可以获得各战略主题或战略重点的实现情况。当发现异常时，学校将对其分析原因，制定有针对性的措施进行改进，以促使战略主题或战略重点得以实现。

三、进行多种分析以支持评审并确保结论有效

（一）学校在分析、评审、确定绩效评价主要内容的基础上，针对各类指标的性质和特点，通过趋势、相关因果、成本分析，进行动态系统的比较和评审，形成整体绩效评价，并获得可应变和可改进的信息。

（二）通过校准确保结论的有效性。

1.学校将结论与以往的结果以及发展趋势进行比较，若未发生重大变化却出现了异常波动，就要与相关负责人进行沟通，了解异常波动的原因，识别该结论是否有效。

2.学校对支撑结论的原始材料进行检查，识别其真实性、时效性、代表性、准确性，进而识别其结论是否有效。

3.学校对指标的挑战值、确保值与实现值之间的对比，出现异常偏差的，分析其产生的原因，识别该结论是否准确。

四、学校（治理机构成员）运用评审来评价组织的成就、竞争绩效、财务健康以及与战略目标和行动计划相关的进展

学校（治理机构成员）经过战略回顾后获得数据，在战略回顾会议上通过相关绩效指标的实现情况、与确保值和挑战值之间的对比，来评价组织的成就、竞争绩效以及与战略目标和行动计划相关的进展。（战略回顾会议详见"第二章战略"）

五、运用评审评价学校在运营过程中对变化的需要和挑战的快速响应能力

学校通过对绩效系统监控点的全面性和深入性的评价，来判断学校快速全面发现变化的需求和挑战的能力。基于绩效系统全面性和深入性，通过战略回顾对绩效结果进行深入解读，识别学生、家长的需求，如学生满意度、家长满意度等可以直接反映客户的需求。还有通过对关联指标的分析，识别客户的需求，如课程对学生需求的覆盖程度，学生、家长主动参与评价的参与率，参加各类兴趣培养的人数比等。

对于外部挑战，基本上是以学生和利益相关者的需求反映出来的，而社会变化的挑战会直接作用于学生、家长、教师，反映出来的就是多种多样的需求。这些需求可以通过对绩效结果的评价来发现。

通过绩效测量系统，可以识别对变化的需求是否做出改变，如实际指标值恢复正常，则可判断已经做出改变。通过实际指标值的恢复时间，可以判断出做出改变的速度。通过实际指标值的提升，可以判断出改变的效果。

第三部分　绩效改进

一、最佳实践分享

为保证绩效评价结果传递到学校的各个层次，促进教职工间分享经验和最佳实践，从而有效支持决策和绩效改进，根据分析评审结果的不同性质和类别，学校采用现场会、材料交流、专题研讨等方式，在教学、德育、个性化服务等方面分享最佳实践。

学校按照德育、教学、课程、学生管理等过程的主线结构，通过会议和通报、网络平台等形式，将达成高绩效的优秀案例和成功经验传递到各层次、各工作环节和岗位，促进教职工间互相学习。如，优秀教师示范课、研讨课以及优秀教案优质资源库等。

各部门间或部门内部开展各种形式活动以共享绩效评审结果中与教育教学强相关的达成高绩效的最佳实践。如备课组活动、教研组活动、校本研修活动、班主任经验交流会等，我们都会对最佳实践进行评比推荐。

二、未来绩效

（一）利用绩效评审结果以及比较性数据和竞争性数据预测未来绩效

1.趋势分析

学校利用比较性数据，进行历史、纵向的绩效趋势分析，根据绩效趋势图的方向和区域进行未来绩效的预测，确定未来绩效的确保值和挑战值。重点关注问题：呈现什么样的发展趋势？这样的趋势是否会持续？

2.归因分析

学校利用绩效评审结果，进行因果分析，通过全面深入分析其产生的原因，制定出相应的改善和整顿提升的措施。关注问题：是什么原因影响了绩效结果？正向还是负向？

3.对比分析

学校利用竞争性数据进行横向对比分析，利用差值的大小分析未来绩效提升的可能性和幅度，从而对组织的未来绩效做出合理的预测。关注问题：

与标杆和对手有多大的差距？正向还是负向？影响未来绩效的关键因素是什么？未来是否能满足绩效提升的条件？能提升的空间有多大？

（二）消除未来绩效预测与关键行动计划预测绩效之间的差异

学校的关键行动计划包含在学校战略之中，属于战略的一部分。学校的绩效评审包含对关键行动计划实施效果的评审。

学校通过绩效评审结果以及比较性数据和竞争性数据对未来绩效的预测，对关键行动计划预测绩效加以确定，来确保未来绩效预测与关键行动计划预测之间的一致性。

三、持续改进和创新

（一）确定持续改进的优先事项和创新机会

凡与核心竞争力相关的绩效结果、与利益相关方紧密相关的绩效结果、表现为"短板"的绩效指标、下降幅度最大的绩效指标等，都是属于我们关注的持续改进的优先事项和创新机会。我们通过以下方法进行：

● 关注与组织核心竞争力相关的绩效结果：学校把与核心竞争力相关的未达标的绩效指标作为优先发展的事项和创新机会。

● 关注与学生和利益相关方紧密相关的绩效结果：学生和家长是学校的主要服务对象，这一设定是为满足教育社会的需要。与学生和利益相关者紧密相关的绩效结果直接关系到学校存在的价值，所以学校将顾客的价值主张、教育主管部门的评价、社会的认可度等绩效结果视为持续改进的高优先级。

● 关注"短板"的绩效指标：根据木桶原理，"短板"和"缝隙"是制约组织发展的瓶颈，因此在组织发展的过程中，"短板"绩效指标的改进便成为优先级中的重点。

● 关注下降幅度最大的绩效指标：异常变化的绩效指标是某种突发变化的预示，所以必须通过对这些变化做出及时的反应。

（二）将优先事项和创新机会展开到整个组织的工作组和职能层次的运营中

学校针对优先发展事项和创新机会调整或制定行动方案、绩效指标，主要从组织层、运作层、底层三个层级展开，同时加强在各层级执行过程中的指导、监督、检查、评价，而优先考虑的则是人力资源、经费支持、设备设施支持等方面。见下表：

优先发展的事项和创新机会	层级	展开的方法
1. 关注与组织核心竞争力相关的绩效结果 2. 关注与学生和利益相关方紧密相关的绩效结果 3. 关注"短板"的绩效指标 4. 关注下降幅度最大的绩效	组织层	1. 调整或制定针对优先发展事项的组织层行动计划和改进方案 2. 调整学校平衡计分卡指标 3. 调整学校关键绩效指标值 4. 加强学校层指导、监督、检查、评价 5. 调整评价标准、方向，确定优先检查、监督、跟踪、指导的内容 6. 在人力资源支持、经费支持、设备设施支持等方面优先
	运作层	1. 制定针对优先发展事项的工作计划和改进方案 2. 调整学校平衡计分卡指标 3. 调整学校关键绩效指标值 4. 调整评价标准、方向，确定优先检查、监督、跟踪、指导的内容 5. 在人力资源支持、经费支持、设备设施支持等方面优先
	底层	1. 制定针对优先发展事项的岗位工作计划和改进方案 2. 调整岗位绩效指标 3. 提升个人专业能力和素养

（三）将优先事项和创新机会在供应商、合作伙伴和协作者中加以展开

优先发展的事项和创新机会	类型	展开的方法
1. 关注与组织核心竞争力相关的绩效结果 2. 关注与学生和利益相关方紧密相关的绩效结果 3. 关注"短板"的绩效指标 4. 关注下降幅度最大的绩效	供应商	1. 调整与供应商密切相关的关键绩效指标值 2. 加强对供应商的指导、监督、检查、评价 3. 调整评价标准、方向，确定优先检查、监督、跟踪、指导的内容
	合作伙伴	1. 调整与合作伙伴密切相关的关键绩效指标值 2. 加强对合作伙伴的指导、监督、检查、评价 3. 调整评价标准、方向，确定优先检查、监督、跟踪、指导的内容 4. 制定针对优先发展事项的工作计划和改进方案 5. 在人力资源支持、经费支持、设备设施支持等方面优先
	协作者	1. 调整与协作者密切相关的关键绩效指标值 2. 加强对协作者的指导、监督、检查、评价 3. 调整评价标准、方向，确定优先检查、监督、跟踪、指导的内容 4. 制定针对优先发展事项的工作计划和改进方案 5. 在人力资源支持、经费支持、设备设施支持等方面优先 6. 提升协作者专业能力和素养

第二节　信息、知识和信息技术管理

第一部分　组织知识管理

一、收集与传递教职员工的知识

学校通过各种交流沟通平台实施知识的收集与传递。将来自教学管理、德育管理、课程管理、行政管理、财务后勤管理的知识进行收集、审核，审核后放置在学校的内部网络系统，供教职工和学生、家长以及外部利益相关者提取、传递、使用和共享。

知识的收集方式

知识类别	内容	收集方式	责任部门	更新频次
教学管理	教材教法（含校本课程）、新方法新技术、教学评价、教学活动、教学工作交流	通过上级主管部门信息平台、学校的综合服务平台、教研活动记录、学校教学常规检测等方式进行收集	教导处、教研室	随时
德育管理	主题活动策划方案、新方法新技术、德育活动德育评价、德育工作交流、班级管理	通过上级主管部门信息平台、网络行业信息收集、德育活动总结、德育常规检查记录等方式进行收集	德育处、教研室	随时

续表

知识类别	内容	收集方式	责任部门	更新频次
课程管理	课程设计思路 / 方案、教材设计思路 / 方案、校本课程实施思路 / 方案	通过课程评审进行收集	教研室	随时
信息技术	各类平台研发、信息化设备的使用	通过网络行业信息收集、供应商提供等方式进行收集	信息技术中心	随时
行政管理	政策、法规、安全、学校文化建设	通过上级主管部门信息平台、网络行业信息收集、校内会议记录等方式进行收集	办公室	随时
财务后勤	财务采购申报、设备设施管理、后勤服务管理、采购要求	通过学校的网络系统平台、校长办公会会议记录等方式进行收集	总务处	1 次 / 月

知识的传递方式

知识类别	内容	传递对象	传递方式	更新频次
教学管理	教材教法（含校本课程）、新方法新技术、教学评价、教学活动、教学工作交流	教职工	通过学校网站、优秀教案资源库、微信综合服务平台、教研活动等方式进行传递	随时
		学生、家长	通过学校网站、微信综合服务平台、家校沟通各类平台等方式进行传递	随时
		合作伙伴	通过来校参观学习、公开课等方式进行传递	有需要时
德育管理	主题活动策划方案、新方法新技术、德育活动德育评价、德育工作交流、班级管理	教职工	通过学校网站、优秀德育活动资源库、微信综合服务平台、教研活动等方式进行传递	随时
		学生、家长	通过学校网站、微信综合服务平台、家校沟通平台等方式进行传递	随时
		合作伙伴	通过来校参观学习等方式进行传递	有需要时
		协作者	通过活动总结共享等方式进行传递	发生时

续表

知识类别	内容	传递对象	传递方式	更新频次
课程管理	课程设计思路/方案、教材设计思路/方案、校本课程实施思路/方案	教职工	通过优秀课程评比方式进行传递	每学期
		学生、家长	通过家校沟通等平台进行传递	随时
		合作伙伴	通过来校参观学习等方式进行传递	有需要时/随时
信息技术	各类平台研发、信息化设备的使用	教职工学生和家长	通过培训的方式进行传递	启用时
		合作伙伴	通过来校参观学习等方式进行传递	有需要时
行政管理	政策、法规、安全、学校文化建设	教职工	通过校务公开、组织学习的方式进行传递	随时
		学生、家长合作伙伴	通过校务公开的方式进行传递	随时
财务后勤	财务采购申报、设备设施管理、后勤服务管理、采购要求	教职工学生、家长合作伙伴	通过校务公开的方式进行传递	1次/月
		供应商	通过招投标、验收等方式进行传递	发生时

二、通过不同渠道融合和关联数据构建新知识

学校通过对数据进行分析，识别各类数据之间的关联点，按照相关之间的影响程度进行排序，选取影响等级高的数据，建立逻辑关系，从而产生了新的知识。如，学校要求在集体备课后，需要教师根据自己所教班级的学情，对集体备案的结果进行个性化修改，最终形成适合该班学生特色的教学设计。学校定期对教学设计进行检查和评价，评选出来的优秀教学设计则作为新知识进行推广。

三、与顾客、供应商、合作伙伴和协作者双向传递相关知识

知识类别	内容	传递对象	双向传递方式	更新频次
教学管理	教育理念、教学方法、教学模式、新技术应用等	学生和家长	通过家委会以及其他家校沟通平台进行传递	随时
		合作伙伴	通过参观学习的方式进行传递	随时
德育管理	德育活动开展方式方法、班级建设、德育评价等	学生和家长	通过家委会以及其他家校沟通平台进行传递	随时
		合作伙伴	通过参观学习的方式进行传递	随时
	德育活动开展方式	协作者	通过活动总结的方式进行传递	发生时
课程管理	课程设计理念	学生和家长	通过家委会以及其他家校沟通平台进行传递	随时
	课程设计方法、课程评价、课程实施	合作伙伴	通过参观学习的方式进行传递	随时
信息技术	各类平台研发	合作伙伴	通过参观学习的方式进行传递	需要时
行政管理	合理化意见	学生和家长	通过家委会以及其他家校沟通平台进行传递	随时
	最佳实践	合作伙伴	通过参观学习的方式进行传递	随时
财务后勤	合理化意见	学生和家长	通过家委会以及其他家校沟通平台进行传递	随时
	最佳实践	合作伙伴	通过参观学习的方式进行传递	随时
	设备设施的管理与维护	供应商	通过培训、提供制作说明书等方式进行传递	采购时 / 维护时

四、汇集和传递相关知识，并将其应用于组织创新和战略策划的过程中

1.收集和传递相关知识，应用于组织创新——学校建立了教学资源库、德育资源库，集中了基于教学、德育和综合实践活动策划与管理的知识。对

这些知识予以分析，博采众长，以课题为引领，实现学校的创新。如，学校信息中心通过对信息技术知识的研究，研发出基于学校实际情况的微信综合服务平台，具有考勤、通知公告、智能通讯录、会议服务、物联智能控制、巡查服务、社团管理、申请审批、班级管理、教研活动、教学服务等多项功能，并获得 10 项国家著作权。

2.战略管理的最佳实践用于改进战略策划——学校建立了战略执行或监控管理的问题及解决方法库，有效地识别、分类和分析战略策划、执行和监控中经常出现的高发问题。问题及解决方法库的不断丰富和完善使我们战略管理过程不断趋于完善。

第二部分　数据、信息和信息技术

一、数据和信息质量（准确性、合法性、完整性、可靠性、流通性）

学校注重电子以及其他数据和信息的有效管理，在沉淀积累 IT 和信息数据以及建设技术平台的基础上，采取下表所列措施，确保数据和信息的准确性、合法性、完整性、可靠性、流通性。

关注点	保证措施
准确性	● 保证来源可靠：以上级行政教育主管部门、专业信息媒体、业内专家的信息为主，通过互联网搜索信息为辅，互相验证 ● 数据信息准确表达 ● 专人收集、专业评定、专家论证，审批人承担主要责任
合法性	● 保证数据的来源合法，如获取学生信息时，通过正式的授权从深圳市学籍管理系统获得 ● 严格按照《中华人民共和国计算机信息系统安全保护条例》来设计程序，确保程序不会入侵他人电脑，窃取他人的隐私 ● 课件、教案来源于区教育局资源库或教师直接上传 ● 每年购买第三方服务，对学校信息安全等级保护进行测评

续表

关注点	保证措施
完整性	● 选择合适的语言、载体、文本形式 ● 尽可能使用全面、连续、自动的信息收集系统 ● 全员参与，教研组长、备课组长、年级组长合作的长期积累 ● 在教学实践应用中不断更新
可靠性	● 信息和知识审查评价制度，专人收集，专家论证，专业分析 ● 通过对比论证、实践教学验证、校长或专家认可 ● 选择可靠载体和高性能存储、传递设备，防止设施失效 ● 选择专业人员维护更新
流通性	● 经过授权后，用户可以查阅自己权限内的信息

二、数据和信息安全

（一）确保敏感或特有数据和信息的安全

为了保护敏感或特有数据和信息的安全，学校采取了以下措施：

● 信息库由系统自动备份。

● 采用科学、先进的软硬件技术。

● 使用防病毒、防黑客程序，使用防火墙，对服务器数据进行保护。

● 存储数据定期备份，异地备份。

● 制定应急预案，加强保安措施，防止设备丢失。

（二）确保数据和信息的保密性和有权限模式存取

为了确保电子及其他数据和信息的保密性和有权限模式存取，学校采取了以下措施：

● 信息设置密级，分级控制，设置访问和下载权限。

● 完善的用户验证和授权机制。

● 知识、信息分类，共享权限设置。

（三）监测信息系统的网络安全

● 从硬件方面，设有防火墙和网络审计系统，监控异常的网络访问行为。网络审计系统可以监控全校的网络使用情况，对互联网行为进行有效的行为审计、内容审计、行为报警、行为控制及相关审计。从管理层面提供对互联网的有效监督，预防、制止数据泄密。满足学校对互联网行为审计备案及安全保护措施的要求，提供完整的上网记录，便于信息追踪、系统安全管理和风险防范。

● 在软件方面，所有的计算机均统一安装杀毒软件，防止病毒的入侵和传播。教职工所使用的计算机设备均为软件预装。

三、数据和信息的可获取性

学校使用 IT 技术，用户友好性与及时使教职工、供应商、合作伙伴、协作者及顾客便捷地获得所需的数据和信息。

（一）官方网站

学校建立网站，网站地址为：www.szzgxx.com。网站面向公众，公布学校的各类办学信息。学校官网设有无障碍版本，可以用拼音、朗读、字体变大等方式，便于公众阅览。

教职工、学生和家长、合作伙伴、供应商、协作者均可在网站上查询所需的数据和信息。如，家长可以查询学校对学生的评价、合作伙伴和协作者，可以查询到学校的办学理念、教育科研情况等内容。如下图所示：

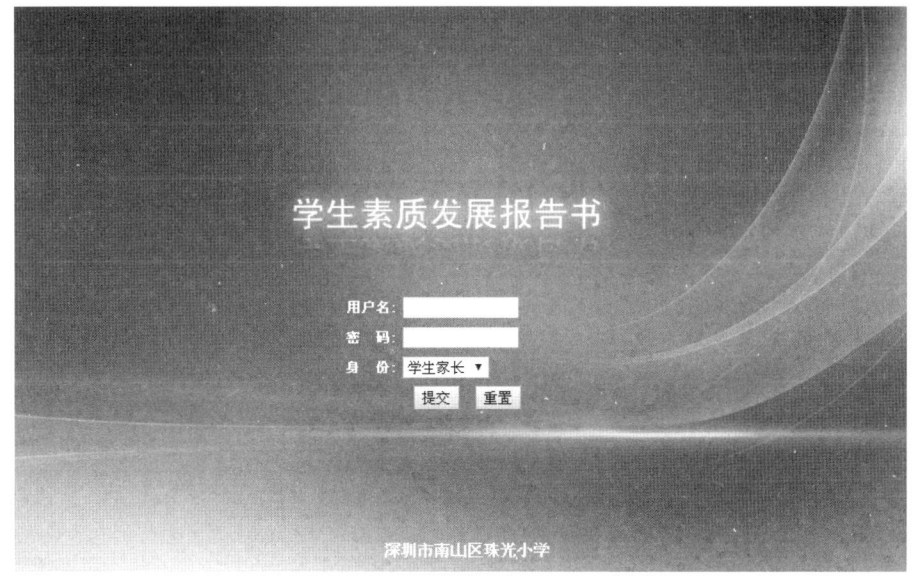

学生素质发展报告书界面

学校网站教育科研板块

供应商可以在学校公告中查询招投标情况：

无障碍版本，可以用拼音、朗读、字体变大等方式，便于公众阅览。针对色盲群体，学校在官网上设置了高亮显示：

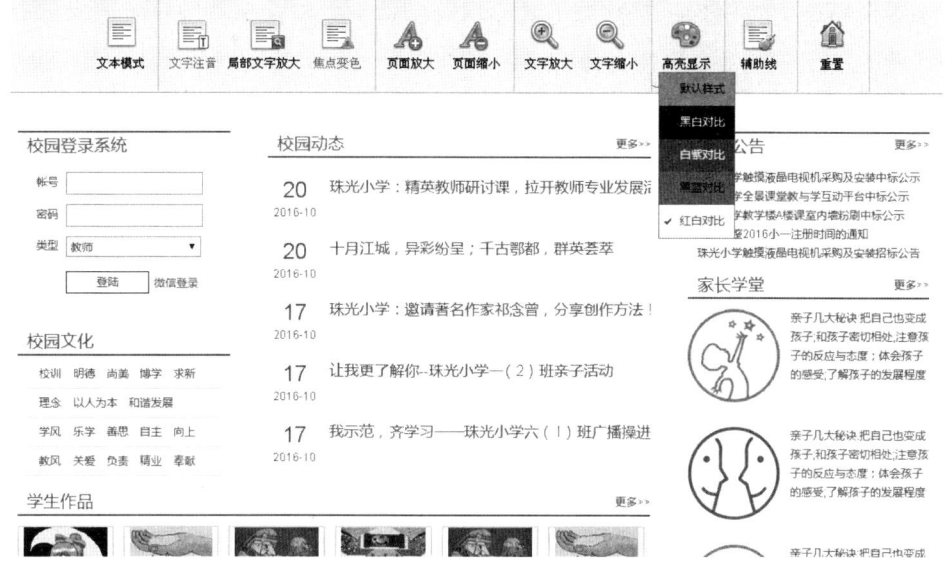

针对识字困难的群体，开设了注音版：

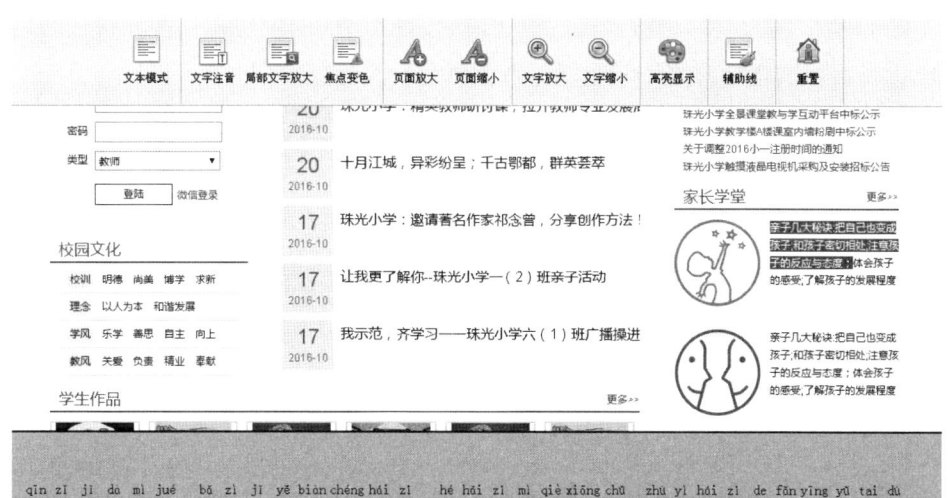

（二）珠光小学微信服务平台

珠光小学官方微信服务平台是一套由一线教师自主研发的校园综合管理平台，从底层硬件到软件均为自主研发。在 2015 年 2 月被中华人民共和国国家版权局授予著作权，并颁发了著作权登记证书。由学校教师自主研发教育软件平台并取得著作权，这在南山区尚属首次。该微信平台在 2014 年 7 月开始设计构架，9 月 9 日 V1.0 版本正式发布上线，其优越性在于研发者李文韬老师本身就在学校进行一线教学，对学校的教育理念、教育教学方法熟悉，平台功能的设计更具针对性，不依靠软件商，低成本，并且能够不断随着学校发展进行升级更新。如今本平台已升级至 V1.8 版本，其中包括四大模块：移动办公模块、管理模块、教育教学模块、资源模块，近 20 个功能。其中"智慧物联"是"人性化""精细化"的智慧校园管理新模式，实现只要手机可上微信，即可实现门禁控制、室内电器控制、室内进出人员查看、收集校园天气信息、能耗分析统计以及节能信息提醒等功能，是学校创建智慧校园的技术手段。教育教学模块是本平台的又一亮点，它结合游戏化学习、泛在学习、翻转课堂、智慧课堂等新型教育理念，依靠 3G、4G 网络和移动终端，实时地对学生学习成长过程进行记录和分析，功能包括基本的家校之间的互通互联及以"八大素养"作为评价标准的教育教学平台。系统会根据学生所完成的任务情况，自动评分、分析、奖励、升级，从而使学生们学有所乐，不断激发学生的学习积极性，同时也减轻老师们的评价负担，使评价过程随堂进行，更清晰地展现了学生的"八大素养"。

模块	功能	面向对象	可获取数据及信息
考勤	教师在校园内打开本页面点击"签到"或者在如饭堂、办公室等考勤点通过微信"摇一摇"即可完成考勤，管理部门可以随时查看、统计考勤情况	教职工	查看本人的考勤情况
		各部门管理者	全校教职工的考勤统计
通知公告	及时接收查看学校下发的通知，并支持分组发送、查看反馈等服务	教职工、家长、学生	查看学校下发的通知公告
智能通讯录	查看校内人员的电话号码，支持一键拨打，并且支持在线通信	教职工	分组查阅联系人的电话，发送消息
会议服务	与会者通过手机"扫码"功能或者"摇一摇"功能完成会议签到，同时可收到会议内容等推送，会议组织者可以实时查看参会情况	与会者	会议内容、参会情况、与会者对会议意见和问题的反馈

续表

模块	功能	面向对象	可获取数据及信息
智能控制	实现办公室或教室的门禁、窗帘、照明、空调、投影等的智能控制，并且实时监测、收集能耗、空气质量等环境数据，实现异常提醒，安全监控	各部门管理者	能耗、空气温湿度、有害气体、PM2.5排放等环境数据 电器设备安全运行数据
巡查服务	根据自定义设置的巡查项目对早读、自习、社团、卫生等教育教学活动进行数据收集，结合智能模块，还能根据巡查者的移动位置自动推送与之匹配的登记表等相关巡查资料，实现泛在管理、泛在服务	各部门管理者	学生考勤、早读、自习、社团、卫生等教育教学活动数据
社团管理	提供社团在线报名，社团通知、作业任务的推送，社团活动的展示，对采购校外的课程服务进行考勤和评价	各部门管理者	社团报名情况、校外采购课程考勤 社团活动安排
社团管理		社团教师	社团报名情况、社团活动展示
社团管理		学生、家长	·社团报名情况、社团通知、作业任务 ·社团活动展示
申请审批	校内人员可以在线进行请假、物品借领、用车、维修、外出等项目的申请，部门负责人及时在线审批	各部门管理者	申请情况、流程进展情况、审批结果
申请审批		教职工	流程进展情况、审批结果
班级管理	查看学生素养数据，发布作业，发布通知，请假审批，点赞，班级空间，家校互通	教师	学生素养数据、学生请假信息、家长消息
班级管理		学生	学生素养数据、作业
班级管理		家长	学生素养数据、作业、请假结果、教师发布的其他信息
课程表	查阅个人课表，支持调课、换课、要课申请，并对临时调整的课时进行提醒	教师	个人课表、调换课情况

续表

模块	功能	面向对象	可获取数据及信息
校园调研	可定向发放自定义问卷、投票，并自动回收、统计，生成各类报表	各部门管理者	调查结果
		教师、学生、家长	调查内容
我的工资	查看个人工资条，可进行数据加密	教职工	本人工资情况
教研活动	教师公开课自选时间地点，在线评课，活动数据统计	听评课教师	教学设计、评价标准
		执教教师	听评课结果，包括各教学环节的评价、点赞、总评价、分数等内容
		各部门管理者	评价结果、活动数据、听评课教师人数统计、执教教师的教学设计
数据中心	对整个平台的数据进行大数据分析，包括校园的数据、教育教学数据、学生数据、教师数据，并形成报表分时间段推送至管理者	高层管理者	· 能耗、维修损耗、环境数据等 · 通知查阅情况、任务完成情况、资源调用情况等 · 教育教学数据：学生成绩、活动方案和效果、课堂数据等 · 学生健康成长数据、学生素养数据等 · 教师绩效数据、专业发展数据
绩效管理	在日常工作中收集教师获奖情况，教师日常工作数据，按学校绩效方案进行分值计算，在过程中完成绩效考核	办公室高层管理者	绩效考核结果及分项数据
教学服务	教师可使用平台提供的教学资源快速生成课件完成备课工作	教师	教学设计、课件、导学案

（三）珠光小学官方微信公众号：深圳市南山区珠光小学信息平台

学校增设深圳市南山区珠光小学信息平台，利用移动终端，为家长、学生和社会公众便捷地获得学校信息提供了渠道。该平台包括精彩珠光和微官网两部分内容，精彩珠光主要发布学校的各种新闻，包括教师教研成果、亲子活动展示、学生动态等内容。微官网提供了校园动态、学校概况、学校公告、德育之家等 10 个板块，以供查阅。

（四）南山区教育局官网

学校在南山区教育局官方网站上发布招标采购信息和教育教学信息，供供应商和社会公众查阅。

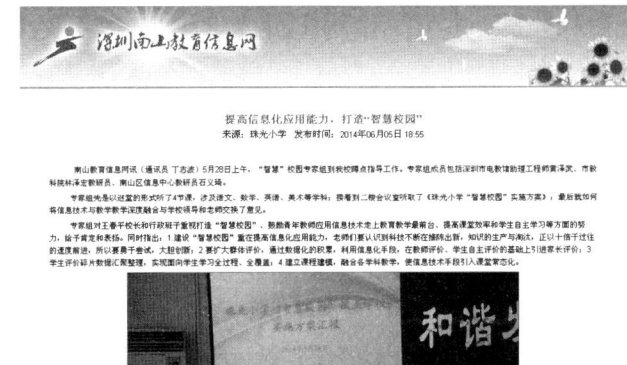

四、确保硬件和软件可靠、安全和用户友好性

（一）硬件的可靠和安全

1.采购

在采购时，根据深圳市采购中心提供的品牌和供应商，选择符合学校实际需求的硬件产品。为了确保产品能够与时俱进，学校对备件按需采购，以保证产品维修后可以适用。

2.运行维护

●服务器、交换机：每学期进行机房安全检查2次。日常由网络管理员进行监控，发现问题后立即进行处理。

●电脑、电子白板：个人电脑出现问题后由教师进行报修，信息中心提供备用电脑临时替换使用并及时进行维修。教室的电脑、电子白板每学期进行一次保养维护，发现问题或潜在问题，及时予以维修。

●触摸电视：出现问题后由使用者报修，信息中心及时进行维修。

（二）软件的可靠、安全和用户友好性

●通过招标形式采购正版的软件或按照《中华人民共和国计算机信息系统安全保护条例》，基于主流平台自主研发所需的软件，软件的通用性、稳定性、兼容性、安全性得到保障。

●数据库：每个月对数据库进行备份。当新的数据库补丁发布后，及时对数据库进行补丁安装。

●软件设置不同的用户权限，进行登录验证。

●在保证用户友好性方面，在开发前调研顾客使用习惯，在设计时予以满足，以保证用户友好。如，尽量使用移动端，方便学生、家长、教师使用，研发微信综合服务平台。

五、紧急可用性

（一）在紧急情况下确保硬件的持续可用性

为确保网络服务的正常使用，特别是在紧急情况下数据和信息的持续可用，学校在网络交换层、服务器层采取了多项安全措施。建设了独立的网管中心。网管中心具有防火防盗和温度恒定等功能，所有服务器和交换机都配

备了 UPS 电源，服务器均具有双电源，磁盘阵列使用 RAID5 进行数据双备份。安装有防火墙和病毒防范以及网络使用监控系统，具备漏洞扫描和攻击检测的各种手段和工具。学校有专职的网络管理工作人员，专门负责网络的维护和数据备份，建立了网络使用条例和网络故障应急预案，对各种使用和应急情况进行流程管理。

（二）在紧急情况下确保软件系统的持续可用性

学校按时对软件系统进行备份，当软件系统发生故障时可恢复备份，以确保软件系统的持续可用性。

（三）在紧急情况下确保数据信息的持续可用性

- 由管理员每天对数据进行备份，确保数据遗失后可恢复。
- 由管理员及时对数据进行更新，以确保数据的时效性。
- 当发生问题或故障时，管理员启用备份数据及时对数据进行恢复。

第五章

员 工

学校人力资源管理的特点：

◆ 形成能力评价机制——依据教育教学特点和学生及家长对教育教学质量的要求、战略管理体系要求，识别出 10 项能力，并将能力划分为 3 个等级，为人员的能力评价、能力提升要求、培训需求以及整个人力资源规划提供精准的输入。

◆ 建立了学习和发展系统——学校以教师专业化发展为核心，结合教师职业生命周期，设计不同的能力要求和目标，学校以校本教研为主要途径，配以专业竞赛、国家培训、课题带动等行动方式，建立学习和发展系统，形成了一个为着共同理想不断进取的学习型团队，发展教师个性特长，使之具有鲜明的教育、教学个性，并创造出各自的教育教学风格特色，进而形成了比较健全的教师专业化发展机制。

◆ 对教师职业生命周期进行系统的规划和管理，将学校教师职业生涯划分为入职期、稳定期、实验和歧变期、平静和保守期、退出教职期五个阶段，对教师职业生命周期进行差异化的具有针对性的深入管理。

第一节 人力资源规划

一、人力资源准备度评价

为了满足学校战略和日常运营的需要，学校对人力资源满足情况进行分析：

（1）学校对战略重点进行分析，确定战略重点在落实过程中关键环节所涉及的岗位，将该岗位确定为关键岗位；

（2）学校依据教育教学特点和学生及家长对教育教学质量的要求，识别出关键的业务流程，对关键的业务流程进行分析，识别出关键环节，将该环节所涉及的岗位确定为关键岗位；

（3）对各关键环节进行分析，从核心环节描述抽取出能力特性，并解释能力属性，再从能力中抽取要点进行描述，最终形成学校能力清单和评价标准；

（4）对现有的人力资源进行评估，识别教师队伍在能力和数量上是否满足要求。

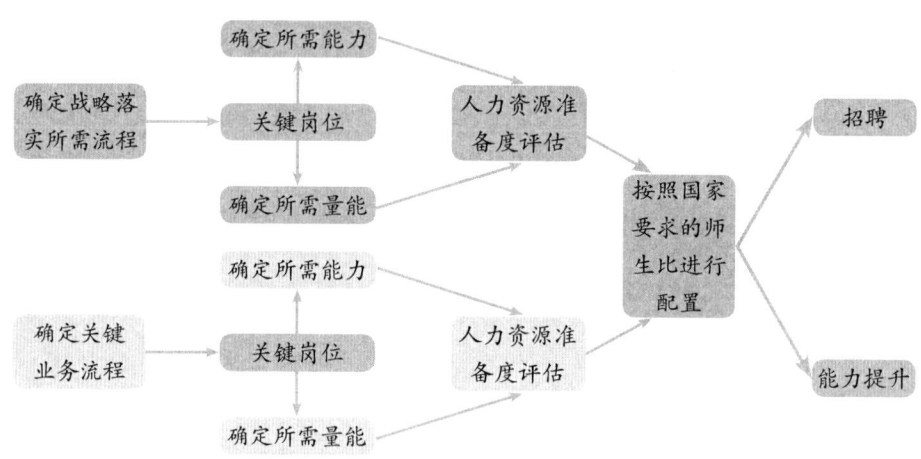

人力资源满足情况分析图示

（一）量能分析

学校是由政府举办的全日制小学，属事业单位，严格按照《广东省中小学教职员编制标准实施办法》规定，现有生师比为15∶1，比国家要求的19∶1略低，专任教师占教职工编制的比例不低于92%。完全满足学校教学管理工作有效实施的需要。

截至2016年6月底，学校有31个教学班，1349名学生，学校领导3人。专任教师85人，其中在编教师55人，临聘教师2人，购买服务教师28人。教辅人员5人，工勤人员3人。

专任教师具体情况见下表：

在编教师情况一览表

分类	教龄（年）				专业技术职务			学历		
	0—5	6—10	11—20	20+	副高级	中级	初级	研究生	本科	专科
人数	5	4	21	25	1	26	25	4	48	3
占比（在编/全部）	9%/5.8%	7.2%/4.7%	38.2%/24.7%	45.5%/29.4%	1.8%/1.1%	47.3%/30.6%	45.5%/29.4%	7.2%/4.7%	87.3%/56.5%	5.5%/3.5%

临聘教师情况一览表

分类	教龄（年）				专业技术职务			学历		
	0—5	6—10	11—20	20+	高级	中级	初级	研究生	本科	专科
人数	0	0	2	0	0	0	2	0	1	1
占比（在编/全部）	0	0	100%/2.4%	0	0	0	100%/2.4%	0	50%/1.2%	50%/1.2%

购买服务教师情况一览表

分类	教龄（年）				专业技术职务			学历		
	0—5	6—10	11—20	20+	高级	中级	初级	研究生	本科	专科
人数	22	3	2	1	0	0	5	2	25	1
占比（在编/全部）	78.6%/25.9%	10.7%/3.5%	7.1%/2.4%	3.6%/1.2%	0	0	17.9%/5.8%	7.1%/2.4%	89.3%/29.4%	3.6%/1.2%

（二）能力评价

1.能力评价标准的确定

学校采用以下步骤识别教师的能力：

（1）学校对战略重点进行分析，确定战略重点在落实过程中关键环节所涉及的岗位，将该岗位确定为关键岗位。

（2）学校依据教育教学特点和学生及家长对教育教学质量的要求，识别出关键的业务流程，对关键的业务流程进行分析，识别出关键环节，将该环节所涉及的岗位确定为关键岗位。

（3）对各关键环节进行分析，从核心环节描述抽取出能力特性，并解释能力属性。再从能力中抽取要点进行描述，最终形成教师能力清单和评价标准，如下表：

珠光小学教师能力清单

能力要素类别	能力要素名称	涉及岗位
教师教学—备课	备课能力	各学科教师岗位
教师教学—上课	课堂提问和理答能力	
	课堂学习指导能力	
	课堂问题预防与处理能力	
教师教学—作业	作业评价的能力	
教师教学辅导	因材施教的能力	
教师教学—考试	考试命题能力	
班级管理—班级建设	班集体建设能力	班主任
班级管理—学生评价	学生素质综合评价能力	
学校管理—决策执行	对学校决策的执行能力	各部门的主任岗位、年级组长、教研组长

附：珠光小学能力描述

能力要素名称	课堂问题预防和处理能力	能力要素类别	课堂教学
解释：依据学情和课前课中情况，对影响课堂教学的常见和偶发问题进行有效预防并处理，以保障教学任务的完成和教学目标的达成			

级别	行为表现
1	■教师凭经验处理课堂问题，教学方法一般；学生学习的兴趣不浓，被动学习，学习状态不好，课堂违纪率较高 ■教师面对课堂突发问题凭经验处理，有时会严重影响教学进程 ■教师不能关注或者完全无视课堂上的不规范行为，对各类课堂问题的处理不及时
2	■有应对课堂问题的预防方案，但不能有效地处理问题，教学方法一般，不能激发学生学习的兴趣；学生学习状态不好，参与度低 ■教师能够应对学生异常情况，正常的教学活动能进行 ■教师关注到课堂上学生的不规范行为 ■对偶发事件能做出理性的判断和处理

续表

3	■ 有多种应对课堂问题的预防方案，根据学情及时检查调整教学方法以激发学生学习兴趣，学生学习状态佳，参与度高，课堂违纪率极低 ■ 能对学生异常情况进行提前判断和处理，教学秩序正常 ■ 关注到课堂上每个不规范行为，对各类课堂问题采用恰当的方法进行有效处理，对教学进程基本没有影响 ■ 正确处理课堂偶发事件，能最大限度减少不良影响，或因势利导，变不利因素为有利的教育因素，达到意外的教育效果

能力要素名称	作业评价的能力	能力要素类别	作业
解释：依据作业设计与学生完成情况准确进行批阅，有效地进行指导以达到学生知识校正与知识迁移能力的提升，实现自我教学反思与改进			

级别	行为表现
1	■ 作业批改有时有错误、不及时 ■ 作业批改形式比较单一，不能依据学情采用面批面改、全批全改、精批细改等方式 ■ 有时只批不改，或只批改不讲评，或讲评就事论事，不能举一反三，归纳出普遍问题，不能达到学生知识校正与知识迁移能力的提升 ■ 评价语言和形式有时会伤害学生的自尊心和自信心
2	■ 作业批改有时不及时，批改不规范 ■ 作业批改形式相对单一，不能依据学情采用面批面改、全批全改、精批细改等方式 ■ 只批不改，或只批改不讲评，或讲评就事论事，不能举一反三归纳出普遍问题，不能促成学生知识校正与知识迁移能力的提升 ■ 评价语言和形式不能激励学生
3	■ 作业批改正确、及时，批改规范 ■ 作业批改形式多样，依据学情采用面批面改、全批全改、精批细改等方式 ■ 通过批改与讲评能达成学生知识校正与知识迁移能力的提升，实现自我教学反思与改进 ■ 评价语言和形式具有艺术性，能不断激励学生

学校结合教师在职业生命周期各阶段的特征，提出了不同的能力要求：

对应阶段		备课能力			课堂提问和理答能力			课堂学习指导能力			课堂问题预防与处理能力			作业评价的能力			因材施教的能力			考试命题能力		
		1	2	3	1	2	3	1	2	3	1	2	3	1	2	3	1	2	3	1	2	3
入职期	1—2年	■			■			■			■			■			■			■		
	3—5年		■			■			■						■							■	
稳定期	6—7年		■			■			■													■	
	8—10年			■					■							■			■				■
实验和歧变期	10—20年			■					■				■						■				■
平静和保守期	20年以上			■		■			■				■			■			■				■

2.能力评价

由学校的教导处牵头，教研室协助，每年选择部分教师开展实施能力评价工作，重点考察青年教师，以了解学校教师的能力。

为了规范教师能力评价行为，学校建立了能力评价规则，明确了各项能力进行评价的检查方式、样本提取方法以及样本量，从而避免了能力评价的随意性，让教师专业能力评价更公平、更公正。

能力	检查方式	样本提取方式	样本量
备课能力分析	抽查教案	教师提供指定时段教案	5课／人（覆盖各类课型）
课堂教学提问与理答能力	听课	提前一天通知	1—3节／人
课堂学习指导能力	听课	提前一天通知	1—3节／人
课堂问题预防与处理能力	听课	提前一天通知	1—3节／人
作业评价的能力	抽查作业	教师提供指定学科、时段作业	10%（副科）15%（主科）
因材施教的能力	检查辅导方案或计划 检查被辅导学生的进步率（辅导前后的考试成绩）	由本人提供指定时段辅导方案或计划；由教学处提供考试成绩对比资料	100%

续表

考试命题能力	检查命题试卷（以往命过试题的）/ 指定试卷命题（以往未命过题的）	以往试卷由教学处提供；指定命题的由本人提供	1 份
班集体建设能力	现场观察（使用班级管理评价表）参照学部班集体检查评价记录学生访谈、调查	由评价人员指定样本对象（访谈）	15%
学生素质综合评价能力	抽查学生评价手册抽查学生成长档案	由德育处提供	100%
对学校决策的执行能力	抽查会议决议的执行效果	由办公室提供会议决议及执行情况	20%

3.能力提升

依据能力评价结果，结合学校战略发展需要，学校制定了系统的能力提升方案，通过理论培训、集体备课、优秀教案讨论、名师引领等方式对能力不足的教师有针对性地进行能力提升，促进教职员工的职业发展。

附：教师专业能力提升方案（节选）

能力		提升方式		验证	
能力项	级别	提升方式	所需资源	时限	方式
备课能力	0—1	● 新老教师结成对子，青年教师每学期研读优秀教案 5 份 ● 优秀教案评价分析	资料：优秀教案	不定期	独立编写教案一份听课
	1—2	● 通过教案的缺陷项问题分析，进行重难点突破 ● 优秀教案评价分析	资料： 1.组内对教案指出的缺陷问题 2.优秀教案	不定期	抽查日常教案 2—3 份听课
	2—3	● 组内讨论，促使经验共享 ● 资源汇集共享，发现共性问题，清楚问题发展趋势，并设计具体的问题解决方案 ● 优秀教案评价分析	资料： 1.沟通过程中的问题汇总 2.优秀教案	不定期	抽查日常教案 2—3 份听课

续表

课堂提问和理答能力	0—1	● 每学年听师傅课不少于20节，听课需记录教学过程，每节课写100字左右的教学反思 ● 师傅听徒弟课一学年不少于10节 ● 组内学习：读书分享、优秀课分析分享	资料： 听课问题汇总 教育专著、教育类杂志	不定期	听课
	1—2	● 每学年听师傅课不少于10节，听课需记录教学过程，每节课写100字左右的教学反思 ● 组内学习：读书分享、优秀课分析分享	资料： 优秀课、教育专著、教育类杂志	不定期	听课
	2—3	● 组内讨论，促使经验共享 ● 资源汇集共享，发现共性问题，清楚问题发展趋势，并设计具体的问题解决方案 ● 优秀课评价分析 ● 参与课题研究，或在课题中担任子课题负责人	资料： 1.沟通过程中的问题汇总 2.优秀课 3.课题	不定期	听课
课堂学习指导能力	0—1	● 每学年听师傅课不少于20节，听课需记录教学过程，每节课写100字左右的教学反思 ● 师傅听徒弟课一学年不少于10节 ● 组内学习：读书分享、优秀课分析分享	资料： 听课问题汇总 教育专著、教育类杂志	不定期	听课
	1—2	● 每学年听师傅课不少于10节，听课需记录教学过程，每节课写100字左右的教学反思 ● 组内学习：读书分享、优秀课分析分享	资料： 优秀课、教育专著、教育类杂志	不定期	听课
	2—3	● 组内讨论，促使经验共享 ● 资源汇集共享，发现共性问题，清楚问题发展趋势，并设计具体的问题解决方案 ● 优秀课评价分析 ● 参与课题研究，或在课题中担任子课题负责人	资料： 1.沟通过程中的问题汇总 2.优秀课 3.课题	不定期	听课

（三）资源调配

学校依据量能与能力分析结果，在教师内部岗位调配时，重点考虑战略重点在落实过程中关键环节所涉及的岗位，在数量和能力要求上满足战略对人力资源的需求。当现有人力资源在数量上不能满足时，可申请上级主管部门通过招聘或购买服务的途径来加以满足。当人员能力方面不能满足时，学校采用培训的方法来提升教师能力。

二、员工的组织和管理

（一）完成学校的工作

学校通过以下几种方法来完成学校工作，并保持高绩效水平：

● 建立了清晰的组织架构，实行校长负责制，下设办公室、教导处、德育处（大队部）、教研室、总务处、安全办（处）、信息技术中心。

● 学校严格按照上级文件进行规范管理，对于关键过程还制定了相应的清晰的管理制度、工作流程图，进行强化管理。

● 推行校务公开制度，使校务管理公开透明，促进了民主监督，有利于工作的顺利展开。

● 充分利用家长资源，让家长参与到课程建设的过程之中，有利于工作更好地展开。

● 学校建立了日常监督检查机制，如质量分析、听课、教案检查、学生评价、作业评价等常规检查。通过这些方式督促教职员工提升绩效水平，发现改进机会和创新机会，促进学校的可持续发展。

（二）利用学校的核心竞争力

学校的核心竞争力是：基于学生个性及生长特点，构建并实施对学生综合素养全面培养等能力。学校为了强化和利用这种能力，搭建学校的学习和发展系统（详见本章"学习和发展系统"）。

（三）强化以顾客和业务为关注焦点

● 价值观引领

学校建立顾客导向，在学校的使命愿景价值观系统中聚焦于学生，学校的宗旨是"依法办学、民主管理，全面贯彻党的教育方针，培养人格健全、基础扎实的学生，为他们成为未来公民奠基"，学校的使命是"让学生像珍珠一样发光，让教师像珍珠一样发光，让学校像珍珠一样发光"。

学校核心价值观中的"仁爱、卓越"，则是提倡教师、学生、家长以仁爱之心，相互包容，相互接纳，各自承担起自己的责任，成为卓越的教师，卓越的学生，卓越的家长。

● 建立制度和流程

为了保证将学校的文化镶嵌到工作过程中，使之成为工作的基本要素之一，学校建立了相关的制度和流程。

在制度方面，学校建立了《珠光小学教职工师德行为规范要求》《珠光小学班主任工作标准》《课堂教学管理条例》等多项制度对教师的行为进行规范。并制定《投诉管理制度》，对学生和家长的投诉进行管理。

在流程方面，则建立了近 50 个流程，来对教育教学活动进行规范。如，在教学设计流程中，明确要求教师备课时要关注学生的学情。又如，对于学困生的辅导，学校要求对学生的学习状态、学习兴趣、家庭配合度等方面进行分析，再进行辅导目标的设计，从而使对学困生的辅导更加具有针对性。如下图：

学困生辅导管理流程（节选）

学困生辅导管理流程				
	步骤	关键点	责任人	资料
学情分析	分析学生的考试成绩	1. 学生的知识、能力是否达标；2. 从各题得分率看学生失分原因；3. 从本次单元测试前推3次的成绩	科任教师	学困生档案
	分析学生的学习状态 分析学生的听课情况	1. 现场观察：专注／消极、发呆／多动多话，影响他人／对抗，不听老师指挥；2. 确定是否为高发，还是偶尔为之		学困生档案
	分析学生的课堂回答情况	1. 现场观察：踊跃发言，正确率高／踊跃发言，正确率不高／基本上是被老师叫答，但正确率高／不爱发言，叫答时正确率低；2. 确定是否为高发，还是偶尔为之	科任教师	学困生档案
	分析学生的练习情况	1. 现场观察：按时，错误率低／按时，错误率高／拖堂，错误率高／拖堂，错误率低；2. 确定是否为高发，还是偶尔为之	科任教师	学困生档案
	分析学生的作业情况	1. 检查作业完成情况：按时，错误率低／按时，错误率中等／按时，错误率高／按时完成；2. 确定是否为高发，还是偶尔为之		学困生档案
	分析学生的学习习惯和学习方法	1. 是否具有良好的学习习惯；2. 学习方法的有效性	科任教师	
	分析学生的学习兴趣 内部驱动因素分析	1. 内部驱动因素是否明显？2. 具体分析参见"小学学习动机调查问卷"和"学习动机培养流程"	科任教师	
	外部驱动因素分析	1. 外部驱动因素是否明显？2. 具体分析参见"小学学习动机调查问卷"和"学习动机培养流程"		
		是否会出现5+2<5的现象？原因是什么？学生特点总结是否全面？（应覆盖上述每个分析的结论）		
	家庭配合度分析	1. 辅导目标是否可实现，与辅导对象的实际差距如何？2. 辅导目标是否明确到每一项不足之处？3. 辅导目标是否个体化？是否为每个辅导对象都制定了不同的目标？		
	学生特点总结			
辅导	制定学困生辅导目标	1. 辅导方案对学情的覆盖程度；2. 辅导内容对辅导目标的支持度；3. 辅导方式选择的合理性；4. 辅导内容和辅导方式的匹配度	科任教师	学困生档案
	确定辅导方案和辅导计划		科任教师	学困生档案
	辅导任务落实	1. 辅导任务是否分工明确责任到人；2. 辅导老师是否具体落实辅导时间地点	科任教师	学困生档案

● 建立顾客满意度测量机制

关注学生和家长的满意度，针对不满意情况和低绩效的满意度测量点，进行原因分析，落实到具体责任人员，制定改进措施，从而消除不满意或提升低绩效的满意度。【详见"第三章顾客"】

● 关注员工绩效

开展教育教学质量评价，满足学生及利益相关方对教育教学质量的要求【详见"本章第四节绩效管理"】

（四）超越绩效预期

● 测量系统对员工的业绩具有巨大的驱动力，学校基于战略目标建立起整个学校运营的测量系统，通过设立挑战力更强的拉动型战略指标值，可以有力地驱动各级人员更积极地投入工作。

● 同时，对员工的个人绩效进行鼓励，根据年度考核结果，进行评优评先。

● 通过"用其所长""决策授权""尊重协作""及时认可""价值确认"等策略激发教职员工的内驱力，从而达到或超越绩效预期。

用其所长：发现教职员工的个人长处，并在工作布置方面给予展现的机会和搭建展示平台。

决策授权：权力下放，使教职员工根据自己的职责具有一定的决策权。

尊重协作：尊重团队中每个人的角色，并开展积极的配合协作。

及时认可：对于教职员工的每个闪光点都做到及时的识别和认可，激发工作积极性。

价值确认：发现和确认每个教职员工的价值，使其具有明确的价值感知。

三、员工变化管理

（一）管理员工、员工的需要、学校的需要，来确保学校的可持续发展
1.管理员工，确保学校的可持续发展

学校坚持以生为本的发展观，从效果（促进学生知识、素质和能力的整体发展）和过程（教学和培养过程以学生乐于接受和喜欢的方式进行）两个维度，对教师进行评价。

在效果方面，学校通过试卷考试、作业评价、学生素质结果、成果展示、满意度评价等方式来进行评价。在过程方面，主要通过听课、教学常规评价等方式进行。

学校组织教师对评价结果进行分析，采取针对性措施，提升教师能力，改善教学质量。

2.管理员工的需要，确保学校的可持续发展

● 青年教师／新教师的需要——主要体现在能力的提升方面，学校通过举办各种培训项目、在职教师提升、名师引领、青蓝工程、教学活动比武等方式加强青年教师队伍的建设与培养。

● 所有教师的需要——主要体现在专业化发展方面，通过搭建学校的学习和发展系统（详见本章"学习和发展系统"）促进教师专业化。

3.管理学校的需要，确保学校的可持续发展

学校的需要主要体现在适应新时期教育的发展，为此，学校采取了以下措施：

● 不断更新信息技术、器材、网络，引进最具有时效的信息技术产品，将现代信息技术和教学相融合，让教师掌握新信息技术，适应时代发展。

● 合理保证教师年龄结构。扩大校园招聘，大量引进新毕业生，以使整个教师的年龄结构科学合理。

● 在青年教师中实行竞争上岗，一方面加强青年教师的培养，为学校的长期发展储备人才；另一方面激励青年教师成长和学习的积极性，让青年教师在各自的岗位上尽快成熟，尽快肩负起学校发展的重任。

（二）关于裁员

珠光小学属于公办学校，与企业不同，就目前管理体制看，不存在裁员。但任何公办学校都有可能会存在超编现象，即教师配比与每年的招生人数紧密相关，当招生人数过少时，会产生超编现象。当超编现象出现后，区教育局会采取教师分流措施，将超编人员分流到其他学校。

社会、家长对珠光小学的认可度不断提升，近几年招生人数持续稳定，近几年内不会进行教师分流；未来如果发生需要教师分流的情况，学校也制定了相应的预警措施来减少教师分流所带来的影响。

影响	措施内容
优质人才流失，降低学校的核心竞争力	减少损失优质人力资源，特别是名师和高级教师，维持学校核心竞争力
教师安全感降低	安全感影响留任教职员工工作积极性，采取措施消除其观望、等待或寻找其他出路等消极现象
对学校的信心和忠诚度降低	● 分流名单的公正性影响留任教职员工对学校的信心，学校会确保公正性的教师分流，凝聚留任教职员工对学校的信心 ● 分流操作过程是否充满人性化影响留任教职员工对学校的忠诚度，学校通过与教职员工进行必要的沟通，按照法律程序办理相关手续，教职员工向学校做好工作交接，尊重教职员工应有权益等

（三）教师成长期管理

对于青年教师和新教师，学校通过举办各种培训项目、在职教师提升、青蓝工程、教学活动比武等方式加强青年教师队伍的建设与培养。

学校制定了"青年教师的阶梯发展规划"，帮助青年教师尽快进入角色。在发展规划中，明确了不同入职阶段青年教师的培养目标、培养方式、考试方式等内容。除了专业通道培养方案外，还建立青年教师管理通道培养方案。

附：专业通道培养方案（节选）

培养对象	培养时间	培养目标	培养方式	考核方式
大学毕业入职新教师、无从教经验的教师、入校之前工作时间不超过一年的教师	二年	能够熟悉学科教学的基本流程。在教材的解读能力、课堂教学的设计能力、板书、普通话、管理学生的能力等方面均有提升，能基本胜任所承担的教育教学任务	1. 学校通过师徒结对的方式安排指导教师，全面指导新入职教师的教育教学工作： ◆ 每学年听师傅课不少于20节，听课需记录教学过程，每节课写100字左右的教学反思 ◆ 由师傅指导上1次公开课（上学期），1次考核课（下学期） ◆ 师傅听徒弟课一学年不少于10节。 2. 参加针对新入职教师的基本功培训：粉笔字、普通话、教学管理技能、读书沙龙 3. 教育理论的学习与教育理论水平的提升： ◆ 阅读4本教育类图书、1种学科教学杂志（全年）【必读书目：《给教师的建议》（苏霍姆林斯基著）】 ◆ 撰写1本读书笔记	1. 规定项目检查：听课记录、教学反思、读书笔记 2. 基本功培训项目的考勤记录及培训考核结果 3. 教师专业发展指导小组（由行政干部及学科组长等组成）对公开课以及考核课的评价
2—5年工作经验的青年教师	三年	能够熟悉学科教学流程。在教材的解读能力、课堂教学的设计能力、板书、普通话、管理学生的能力等方面均有提升，能完全胜任所承担的教育教学任务	1. 学校根据教师个人发展需要，安排学科带头人、骨干教师作为导师，指导教育教学工作 2. 每学年听师傅课不少于10节，听课需记录教学过程，每节课写100字左右的教学反思 3. 每学年阅读4本教育类图书、1种学科教学杂志（全年），撰写读书笔记 4. 参加针对青年教师的基本功培训：粉笔字（自选）、普通话（自选）、教学管理技能、读书沙龙 5. 每学年至少上一次学科组以及以上级别的公开课（青赛课除外） 6. 必读书目：《儿童的人格教育》（阿尔弗雷德·阿德勒著）	1. 每学年考核一次，三年进行周期考核 2. 考核项目：听课记录、教学反思、读书笔记 3. 基本功培训项目的考勤记录

附：青年教师管理通道培养方案（节选）

培养对象	培养时间	培养目标	培养方式	考核方式
由骨干教师提出申请，再由教研组推荐，最后由学校领导班子研究决定，确定培养对象	2年	备课组长	1.角色定位：明确备课组长的具体职责和工作目标，并使培养对象明确了解具体要求 2.业务水平培养： a.由教研组长带领和指导培养对象制定学期教学进度计划和教学研究计划，指导开展相应的教学研究活动 b.观摩各备课组集体备课1次/月 3.自我修炼和提升： a.每学年阅读4本教育类图书、一种学科教学杂志（全年），撰写读书笔记 b.编写集体备课反思1篇/月	参见备课组长考核
备课组长提出申请，由学校领导班子研究决定，确定为培养对象	3—5年	教研组长	1.角色定位：明确教研组长的具体职责和工作目标，并使培养对象明确了解具体的要求 2.思维方式培养： a.结构性的思维培养——指定某一专题，由培养对象对教研组活动做整体设计，由教研组长对该设计进行评价，提出指导意见 b.统整性的思维培养——由培养对象将理论文献解读、实践性的开课磨课，以及与专家互动研讨等融入一项教研活动之中，并组织组内教师开展，教研组长现场观摩，提出指导意见 3.业务水平培养： a.在教研活动开展过程中，由教研组长现场观摩，指导活动的持续开展和相互衔接，以及引导教师在参与中深度反思 b.参与其他教研组活动1次/学期 4.自我修炼和提升： a.每学年阅读4本教育类图书、一种学科教学杂志（全年），撰写读书笔记 b.编写教研活动反思1篇/月	参见教研组长考核

（四）变革的应对

学校对可能引起组织结构和工作系统发生变革的因素进行深入分析，对于变化的不同原因采取相应的对策。

变化的要素	需求	关注重点	影响（负面）	改进和提升
学校发展	能力要求提高 教师整体素质提升	能否适应学校发展 能否为学校带来持续创新	学校发展速度减缓 学校发展质量降低	提高入职门槛 增加岗位培训 引进新技术、新方法
环境变化	优化结构 教师整体素质提升	同行业竞争力 行业发展的引领能力	学校同行业竞争力下降 学校品牌影响力受损	提高入职门槛 增加岗位培训 引进新技术、新方法
人员变化	新入职教师能力快速提升 教师整体能力素质提升 不断适应岗位新要求	能否满足学校持续发展 是否落后于整体提升的速度	教师队伍发展不均衡，两极化严重 工作环境、竞争环境恶化	提高入职门槛； 制定个性化的教师专业发展规划 加强岗位培训
自身变化	激励与发展 竞争与监督	是否正面发展 负向发展的引导与改善	教师整体水平下降 个人能力低于学校发展要求，可能被换岗、停职培训	制定个性化教师专业发展规划 并落实培训 专人指导、跟踪

第二节　招聘与配置

一、招聘与录用

学校依据下学期的招生计划、在职人员的调动和退休情况，按照《广东省中小学教职员编制标准实施办法》规定，确定教师的名额。如果名额不足，则向区教育局提出计划，临聘教师或购买服务的教师招聘还需提供招聘方案。招考计划和招聘方案报区教育局审核，并报市、区人事行政部门核准。招考公告由区教育局在南山教育网上发布。报送的计划中包括拟招聘岗位、招聘理由、招聘条件、聘任时间等四方面内容。

对于编制教师，由区教育局接受报名，并组织人员对报名者进行资格审查后，进行考试。考试分为笔试和面试，面试包括说课和讲课两个环节。考试结束后，依综合成绩从高到低的顺序确定拟聘用人选。区教育局在区教育局网站上将拟聘人员名单进行公示，公示时间为 7 天。公示期满，未发现有不予聘用情形的，组织拟聘人员进行体检；体检合格后，由学校与拟聘人员办理聘用手续，并报区教育局、区人力资源局申报办理聘用备案手续。

对于购买服务教师，由学校教导处负责收集应聘者的简历和业绩材料，对应聘条件进行初审。初审合格后，通知应聘者参加面试。面试合格后学校将拟聘用人员的材料报区教育局复审。复审合格后，学校办公室在全校教师大会上介绍购买服务教师。

部分教辅、工勤及保安人员属于购买服务，面向社会公开招标，直接与外包公司签订服务合同。这些人员的管理由外包公司负责，学校只负责对其服务提出意见和建议。

学校从 2008 年起，不再招聘临聘教师，原有临聘教师可依据《珠光小学优秀教师引进绩效考核办法》和深圳市有关规定，经由绿色通道转为编制内教师。

学校按照国家相关规定，确保各岗位教职工均持有相应的资质证书。

岗位		证书要求
教学类	专任教师	须根据《中华人民共和国教师法》取得对应学科、对应学段的教师资格证书后方可上岗
非教学类	校医	要求持有执业医师资格证
	心理教师	要求持有心理咨询师资格证
	水电维修工	要求持有电工证 / 水工证
	司机	要求持有 B 牌以上驾照
	安全主任	要求持有注册安全主任证书

二、岗位配置

2015 年 10 月遵循市、区职称评聘改革的统一部署，依据《〈深圳市深化中小学教师职称制度改革试点方案〉的通知》（深人社发〔2015〕107 号）、《关于深化中小学教师职称制度改革实施工作中若干问题的处理意见》（深人社发〔2015〕108 号）、《〈深圳市深化中小学教师职称制度改革试点工作方案〉的通知》（深人社发〔2015〕109 号）、《广东省试点市中小学教师水平评价标准（试行）》（粤人社发〔2013〕214 号）等文件制定《深圳市南山区珠光小学职称评聘办法》，经全体教职工表决通过。学校按语文、数学、英语、综合等学科开展职称评聘工作，实现了按需设岗，使各种人才的积极性得到了最大限度的发挥。

附：深圳市中小学教师专业技术岗位聘用学历资历对应表

资历岗位等级学历	中专	大专	本科	硕士	博士
0 年	13 级	13 级	13 级	12 级	10 级

续表

资历岗位 等级学历	中专	大专	本科	硕士	博士
1 年	13 级	13 级	12 级	11 级	9 级
2 年	13 级	13 级	12 级	10 级	8 级
3 年	13 级	12 级	11 级	10 级	
4 年	12 级	12 级	11 级	9 级	
5 年	12 级	11 级	10 级	9 级	
6 年	12 级	11 级	10 级	8 级	
7 年	11 级	10 级	9 级	8 级	
8 年	11 级	10 级	9 级		
9 年	10 级	10 级	8 级		
10 年	10 级	10 级			
11 年	10 级	10 级			
12 年	10 级	9 级			
13 年	10 级	9 级			
14 年	10 级	9 级			
15 年	10 级	9 级			可参加竞聘高级职务（7 级岗位）
16 年	9 级	9 级			
17 年	9 级	8 级			
18 年	9 级	8 级		可参加竞聘高级职务（7 级岗位）	
19 年	9 级	8 级	可参加竞聘高级职务（7 级岗位）		
20 年	9 级	8 级			
21 年	9 级	8 级			
22 年	9 级				
23 年	8 级				
24 年	8 级				
25 年	8 级	可参加竞聘高级职务（7 级岗位）			
26 年	8 级				
27 年	8 级				
28 年	8 级				
29 年					
30 年及以后					

三、新员工保留

学校通过多种渠道调查了解，确定影响新员工去留的因素有学校氛围、工作的激励机制、教师个人生活的困难、教师成长发展。针对这些影响因素分析其关注点，并制定具体的措施。

影响因素	关注点	具体措施
学校氛围	人际关系	采用师徒结对、专题研讨会、课例展示与课例研讨相结合等方式，促使新教师快速进入角色
	工作环境	
	学校文化	对新员工进行关于学校文化方面的入职培训，以学校核心价值观为主导思想，引领新员工融入学校的文化之中
薪酬	月工资收入水平	学校依据国家政策提供合理的薪资水平
福利	社保	学校按照国家、深圳市的有关规定，根据教师实际收入予以缴纳
	吃、住	为员工提供工作餐补贴，员工自己交一部分餐费，学校补贴一部分。 学校出面为非在编教师租房，争取最低的房租价格，由教师自付房租
工作的评价机制	公平性	考核量化，让每个教师清晰了解自身短板。并将考核结果予以公开
教师个人生活的困难	生病	学校积极主动地进行慰问，必要时组织捐款以帮助教职员工渡过难关
教师成长发展	提升和展示的机会	对教师的职业生涯进行规划，在其各个阶段为教师提供能力提升的各种措施，提供各种展示机会，如公开课、外出比赛、出版专著等

四、确保新员工能够代表其来源群体和顾客群体的多样化的创意、文化和思想

学校每年引进外教和青年教师，鼓励员工将创意、文化和思想融入学校文化之中。如，我校教师王国勇新入职入教后，在科组长魏冬梅的带领下，

参与了数学课题《基于 iPad 移动终端的小学数学课堂教学案例研究》。他立足于信息时代的新思维新方法，将多媒体技术和网络环境引入教学，研究 iPad 教学进入课堂；促进学生全面参与、实现个性化教学、关注学生的终身发展，真正达到提高学生的学习兴趣性、参与性，体现学生主体地位，培养学生的创新精神、信息能力和实践能力，提高学生的数学素养。

第三节 培训与开发

一、学习和发展系统

（一）学习和发展系统

学校以教师专业化发展为核心，结合教师职业生命周期，设计三级能力要求和三级目标要求。以校本教研为主要途径，配以专业竞赛、国家培训、课题带动等行动，建立学习和发展系统，形成了一个为着共同理想不断进取的学习型团队，进一步发展教师个性特长，使之具有鲜明的教育、教学个性，并创造出各自的教育教学风格特色。

三级能力要求：

● 入职期（0—5 年）的教师，各项能力等级应达到 1 或者 2 级水平；

● 稳定期（6—10 年）的教师，各项能力等级应达到 2-3 级水平；

● 实验和歧变期（10—20 年）及以上的教师，各项能力等级应达到 3 级以上水平。

三级目标要求：

● 一级目标：让入职期（0—5 年）的教师，较快地成长为一名合格的教师、进一步成为优秀的教师；

● 二级目标：让处于稳定期（6—10 年）的教师，尽快成长为学校、区骨干教师；

● 三级目标：让处于实验和歧变期（10—20 年）及以上的教师，成长为区名师、市骨干教师。

学校目前有区级名师培养对象一名，名班主任培养对象两名，教育技术名师培养对象一名，学科技术导师培养对象七名。

1.校本教研（四个计划）

为了改进学校的教育教学，提高学校的教育教学质量，学校从实际出发，依托学校自身的资源优势和特色进行教育教学研究。

教师在教学过程中是以研究者的身份置身于教学情境之中，以研究者的眼光审视和分析教学理论和教学实践中的各种问题，对出现的问题进行探究，对积累的经验进行总结，使其形成规律性的认识。促进师生共同发展是教学研究的主要且直接的目的，核心是教师的专业发展和学生的身心健全发展。

学校的校本教研有以下几种形式：

● 案例分析促教学反思

学校对教师课堂教学进行诊断与评价，在科组教研会议或集体备课时，对听课情况进行分析，分析达到了什么目标，使用了什么教学策略，哪些是成功的等问题，帮助教师寻找课堂教学的优点与创新之处，寻找问题与不足，捕捉隐藏在教学行为背后的教育观念，从而找到改进的切入口。案例分析也有助于教师了解自身的缺失，从而有针对性地加强缺失方面的学习与锻炼，促进教学水平的提高。每学期各科组开展科组教研活动近 30 次。

● 专题讲座促观念更新

为帮助教师转变教育观念，学校适时适机地举办了各种专题讲座，如学习新课程标准，了解课程目标、课程内容如何适应社会发展的需要，了解现代社会对人才素养的要求，促进教师树立正确的学生观、人才观、质量观，更好地开展教改科研。自 2013 年以来，学校共举办教师讲座 30 余次。

● 研讨课促进交流沟通

注重课堂教学研讨，提升教师的课堂教学能力，一直是珠光小学教研活动的重中之重。学校结合南山区教研室的研究重点，各科组每学期围绕教学重点开展教研活动，致力于学校教学理念的形成、深入。珠光小学从 2013 年起，参加区级以上公开课累计达 45 节。

校本教研的内容依据学校教师的能力水平情况进行不断调整，如 2016 年初，学校系统展开以四个计划为核心的校本教研活动。包括"南山区精英教师领航者计划""珠光小学卓越教师引领者计划""学科教师专业提升计划"

"青年教师成长行动计划"，以课堂教学为主要实施途径，结合专题讲座、评课、集体备课等多种形式，带动学科组、备课组常规教研活动。

附："四个计划"课堂教学研讨活动方案

项目	内容	备注
指导思想	1. 围绕教育局中心工作，紧扣"教育质量攻坚年"这个核心，以《南山区教育质量攻坚五年行动计划》为指南，深度推进课程改革，课堂教学坚持以生为本、以学为主，以信息技术的提升带动课堂教学质效的提高，加强教师队伍建设 2. 结合区教研室各种教研活动，探索不同课型特征，优化课堂教学结构 3. 教导处、教科室提供活动框架，学科组、备课组以此为中心开展活动 4. 结合与深圳市电教馆优质教学资源合作项目，开展此次活动 5. 本次研讨活动主题：不同课型特征及基本流程，互联网＋时代信息技术在教学中的应用，关注课堂常规及学生学习习惯 6. 本学期研讨活动由"南山区精英教师领航者计划""珠光小学卓越教师引领者计划""学科教师专业提升计划""青年教师成长行动计划"四部分组成，以课堂教学为主要实施途径，结合专题讲座、评课、集体备课等多种形式，带动学科组、备课组常规教研活动	
参与人员	南山区精英教师；卓越教师：拥有副高职称教师、百花奖各类获奖教师、各类卓越教师称号获得者、学科组长、区名师培养对象；青年教师指35岁以下（1982年1月1日以后出生）教师；符合条件的专业教师，45岁以下（1972年1月1日以后出生）必须参加，45岁以上教师自愿参加	
活动时间	1. 南山区精英教师领航者计划、珠光小学卓越教师引领者计划。时间：第八周，形式：45岁以上教师可选择专题讲座的形式（时间自由安排），45岁以下教师活动方式为研讨课 2. 青年教师成长计划。时间：第九到十一周，形式：第三届青年教师课堂教学竞赛活动；第九周为语文竞赛周，第十周为数学、英语竞赛周，第十一周为综合竞赛周 3. 学科教师专业提升计划。时间：第十二至十四周，参与教师：36—45周岁教师，形式：研讨课	1. 所有研讨课须在网上申报、选课，上传教学设计；评课均为在线评课 2. 期末绩效公开课听课分数均由实时记录产生 3. 有各种专业竞赛任务的教师可结合各自任务进行
活动地点	一楼微格教室、功能室或室外	

续表

项目	内容	备注
活动流程及推进时间表	1. 第四周，公布方案，各所属计划、各科教师选定课题 2. 第五周周五前，在办公平台上申报公开课时间，教导处、教科室统筹安排并公示；青年教师赛课活动比赛顺序由各科组抽签确定 3. 教学研讨课期间，各科组、各备课组发挥作用，备课组长带领组员做好充分准备 4. 第六周至第十五周研讨活动，备课组、学科组教师到场听课 5. 第十八周前科组内开展教学反思，制作光盘，按要求上交教学案例 6. 期末下发教学光盘，将优秀教学案例收入第六期学刊并推荐发表	1. 上课安排一经确定原则上不再更改，本学科教师尽量调课观摩；所有课表将公示 2. 有特殊情况，及时通告 3. 网上选课时学校制定严格规则，每天每学科公开课数量有限制，避免过于集中不利于听评课的情况，综合科各备课组可选择学科教研时间；下午尽量不安排听课 4. 备课组、学科组集体备课时间请提前申请，本学期备课组、学科组活动由综合平台实时记录到教师发展数据中心

续表

项目	内容	备注
活动标准	1.各科组认真研读教研室计划，明确本次校内研讨活动的主题与方向 2.每一位教师要求参与课堂教学研讨，不上课的教师也要参与备课组研讨、评课活动 3.各科组长在研讨之前下发课堂教学评价标准供教师学习 4.各备课组认真研讨，推出的研讨课应精心准备，符合南山区教研室的教学理念和本学期教研重点，熟练使用适当的现代教育技术手段 5.教学设计要有明确的学情分析，核心学科要设计有针对性的作业 6.研讨后各备课组认真反思，上交研讨课教学设计、课件、反思及其他相关资料 7.教导处、教科室、信息中心认真准备，全程跟踪落实，组织人员、器材保证活动正常开展，做好活动总结，联系市电教馆做好录像准备，提供研讨课教学光盘 8.各科组、备课组研讨可结合南山区教科室教研活动时间开展活动，但要提前做好计划 9.各科组行政人员应该参与到科组研讨中并帮助科组长、备课组长做好协调工作，保证组内研讨工作顺利进行 10.第三届青年教师课堂教学竞赛，所有参赛课不得为已展示过的课，或由学校按学科指定比赛内容 11.评委由外请专家组成，一切流程按照首届百花奖预赛标准进行；12.整个活动由教导处、教科室、信息中心牵头组织，各科组负责实施	可能存在的问题： 1.对教学研究活动认识不到位 2.对南山区教研室及学校教学研究方向不清楚 3.缺乏现代教育技术和信息技术手段 4.不了解学情，教学效果达成度不高 5.学生常规不规范，组织教学存在问题 6.不能坚持以生为本，以学为主，没有针对性的练习、作业设计 7.质效不高，重难点把握不准，无法有效突破；三维目标无法实现 8.学生学习方式陈旧，自主、合作、探究未能充分体现
预期成果	1.收集教学案例，结集成册，印刷存档 2.制作教学光盘，高清录制，下发上课教师，学校存档 3.形成一批精品课例及案例，引导教师关注课堂、提高教学质效，促进青年教师的成长与提高 4.逐步改进教学行为，使之符合现代教学理念，进一步促进教师专业成长，提高使用现代教育技术手段的能力	教学案例包括教学设计、作业及板书设计、教学反思等

续表

项目	内容	备注
备课组安排	一年级备课组： 组长：罗惠琼 组员：张美嫦、陈忠秀、刘红艳、敬葖名 二年级备课组： 组长：罗新文 组员：邓清泉、张紫红、董斌、高灿 三年级备课组： 组长：丘伟希 组员：杨荣华、苏国发、杨阳、罗燕、裴星 四年级备课组： 组长：周红永 组员：胡梅、郑伟、李捷、丁志波 五年级备课组： 组长：陈鸽 组员：何圆圆、庄少燕、李轶杰、张毅、张苑芳 六年级备课组： 组长：张文娟、 组员：刘秀瑶、吴晓玲、李素云	以下问题请科组长特别注意： 1.组内研讨时间分布要均衡，一般一个备课组一周安排一至两节，给老师充足时间讨论、提升、完善 2.代表学校参加区级以上教学竞赛的教师可不参加此项活动 3.备课组讨论应该有教研记录，以备存档 4.科组长需做好指导工作，把握研究方向及研究质效 5.教学研讨活动结束后，科组长、备课组长组织会议作专项总结 6.三年以内新任教师认真参与研讨，为第三届青年教师课堂教学竞赛活动做好准备
	低年段备课组： 组长：吕昀娣 组员：卿美娟、黄宝渠、刘丹桐、李金瑞 中年段备课组： 组长：周丽梅 组员：何志胜、张乾、刘芳（小）、伍纯、张娟、林浩纯、蔡婉玲 高年段备课组 组长：张洁瑜 组员：马婧怡、姜淑华、王国勇、周丽梅	
	低年段备课组 组长：熊胡玲 组员：甘艳婷、黎碧云、徐冰、刘娟 高年段备课组 组长：刘华美 组员：肖玲玲、王峥、吴蓓、彭弯	
	科学备课组 组长：郑江泉 组员：李宽民、姚莉、占静俭、姚春霞	

续表

项目	内容	备注
备课组安排	体育备课组： 组长：陈庆莲 组员：荣雪、肖创辉、王晨、陈华强、罗桐祥	
	音乐备课组： 组长：苏丽 组员：撒冬、王郁、刘芳、王晶	
	美术备课组： 组长：孙勇 组员：李文韬、陈思鸿、龚泽平	
	信息备课组 组长：余育苗 组员：黄绵贵、谢萌	

2.青蓝工程促新老教师双提升

近三年，由于周边社区入学需求大，学校在原有基础上不断扩班，加入了大量年轻教师，增加了学校的活力，同时也急需增加教学经验。2012 年以来学校每年都推行青蓝工程，帮助新教师在教学、班级管理等方面迅速成长，截至目前，参加青蓝工程的新教师累计 35 人次，同时对指导教师及新任教师有明确的指标、任务，在学期末进行考核。经过几年的培养，青年教师迅速成长，承担区级以上各级各类公开课 45 节。

附：

2015 年青蓝工程学习共同体方案任务要求及工作标准

1.从事本岗位（主要指教学、班主任）三年及以下教龄的教师为新教师，指导教师由教导处、教科室、德育处根据专业、学段等特点一对一或一对二地统筹协调；欢迎三年以上教龄教师参加。

2.新学期前三周内，各学科组为新教师组织一至二节示范研讨课。

3.教导处、教科室定期开展"青蓝沙龙"，根据新教师教育教学、班级管理、课题研究、智慧校园等方面提出的需要与困惑，梳理主题，开展针对性的经验分享、现场帮扶等活动。

4."青蓝工程"师徒相互了解较为充分后，共同商议，制定新教师发展计划。

5.期末要有总结材料。计划、总结由新教师整理提交。

6.新教师应主动向指导教师请教、汇报；指导教师应在课程标准、班级管理、教学常规、教学设计、课堂教学、作业批改、学业成绩、学生评价等方面给予新教师耐心的指导，帮助其成长。

7.新教师应每周同指导教师共同备课一次，并做好记录；每两周指导教师应听新教师一节常规课（一学期不少于8节），对其教学设计、教学策略等方面提出意见和建议；新教师应主动听指导教师的课，指导教师为新教师上常规指导课（一学期不少于4节）。听课填写《珠光小学教师课堂教学评价表》存档；学校也将不定期听新教师的汇报课。

8.指导教师每月配合学校对新教师教学常规进行指导，帮助其保质保量地完成学校的教学常规任务；教导处将向指导教师反馈新教师教学常规督导的情况。

9.11月至12月，学校将组织新教师全校汇报课，方案另行制定。

10.此项工程时间为期一学年。

3.专业竞赛搭建团队，个人集体共同提高

学校优秀的教师成长需要优秀的团队支持，相互提高，相互促进。教师外出竞赛不再是单打独斗，各科组组建3—5人专业团队予以支持，很大程度上提高了教师专业竞赛成绩。数学课堂教学竞赛、语文素养竞赛、英语资源包竞赛、语文阅读竞赛、优质校本课程评选等均通过这种形式取得了优异的成绩。

4.国家培训计划

2013年12月，学校对全校教师的专业发展需求进行了调查。综合考虑教师的需求以及能力评估结果，学校加大了外出培训的力度，为教师创造外出学习、培训的机会，每年根据年度培训计划、培训内容、要求选派符合条件的人员前往参加培训。

学年教师外出培训方案

项目	内容、标准与流程	备注
指导思想	1. 教师专业能力是学校核心竞争力，培养教师专业能力、提升教师教育教学水平、激发教师职业荣誉感是本方案的宗旨 2. 外派教师到教育发达地区、国家重点院校或列入国培计划的水平较高的培训会等学习、培训 3. 树立学习是教师最大的福利与奖励的意识，优先选派专业水平较高、对学校教育教学有贡献、懂得奉献的教师 4. 外派程序符合上级主管部门要求，教导处、教科室做好外派服务工作	本方案主要针对市外培训，市内培训可参照此计划执行
培训人员	1. 按《教师外出培训标准》(2015版)执行 2. 本学年度培训重点为考核优秀、先进教师、iPad学习班教师、优秀校本课程教师、优秀学生社团负责教师、各小课题负责人、新任教师，同时兼顾上学年因故未能参加培训的教师、本学年在教育教学方面表现突出的教师	/
培训方向	1. iPad学习班教师专项培训。主要针对教育信息化、现代教育技术等方面进行培训 2. 校本课程、学生社团负责教师、小课题负责人培训。主要针对校本课程开发、课堂教学、小课题研究等方面进行培训 3. 新任教师培训。主要针对课堂教学、班级管理等方面进行培训	申报流程按2015年制定的《教师外出培训标准》执行

2014年全年参加各类培训的教师达到813人次，超过5000学时，其中到市外参加国培的教师达到83人次，占全体教师的93.2%，较此前几年大幅增加。外出培训逐渐从普及性过渡到有针对性，从课堂教学、课程建设、教学管理、教育装备等不同方面满足不同教师群体的专业需求。每学期培训均有计划、有方案、有汇报、有分享，从制度上保证每一位教师有机会外出学习，特别是做出成绩的教师有优先外出培训的机会。

5. 课题研究实现学术自由

学校坚持去行政化的学术管理，加强课题研究，实现科研管理工作标准化、流程化，课题管理逐步由行政向学术过渡，强调学术研究管理的去行政化，不提倡人人有课题、个个有社团的行政思维模式。

"用学术思维管理学术研究"，以制度促标准，以问题定课题，营造浓厚的教科研氛围，提倡真实、科学、严谨、自由、创新、批判思维，鼓励教师将所学应用于教学实践，鼓励教师积极申报小课题研究，开办学生社团，开发校本课程。倡导以教学实际、学生社团、校本课程、校本教材开发为实践基础，逐渐总结形成小课题，使校内小课题更有生命力，基础更牢固，数据更真实，学生获益更实在，研究更有意义。

各类课题自愿申报，逐步实现学术自由。所有课程、课题研究均有立项、计划、审批、实施、展示、宣传、总结等流程，每一个流程都有相应的标准，每一个流程都提交相应的材料作证。只有完成每一个流程、达到其标准之后，课程实施、课题研究才告一段落，才有资格参与"珠光小学教育科研创新奖"的评比。通过导入卓越绩效管理体系，既保证校内小课题的研究质量，同时也提高辅导教师的质量意识，引导他们眼里有标准、心里有流程，帮助教师搜集材料、整理研究成果、提高研究素养。校内小课题的验收除了常规课题所需要的开题、结题、中期汇报等材料之外，逐步引导课题研究教师通过课堂教学展示自己课题的研究成果。教科室更关注在课题研究之后学生八大素养与区域竞争力的全面提升，将之作为课题结题的一项重要指标与成果。

2013年、2014年连续两年申报并通过评审的南山区科创局重点课题《校园No.1网络竞技学校组织策略研究》《信息技术与中小学课程深度融合》均以发展学生个性、提高学生素养与区域竞争力为目标，获得了评审专家的一致认可。郑江泉老师主持校内小课题《实践中学科学》，所辅导的学生周粲通过全国科学小院士论文评审获一等奖，被聘为中国少年科学院小院士，郑江泉老师被评为全国优秀科技教师。2015年成功申报深圳市教育局两项学生课题：《身边的对联文化》和《创意拼装雪花片》。这些都是以教师发展促进学生发展、凸显学校特色发展、引领学校品牌发展的例子。

（二）强化学校核心竞争力，推进战略挑战及长短期行动计划的实现

学校的战略目标积极地应对了面临的挑战和进一步强化学校核心竞争力（详见"第二章战略"），而战略目标通过长短期行动计划／方案来实现。在这些行动计划／方案实现和落实的过程中均建立与之密切相关的工作过程／流程，然后依据这些工作过程／流程，确定出关键的岗位，再进一步确定这些岗位所需要的人员数量、能力要求。

学校建立能力评价机制，对教师的能力进行评价，当能力不能满足上述能力要求时，学校将通过学习和发展系统，如校本研修、国培、青蓝工程、课题研究等方式促进教师能力提升。

（三）支持学校的绩效改进、技术变革与创新

1.促进绩效改进

学校通过各种针对性培训使员工满足学校绩效改进的要求。

学校以课程改革为突破口，组织教师学习以加深教师对新课改的理解。通过课改学习，学校教师提高了认识，逐步转变了观念，课堂教学质量随之稳步提升。通过教研组内培训和校内组际间的培训，缩短教师间的绩效水平差异，加强了培训的针对性，做到了培训内容的因材施训，使各层次教师都能得到不同层面的提高，使绩效水平差异逐渐缩小。

2.满足技术变革的要求

学校通过合理安排信息技术培训，使教师适应信息技术的飞速发展，满足教育教学的要求。如，如何使用学校各种信息平台、iPad 教学、微课、慕课等。

3.支持创新

学校通过课题研究促进教师创新，鼓励教师针对教育教学过程中发现的难点、困惑，学生日常学习中表现出的现象等，进行收集和整理、研究，创新教学方式和方法，促进学生发展。

（四）强化伦理和道德培训

学校通过各种专题讲座、座谈、观看纪录片等方式对教职员工进行伦理和道德方面的培训，如不做有偿家教、不体罚或变相体罚学生、拒收"尊师礼"等。学校还组织召开全校教职工大会，进行师德师风培训，增强全体教职工的大局意识、主人翁意识，通过自我研修、自我调控、自我完善，不断提升人格素养和专业素养。

（五）以学生和家长为关注焦点

学校倡导以学生和家长为关注焦点。为满足学生和家长的要求，通过学习发展系统加以改进。

学生和家长的要求		学校的措施
类别	内容	
课程安排	丰富多彩的课程与活动、合理的课程安排	学校通过学习和发展系统对教师的校本课程设计能力进行提升，为学生提供多样的校本课程
教学质量	优异的学习成绩、兴致盎然的学习状态，针对性的教学与辅导	针对教育教学质量差异，学校对青年教师实施青蓝工程和青年教师培养计划，培养基本功。对骨干教师以课题带动，提升教学科研能力。为教师提供各种竞赛平台，在比赛中交流经验，从而提升教师的教学水平
教育质量	良好的习惯养成、生动活泼的德育活动、针对性的德育主题、有效的行为与方法指导	
师生关系	融洽的师生关系	学校通过学习和发展系统对教师的师风师德进行培养，倡导关爱、负责、精业、奉献，打造融洽的师生关系

（六）确保离职或退休员工知识的传承

● 返聘——根据发展的需要和离退休教师自身的意愿，学校积极开展离退休教师返聘工作，使优秀的教师资源继续为教育教学服务。同时做好继任新人的跟岗学习计划，以便使其更高效地继任优秀教师的岗位。

● 建立知识库——将所有人员的优秀案例作为知识点进行收集和传播。即便教职员工离职或退休后，这些知识也可以得到传承。

● 讲座——学校不定期邀请退休教师回校进行经验分享和校史讲解，使老教师的经验得以传承。

（七）强化岗位所需的新知识和技能

● 信息技术

随着社会的高速发展和教育大数据应用技术的实际应用，教育也发生了巨大的变化，相应的信息技术和知识也随之而来，所以学校根据教育教学发展的需要不断更新，以满足教育教学的高效运行。学校组织专项信息技术培训，对学校所要使用的快速变化的新技术进行培训。如，如何制作课件、如何使用电子白板、如何使用学校各种信息平台、如何进行 iPad 教学等。

● 教学技能培训

在新一轮基础教育课程改革的总体框架中，课程改革是一项复杂而细致的系统工程，为了实现新课程的培养目标，学校组织教师对新课标解读、如何撰写教学设计、如何组织课堂教学和如何备课、说课、评课等内容进行培训和校本教研。

● 班主任技能培训

习近平总书记把"中国梦"定义为"实现中华民族伟大复兴，就是中华民族近代以来最伟大的梦想"，并且表示这个"梦""一定能实现"。如何引导学生树立对国家、民族的历史责任感和历史使命感，培养爱国主义情感，逐步确立为祖国的社会主义现代化建设、人类和平与进步事业做贡献的人生理想，是所有班主任面临的一个课题。而且，对于小学生来说，家庭环境对其身心发展影响深刻，如何引导家长配合学校开展教育工作也是班主任工作的重中之重。

为了帮助班主任尽快进入角色，学校开展班主任专项培训，主要内容包括班主任工作与职责、班级组织与管理、如何开家长会与家长沟通、如何开展班集体活动等。

二、学习和发展系统的有效性

对于学习和发展的有效性，主要使用几个指标进行评估：培训覆盖率、培训考试通过率、能力提升率、课题完结率。指标值动态变化，每年底参照本年度指标达成情况制定下一年度指标。

对于不达标的指标，则需要进行具体的原因分析，制定出针对性的改进措施，指定专人跟踪验证措施的有效性。

除了进行指标评估以外，还采用了以下一些其他评估内容和方式进行补充评估：

（一）外部培训

主要通过培训机构或上级教育主管部门组织的学校专业的考试、考核及其颁发的结业证、毕业证或相关证明来确定其有效性及适宜性。外培人员返校后，学校要求按培训内容在对应层级承担校内培训任务，并以校内培训的落实情况进行外培评价，教学处将培训单位的评价结果、出勤记录等与学校评价结果同时记入教师档案。

（二）内部培训

1.方法和技能培训——方法、技能的展示，包括上研讨课、观摩示范课、按新技术要求制作课件、方案或相应内容；方法、技能的实际使用观察与评价，包括按要求策划、组织对应活动、完成相应的任务并对完成的质量进行评价等，同时教学处将参训考勤、评价结果记入教师档案。

2.文化及理念培训——以外请文化专家或行业专家进行专题讲座为主，培训结束后，学校主要通过沙龙、专题研讨会和专题文化在学校的适应性等为形式、内容汇报学习心得、展示学习效果，各部门依据教职员工参与情况进行观察与评价。

（三）其他

通过教职工绩效评估，包括上级教育行政主管部门对学校领导层的民主评议和考核、各学部对教师的绩效考核、学生家长及社区对学校的认可和品牌口碑等，对教职工和领导的发展与学习系统进行有效评价。

三、职业生涯发展

（一）职业生涯规划

学校依据休伯曼（Huberman）理论，对教师的职业生涯进行识别，针对不同周期阶段特点进行分析，提出相应针对性措施或能力提升方案，学校提供所需资源，确保实现教师生涯发展路径和人才储备计划。

阶段	特征	要求		培养方式
		能力	发展目标	
入职期（0—5年）	在这一时期，教师表现出对新职业的复杂感情，一方面是初为人师的积极热情，另一方面是面对新工作的无所适从，却又想尽快步入正轨且急切地希望获得教学的知识和技能	1—2级	让入职期（0—5年）的教师较快地成长为一名合格的教师、进一步成为优秀的教师	● 实施青年教师的阶梯发展规划、青年教师成长行动计划

续表

阶段	特征	要求		培养方式
		能力	发展目标	
稳定期（6-10年）	这一时期教师逐渐适应了自己的工作，并且能够比较自如地驾驭课堂教学，形成了自己的教学风格，入职时的压力和不适已经消失，教师们此时已经能够比较轻松、自信地面对自己的工作。同时要求自己在教学技能等方面进行不断的改进与提高	2—3级	让处于稳定期（6—10年）的教师尽快成长为学校、区骨干教师	● 鼓励教师参与国家课题研究 ● 鼓励教师独立开展小课题研究 ● 鼓励教师参加各种专业竞赛活动 ● 青年教师成长行动计划
实验和歧变期（10—20年）	该阶段是教师职业生涯道路上的转变期。教师的转变有两个方向：一方面，随着知识和阅历的增加，教师开始对自己及学校的各项工作大胆地进行求新和力求改革，在教学材料、评价方法等方面进行教改实验，关注学校发展，对学校组织和管理中的漏洞进行批评和指正，不断地对职业和自我进行挑战；另一方面，单调乏味的教学轮回使教师对自己的职业产生了倦怠感，对是否要继续执教产生动摇，因此开始对目前从事的工作进行新的评估	3级以上	让处于实验和歧变期（10—20年）及以上的教师成长为区名师、市骨干教师	● 鼓励教师独立承担课题，或在课题中担任子课题负责人 ● 鼓励教师参加各种专业竞赛活动 ● 与新教师师徒结对，激发实验和歧变期教师的工作积极性 ● 在校本研修中承担主持人角色 ● 珠光小学卓越教师引领者计划 ● 学科教师专业提升计划 ● 南山区精英教师领航者计划
平静和保守期（20年以上）	经过对教学和学校的激烈改造或是对教师职业的反思和重估，教师的工作进入了平静开展阶段。此时他们已经拥有丰富的经验和技巧来应对教师工作，但同时也失去了专业发展的热情和动力，因此教师的志向水平开始下降，教师的工作也变得较为保守			鼓励著书立说、参与课题研究

续表

阶段	特征	要求		培养方式
		能力	发展目标	
退出教职期	教师的职业生涯步入了逐步终结的阶段。部分教师愿意将自己的经验传授给新的教师			● 根据学校发展的需要和离退休教师自身的意愿，学校积极开展离退休教师返聘工作，使优秀的教师资源继续为教育教学服务。同时做好继任新人的跟岗学习计划，以使其更高效地继任优秀教师的岗位 ● 学校不定期邀请退休教师回校进行经验分享和校史讲解，使老教师的经验得以传承

（二）教师发展通道

学校为教师打造发展双通道，分别为管理通道和专业通道（见下图）。双通道的价值在于人人都能找到自己最适合的位置，让每一个岗位上的都是最适合的人。教师在任何一个通道内的上升都需要经过"教学成绩""教学能力""学生、家长满意度"三个方面的评估。

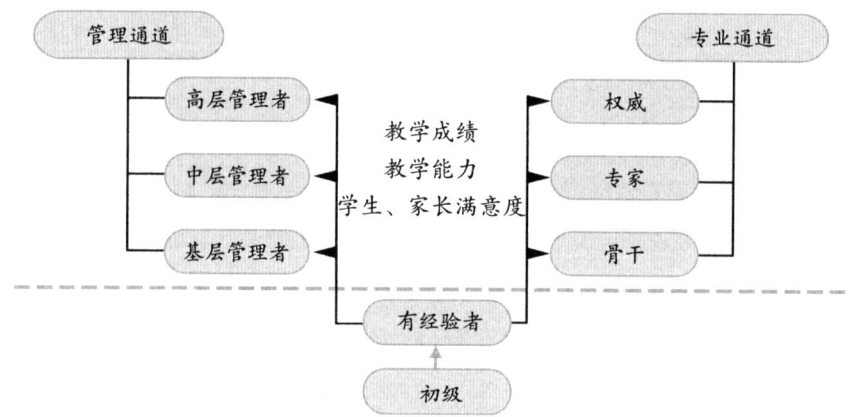

（三）领导职位继任计划

1.对继任者的选择

● 校长：由南山区教育局通过网络、报纸等途径面向全国招聘，按照网上申请—专家评定—集中面试—访谈—体检—领导力测试—背景调查—组织考核—讨论决定—公示—聘任程序进行。

● 副校长由校长推荐，区教育局进行批准和任命或由区教育局直接任命。

● 中层管理干部采取竞争上岗的方式选拔，经校长批准任命。

2.对继任者的培养

学校明确管理干部职业晋升通道，并结合岗位要求进行相关培养：

● 理论培训：制定有针对性的培训和学习计划，对继任者进行理论素养提升。

● 实践锻炼：大胆起用，通过给位子、压担子的方法，将培养对象放置到拟提拔的岗位，进行实际锻炼。学校领导对其表现进行辅导和评价，提升其相应的能力。

● 换岗培养：以换岗培养的方式着力培养复合型人才，提高工作效率，加快梯队建设，使继任者更好地适应现代学校的管理模式。

第四节　绩效管理

一、师德考核

学校根据《深圳市中小学教师师德档案管理规定》，对政治思想规范、业务工作规范、教书育人规范、为人师表规范四个方面进行考核。教师师德考核在教师年度考核前进行，并将考核结果作为年度考核的依据之一。

师德考核基本指标表

师德领域	基本指标	备注
政治思想规范	1. 不散布有违国家政策、法规或其他不健康、不负责任的思想和言论	
	2. 不组织或参与非法集会、结社	
	3. 模范遵守法律法规和学校的规章制度	
	4. 加强理论学习，不断提高思想觉悟和理论修养	
业务工作规范	5. 在工作时间内不做与教学无关的事情	
	6. 自觉遵守市教育局制定的"有偿家教五不准"	
	7. 热爱学习，勤于钻研业务，熟悉教学与育人规律	
	8. 学术素养良好，恪守学术道德	
	9. 积极开展教育教学研究和改革	
	10. 有教无类，不因亲疏关系或个人好恶等影响施教行为	
	11. 不以教师地位谋取个人私利	

续表

师德领域	基本指标	备注
教书育人规范	12. 以学生为本，关心爱护学生	
	13. 尊重学生的人格和尊严	
	14. 给予学生公平的学习机会	
	15. 科学评价学生，注重学生的个性发展	
	16. 与学生保持经常沟通并建立良好的信任关系	
	17. 保护和培育学生的探究精神与独立思考精神	
	18. 关心和保护学生的安全	
为人师表规范	19. 自觉遵守公共道德规范	
	20. 注重个人修养，自觉追求高尚情操	
	21. 仪态端庄，言行举止文明规范	
	22. 有较强的集体主义观念和团队意识	

二、年度考核

学校每年实施年度考核，年度考核对象为学校在编的教职工（校领导除外）。考核类别：优秀、称职、基本称职、不称职四个等次。考核优秀等级人数不超过参加考核人员的15%。

教师参加年度考核时，有以下5项中的其中1项，取消资格：

● 年度师德考核不合格。

● 年度工作量不饱满。

● 年度被有效投诉。

● 年度发生安全责任事故。

● 年度内同事间不友好相处，有吵架等影响团结的现象。

年度考核指标表

考核内容	分值
年度考勤为全勤 学校可包容范围：请假（1.5+1.5=3天内），婚丧假除外，请小时假 （8+8=16次内），迟到或不签到次数（8+8=16次内）	10分
不在网上发表不当言论，不以非正常程序或非法方式表达诉求，不损害师生利益或学校、区域教育形象	10分
能履行相应职责，服从学校安排	10分
积极参加校内文体活动（缺席三次以下视为合格）	10分
按时上下课	10分
教学质量达到学校要求（平均分在年级平均分模糊度内）	10分
参考全年度两个学期《教育教学质量及科研奖统计表》的个人得分	40分

三、评优评先

评优评先人员的选择根据年度考核评分的排名（须符合年度考核条件），按分数高低进行排列。评优评先人数可超过参加考核人员的5%。

各组选出候选人后报学校考核小组讨论，确定考核优秀及区先进教师名单。考核小组给考核优秀候选人投票，按照投票的票数从高到低排列，如果产生票数相同并列，则并列的人再进行第二轮投票以确定排名，最后报送区教育局批准。

姓名		任教学科		
教师资格证	□有　□无	学历		职称
户籍		干部身份	□有□无（非深户填写）	
基本条件	（1）＿（2）＿（3）＿（4）＿ （在符合的条件序号后打"√"）	荣誉条件	符合第＿条	
绩效考核分数				

续表

项目		评分标准		个人自评分	考评组评定分	备注
个人资质	学历	本科（第一学历为中专）	2分			
		本科（第一学历为大专）	3分			
		本科（全日制）	4分			
		硕士研究生（非全日制）	4.5分			
		硕士研究生（全日制）	5分			
	职称	初级	5分			
		中级及以上	10分			
	教龄（工龄）	教龄每年1分，工龄每年0.5分（按周年计，不足一年省略不计）	不超过30分			
	户籍	深户10分	10分			
	南山临聘时间	在珠光小学临聘每学期0.5分，在南山其他学校每学期0.4分				
荣誉称号		南山区人民政府或教育行政部门发文表彰优秀（先进）教师、优秀班主任荣誉称号	20分			
工作业绩	教学比赛（上课、说课或技能大赛）	省级一等奖及以上	5分			
		市级一等奖及以上或省级二等奖	3分			
		区级一等奖及以上或市级二等奖	2分			
		区级二等奖	1分			
	论文	在"CN""ISSN"刊号杂志发表专业论文	每篇计0.5分			
	课题研究	近三年积极参与各类课题研究	每年0.5分			

续表

工作业绩	辅导学生获奖	省级一等奖及以上	5分			
		市级一等奖及以上或省级二等奖	3分			
		区级一等奖及以上或市级二等奖	2分			
		区级二等奖	1分			
	教学质量	近三年，期末测试班级平均分符合学校要求，在年级平均分模糊度内	每次0.5分			
	合计					

注：

1. 南山临聘时间从在南山区公办学校工作开始计起，在其他区或民办学校临聘时间不计；需提供最初临聘合同或南山临聘时第一个月的工资表

2. 教学比赛指的是经学校、区、市教研部门逐级推荐、选拔，由教研部门举办的各种比赛

3. "教研部门"是指教育行政部门下属的教研部门

4. 辅导学生参加比赛指的是辅导学生参加逐级选拔，由教育部门组织的各类竞赛，同一项目参加不同级别比赛只计分值最高一次，不重复计算；不同年限不同项目的比赛可累加，但总分最高分不得超过10分

四、薪酬激励

学校在编工作人员工资中除全国工资之外全部纳入绩效工资总额。绩效工资分为基础性绩效和奖励性绩效两部分。

● 基础性绩效由"特区津贴"和"基础津贴"组成，由财政统发。

● 奖励性绩效实行总额管理，在核定的总额内由学校自主分配。

● 奖励性绩效工资总额 = 基础性绩效工资总额 ÷70%×30%（学校人均每月奖励性绩效为2480元）。

（一）奖励性绩效工资分配原则

● 坚持公平、公正、科学、合理的原则。奖励性绩效工资分配方案要在充分发挥民主的基础上，力求符合大多数教职工的利益，向一线教师倾斜，充分调动广大教职工的工作积极性。

● 坚持多劳多得、优绩优酬的原则。奖励性绩效工资由学校根据教师各方面的绩效考核情况自主分配，教师的课时量、岗位、职称、教科研、教学质量等都将纳入奖励性绩效工资范围。

● 坚持总量控制的原则。奖励性绩效工资总额必须控制在区人力资源部门核定的总额范围内，不得占用空编经费。

（二）奖励性绩效工资分配办法

学校按国家规定将人均每月 2480 元的奖励性绩效工资由学校统筹安排，其中拿出每人 300 元（每学期以 5 个月计），根据考勤、工作量及期末教育教学质量及科研方面进行统一分配。剩余部分的奖励性绩效以 2010 年已讨论通过的方案，根据每人的教龄、职称等系数，按计算公式分配给每位教师。每年 2、8 月份的奖励性绩效工资，按计算公式全额发放。

（三）每月奖励性绩效工资发放办法

1.考勤，全勤奖100元，其中：

● 病假一天扣 100 元，事假一天扣 150 元。事假一天以上及病假 10 天（含）以上的按《深圳市事业单位绩效工资制度实施方案》执行。凡属病假必须提供去医院看病的相关证明（挂号单、药费单、病历等）交教导处。

● 请假扣款不从 300 元的奖励性绩效中扣除，而是在剩余部分的奖励性绩效中扣除。

● 因请假产生的代课费用，从请假人所扣的款中按规定支付给帮其代课的老师。公假（产假、婚假、丧假等）所产生的费用，由学校经费支付。

● 如果是直系亲属生病须看护的事假，等同于病假（需提交亲属的病历或相关证明）。

● 学校允许每位老师每月有两个自行调课的半天假（不累计且第二个半天假不计全勤）和两个 1 小时以内的外出办事假（不得在上下班时间使用，且离校、返校时须向教导处或办公室报备）。

2.工作量奖励

工作量以南山区教育局人事科及教科研中心下发的《中小学教师周课时量安排指导意见》的规定为标准。每学年学校会根据具体情况（教职工人数、学校总课时数、各学科课时数、不同学科特点等）制定每位教职工的周课时量。

凡进入课程表的课程（包括国家课程、地方课程、校本课程等）且每节按规定时量（40分钟/节）进行的课堂教学，教师每上一节课，计算1课时工作量。

满工作量标准表

类别	满工作量标准
一线教师	完成学校所安排的课时标准为满工作量
行政人员	副校长5节/周、主任6节/周、副主任8节/周、干事10节/周为满工作量
教辅人员	完成学校制定的工作量标准为满工作量

　　满工作量奖励如下：

　　● 满工作量每月奖励100元，后勤人员及其他视作满工作量的人员每月奖励60元。

　　● 超过满工作量的按每周每节20元作为超课时补助。

　　● 未满工作量，倒扣20元/节。但规定每周工作量最低不能少于8节，少于则按上级有关制度执行。

　　● 临时代课有教案作业的每节20元，没教案作业的每节10元，期末统一结算。

　　● 凡有意或故意不代课的，每节课倒扣20元，且当月不能视作满工作量。

3.学期末教育教学质量及科研奖

　　将每个月预留的100元（每学期按5个月计算），作为学期末教育教学质量及科研奖奖金。

第五节　员工福利和政策

一、员工福利

学校为教职工提供的福利包括两部分：一部分为非经济性福利，即改善教师的工作环境；另一部分为经济性福利，包括员工宿舍、外出公车接送、食堂餐饮补助、教育培训、社会医疗保险、有薪节假等。

（一）非经济性福利（工作环境改善）

学校围绕教学和生活的工作场所设定测量指标，并采取相应措施（详见下表），提供良好的工作环境，保障师生拥有安全健康和保险的环境。

员工工作环境测定指标

分类	改善内容	改善措施	测量指标
职业病	咽炎、颈椎病、腰肌劳损	实施双板（白板、黑板）上课，尽量降低教师粉笔粉尘吸收；针对颈椎病、腰肌劳损，由工会组织各项健身、锻炼活动	教师职业病发病率
意外伤害	体育器材安全、消防安全	严格按照区教育部门的有关规定对安全隐患进行管理，同时增加必要的设备设施，如为了避免火灾带来的人身安全伤害，学校定期举行火灾疏散演习，提高教师和学生们对火灾的防控能力。此外，对体育器材易导致的安全隐患，学校定期进行检查和防护	教师意外事故发生率
			意外事故处理满意率
校园安全	安全监控设施或人为监管不到位	增加安防监控系统的监控点，实现校园全覆盖，24小时连续监控，保安定时定点巡视签到	校园安全事件每年发生宗数

不同的工作场所在影响员工安全与健康方面的差异不明显，只在意外伤害与职业病两个方面略有差别：

室外工作场所对职业病影响的程度略低于室内工作场所。承担室外授课任务的学科教师，其职业病发病率控制在 25% 以下。承担室内授课任务的学科教师，其职业病发病率控制在 50% 以下。

室外工作场所（如体育课、体育活动课、社会实践活动）发生意外伤害的频次略高于室内工作场所，但为了保证教师身体不受伤害，在所有工作场所学校都将意外伤害事件尽量确保为 0 件 / 年。

（二）经济性福利

学校为教职员工提供各种经济性福利，如员工宿舍、外出公车接送、食堂餐饮补助、教育培训、社会医疗保险、有薪节假等。学校在职教职工均可向学校提出员工宿舍申请，由学校办公室和总务处依据员工宿舍存量和教职工的情况精准调配。

二、员工政策与服务

学校依据人力资源局相关规定，对待教职员工的政策因编制不同而略有不同：

- 在编人员、临聘人员：享受评优评先政策和校内职称评定政策。
- 购买服务人员：享受评优评先政策。

第六节 劳动关系管理

一、组织文化

珠光小学的学校文化系统包括理念文化、制度文化、课程文化和特色文化。

●理念文化：以使命愿景价值观为核心，引领学校的方向，是全校师生的精神引领。

●制度文化：以学校理念为基本出发点，构建学校的章程、发展规划、教学和德育各种计划，规范学校行为、完善规章制度、设计学校工作流程，保证学校行为的规划和理念保持统一，是理念实施的原则。

●课程文化：是理念落实的方法，珠光小学通过精品化、多元化的校本课程使学校的理念得到落实。

●特色文化：是学校文化最终形成的亮点与特色，彰显学校品质，提升学校的辐射力和竞争力。

学校的文化体系是以使命愿景价值观为基础，以理念为方向，以制度为原则，以课程为载体，以特色为核心竞争力，形成了系统、完整的文化体系结构，各层次间强逻辑支撑。

学校的文化系统具有以下特征：

（一）培育一种具有沟通开放、工作高绩效和员工契合特征的学校文化

1.学校通过制度文化的建立鼓励开放的沟通

●学校建立合理化奖励机制，对教职工提出的合理化建议进行精神上的奖励，如会议上表彰等，鼓励教职工建言献策；

● 高层领导信箱公开，随时接收教职工邮件，对教职工反映的问题，高层领导逐一进行答复，从不遗漏回复任何一封邮件。

2.倡导工作高绩效

学校通过制度文化建设，强化工作的高绩效。学校基于教育教学的内在逻辑和教育行业最佳实践以及学校特点设计了教育教学核心业务的工作流程，使学校整体教学水平的底线抬高。新入职教师可以据此快速成长，老教师可在此基础上追求更好的教学效果。如下图所示：

作业布置及批改流程（1）

步骤	关键点	责任人	资料
作业设计 基础知识的作业 巩固提高的作业 分层的作业 ↓ 作业布置 ↓ 按时按量收作业 ↓ 调查作业完成时间 （此环节为不定期抽查） ↓ 完成时间统计送 交班主任 ↓ 协调各科任教师 作业量 ↓ 作业交送科任老师 ↓ 检查交作业情况 ↓ 科任老师了解原因 经常性→ 反馈给班主任或家长 偶然↓ 转"学困生辅 导管理流程" ↓ 作业量问题 批评/督促学生完成作业 ↓ 学生补交作业 ↓ 调整作业量	1. 基础知识作业是否选择得当 2. 是否能关注全体学生 3. 是否紧扣教学内容 1. 巩固提高的作业是否精选 2. 是否能关注全体学生 3. 是否紧扣教学内容 1. 分层的作业是否有针对性 2. 是否适合不同层次的学生 3. 是否有利于学生的提高 1. 要求做必做部分 2. 鼓励做选做部分 3. 切勿暗示分层，以免出现歧视 4. 注明预计完成时间和交作业时间 是否有不能按时交作业的情况，询问原因并记录 作业实际完成情况是否超过预计完成时间 1. 超时情况如何？是偶尔超时，还是最近一段时间一直呈现超时情况？ 2. 保证学生的作业量符合学校规定 检查是否有遗漏 1. 了解不能交作业的原因，自检是否为作业量过多 2. 该生是经常性还是偶然 1. 本身作业量不多，但其他科目作业量大，导致学生不能完成的：与其他科任教师一起平衡作业量 2. 本身作业量大：减少学生日常作业量，如为必须完成的，可留在周末布置	科任教师 科任教师 课代表 课代表 课代表 班主任 课代表 科任教师 科任教师 科任教师 科任教师 学生 科任教师	教案 教室作业栏 交作业登记表 作业量统计 作业量统计 作业 检查记录 教案/教室作业栏

3.培养员工与学校的契合

学校以"使命愿景价值观"为核心，形成"关爱、负责、精业、奉献"的教风。

●关爱：关爱生命，关爱学生，关爱自己，关爱集体，关爱事业。如，罗新文老师从事教育教学工作 25 年，兢兢业业，遵守劳动纪律，在思想上树立高度的责任感与奋斗目标，她把热爱教育事业放在首位，注重为人师表，加强职业道德修养，立足本职，勤奋钻研业务，努力提高教育教学水平。积极参加政治学习和业务学习，热爱教育事业，全面贯彻党的教育方针。从教 25 年，无有效投诉及违法违纪现象。2006—2007 学年度被评为南山区先进教师，多次被评为南山区优秀教师。

●负责：对学生的成长过程负责，对自己负责，对工作负责。如，陈鸽在班主任工作中总是率先垂范，言传身教，用自己的人格魅力影响学生、教育学生。在班内积极开展"理想教育""感恩教育""养成教育"等各种行之有效的教育活动，让每个学生找到目标树立理想，挖掘他们的潜能，激发他们的斗志，使每位学生的综合素质都得到一定提高。所带的班级在学习、纪律、卫生、礼仪等方面成绩突出，学生、家长满意度非常高。被评为 2014 年深圳市优秀班主任。

●精业：精业须先敬业。如，庄少燕 2016 年 3 月退休后，被返聘回校陆续代三位休产假的老师，工作任劳任怨随叫随到，一个学期的时间里历任低、中、高年级的语文教学工作。

●奉献：真诚自愿地付出。如，学校信息中心副主任李文韬老师，美术专业毕业，但是一直致力于信息技术在教育教学中的研究，引起了区、市、省级媒体的关注，多次进行报道，由其自主开发的学校微信平台已获国家专利，走在全区信息化建设前列。学校为其创建了创新教师工作室，鼓励其不断发展。李文韬老师利用 Arduino 平台搭建 Deltas（三臂并联结构）式 3D 打印机。这种打印机速度快、精度高、可打印体积较大，且成本低廉，可使用无毒无味可降解的 PLA 材料（从玉米中提取）。在 3D 打印技术进课堂过程中，3D 模型的设计和建模也是摆在教师面前的一道坎。传统的建模方式主要有 3Dmax、Maya、CAD 等专业建模工具，这些工具需要一定的专业技术，普通教师难以掌握，对学生更是遥不可及，李文韬老师将体感技术带进了课堂，利用体感技术可以轻松地利用双手进行建模，就像玩橡皮泥一般进行创作建模。目前，李文韬老师在珠光小学开设了《数字艺术》课程，深受学生们喜爱。李文韬老师着力于新技术新方法的运用，在课堂上不断激发学生探索的兴趣，他的课堂充满了未来色彩。

（二）确保学校文化可以受益于员工的多样化创意、文化和思考

学校鼓励员工将创意、文化和思想融入学校文化之中，组织教师进行外出交流、做义工、培训，开阔教师的视野，激发教师的创意，使学校文化能够保持活力。如学校引入外教，对学生进行英语教学。在教学过程中，开阔了学生的国际视野，将学校校风之中的"博学"更加深化。

（三）员工授权

学校建立《珠光小学教职工岗位职责》，对学校各岗位进行清晰的职责确认，在职责内对教职工进行充分的授权，促使教职工各司其职，各负其责，大胆工作，发挥自主性和创造性，提高工作效率。如：

教导主任职责

教导主任协助校长全面管理教学、教研、教务工作，组织和实施学校教育计划，抓好教学改革，负责学生管理和德育以及环保教育工作，执行校长布置的各项具体教育教学工作。

（1）按照教学计划全面安排教学工作，以及其他课外、校外活动，维持正常的教学秩序。

（2）指导和审批教师的教学进度计划和教研计划。指导教研组按计划开展教研活动，推动教师互学互助，提高教学水平。检查指导教师认真按照课程标准要求进行教学。

（3）深入教学，领导和指导教学（包括听课、兼课、参加备课，教研活动，检查指导课外活动），对教师的教学工作进行考核和评估。

（4）负责召开教研组长会议，指导教研组开展工作，组织教研组长学习教育理论，讨论教学中的问题，交流开展教研活动的经验，安排全校性的教学研究活动和交流活动。

（5）组织领导学生考试和成绩评定工作，指导教师进行教学质量分析和总结。审定管理学生学籍、成绩及入学、转学、休学、退学、复学编班等事宜。

（6）负责管理实验室、图书馆、电教室、体育室、音乐室等专用教室的教学设备，指导教师制作教具。抓好档案资料和统计工作，领导教辅人员完成教学事务工作。

（7）协助校长指导教师业务学习，考核评定教师的文化、业务进修和教育、教学工作成绩。

（8）协调与其他部门的关系。

（9）负责教师之星的评比工作。

德育主任职责

（1）贯彻执行《德育纲要》《小学生行为规范》《未成年人保护法》及校规校纪。制订和组织实施德育工作计划。

（2）指导年级组长和班主任的工作，审阅年级组长和班主任的工作计划和总结。检查和指导思品课教学。

（3）指导、检查少先队工作。

（4）抓好校园生态文化建设和环境教育特色，优化校内教育环境。

（5）对年级组长、班主任的工作情况进行考核和评估。

（6）负责学生考勤、评比、奖惩，做好违纪学生和差生的转化教育工作。

（7）建立社区教育网络，抓好家长委员会的建设，办好家长学校，抓好校外辅导员队伍和社会实践基地建设。

（8）组织学生假期活动。每学年度评选暑期好学生、好家长。

（9）组织学生参加各种大型活动（社会实践活动）。

（10）负责创建书香校园。

二、员工的满意与契合

（一）满意度与契合度要素

学校通过问卷调查、各种会议、日常沟通、专题调研等方式，全方位地了解教职员工的需求，列出可能影响契合的因素，然后进行因子分析，剔除影响不显著或者其他非高度相关的间接影响因素，从而确定影响教职工契合度的因素。确定影响员工契合度和满意度的要素包括：收入、工作环境、个人发展、工作强度、学校文化、民主管理程度、公正公开公平的办事程序等。

不同的教职员工群体对这些要素的需求度并不一样，收入是所有教职员工的共同需求，对员工契合度和满意度影响较大；除此之外，专任教师比较注重个人发展、学校文化和民主管理程度，教辅人员则比较重视职称的聘任和工作环境，临聘工勤人员比较注重工作强度因素，而购买服务教师除了注重个人发展和学校文化以外，还比较关注公正、公开、公平的办事程序。

（二）满意度与契合度评价

学校每年对教职员工做一次满意度和契合度问卷调查，除此之外，还通过走访、调研、会议、教师申诉、投诉等方式收集教职员工的满意度和契合度情况。

附：满意度问卷调查（教师、教辅）

珠光小学员工满意度问卷调查

（教师、教辅）

尊敬的员工，您好！

为了了解您对学校的满意程度，提升学校的整体水平，特别制定了如下问卷。我们渴望得到您的积极配合与支持。对您的合作我们深表谢意！请在符合您感受的答案前的"□"内打"√"。

一、薪酬福利

1. 您对目前的经济收入的满意程度是

　　□满意　　　□一般　　　□不满意及原因：＿＿＿＿＿＿＿＿＿＿

2. 您的收入与其他学校相比，您感觉

　　□满意　　　□一般　　　□不满意及原因：＿＿＿＿＿＿＿＿＿＿

3. 您对学校提供的福利感到

　　□满意　　　□一般　　　□不满意及原因：＿＿＿＿＿＿＿＿＿＿

4. 您对学校解决个人困难方面感到

　　□满意　　　□一般　　　□不满意及原因：＿＿＿＿＿＿＿＿＿＿

5. 您对后勤部门提供的服务感到

　□满意　　　□一般　　　□不满意及原因：_____

二、工作环境

1. 您对学校提供的办公设备设施感到

　□满意　　　□一般　　　□不满意及原因：_____

2. 您对学校教学设备设施的现代化水平感到

　□满意　　　□一般　　　□不满意及原因：_____

3. 您对学校提供职业病防护措施感到

　□满意　　　□一般　　　□不满意及原因：_____

4. 您对学校提供的意外事故防护措施感到

　□满意　　　□一般　　　□不满意及原因：_____

5. 您对教室、办公室的舒适度感到

　□满意　　　□一般　　　□不满意及原因：_____

三、个人发展

1. 您对自己工作积极性的发挥状况

　□满意　　　□一般　　　□不满意及原因：_____

2. 您对学校创造的升迁机会感到

　□满意　　　□一般　　　□不满意及原因：_____

3. 您对学校提供的培训感到

　□满意　　　□一般　　　□不满意及原因：_____

4. 对论文发表的难易程度感到

　□满意　　　□一般　　　□不满意及原因：_____

5. 对外出参赛的支持

□满意　　　□一般　　　□不满意及原因：＿＿＿＿＿＿＿＿＿＿＿＿

四、工作强度

1. 您对现在的工作量感到

□满意　　　□一般　　　□不满意及原因：＿＿＿＿＿＿＿＿＿＿＿＿

2. 您对工作任务的安排感到

□满意　　　□一般　　　□不满意及原因：＿＿＿＿＿＿＿＿＿＿＿＿

3. 您对工作的胜任程度感到

□满意　　　□一般　　　□不满意及原因：＿＿＿＿＿＿＿＿＿＿＿＿

4. 您对工作时间的安排

□满意　　　□一般　　　□不满意及原因：＿＿＿＿＿＿＿＿＿＿＿＿

5. 您对岗位职责范围感到

□满意　　　□一般　　　□不满意及原因：＿＿＿＿＿＿＿＿＿＿＿＿

五、文化氛围

1. 您对学校目前的学术氛围感到

□满意　　　□一般　　　□不满意及原因：＿＿＿＿＿＿＿＿＿＿＿＿

2. 您对学校的制度环境感到

□满意　　　□一般　　　□不满意及原因：＿＿＿＿＿＿＿＿＿＿＿＿

3. 您对教师校本课程奖励机制感到

□满意　　　□一般　　　□不满意及原因：＿＿＿＿＿＿＿＿＿＿＿＿

4. 您对学校环境对教师情操陶冶感到

□满意　　　□一般　　　□不满意及原因：＿＿＿＿＿＿＿＿＿＿＿＿

5. 您对学校的阅读环境感到

□满意　　　□一般　　　□不满意及原因：＿＿＿＿＿＿＿＿＿＿

六、团队协作

1. 对学校教师团队的整体协作精神感到

□满意　　　□一般　　　□不满意及原因：＿＿＿＿＿＿＿＿＿＿

2. 对其他同事对自己工作的支持

□满意　　　□一般　　　□不满意及原因：＿＿＿＿＿＿＿＿＿＿

3. 对其他部门对自己工作的支持

□满意　　　□一般　　　□不满意及原因：＿＿＿＿＿＿＿＿＿＿

4. 您对其他同事工作需求的了解

□满意　　　□一般　　　□不满意及原因：＿＿＿＿＿＿＿＿＿＿

5. 同事对您的建议的采纳感到

□满意　　　□一般　　　□不满意及原因：＿＿＿＿＿＿＿＿＿＿

七、民主管理程度

1. 您对参与学校决策的程度感到

□满意　　　□一般　　　□不满意及原因：＿＿＿＿＿＿＿＿＿＿

2. 您对教代会代表职工意愿方面感到

□满意　　　□一般　　　□不满意及原因：＿＿＿＿＿＿＿＿＿＿

3. 您对学校在高层领导监督方面感到

□满意　　　□一般　　　□不满意及原因：＿＿＿＿＿＿＿＿＿＿

4. 您对学校的校务公开感到

□满意　　　□一般　　　□不满意及原因：＿＿＿＿＿＿＿＿＿＿

5. 您对参政议政的渠道感到

□满意　　　□一般　　　□不满意及原因：＿＿＿＿＿＿＿＿＿

八、公平公开公正的办事程序

1. 对学校的工作评价标准感到

□满意　　　□一般　　　□不满意及原因：＿＿＿＿＿＿＿＿＿

2. 您对投诉渠道和解决结果感到

□满意　　　□一般　　　□不满意及原因：＿＿＿＿＿＿＿＿＿

3. 您对办事结果的公正性感到

□满意　　　□一般　　　□不满意及原因：＿＿＿＿＿＿＿＿＿

4. 您对办事程序的透明化感到

□满意　　　□一般　　　□不满意及原因：＿＿＿＿＿＿＿＿＿

5. 对与高层领导沟通的便捷性

□满意　　　□一般　　　□不满意及原因：＿＿＿＿＿＿＿＿＿

九、开放性问题：您对学校最满意和最不满意的各是什么？

附：

珠光小学契合度问卷调查

（教师、教辅）

尊敬的员工，您好！

　　为了了解您与学校的契合程度，提供更符合您要求的服务和环境，特别制定了如下问卷。我们渴望得到您的积极配合与支持。对您的合作我们深表谢意！请在符合您感受的答案后的"□"内打"√"。认同程度为 1 至 5，1 为认同最低，5 为最高。

1. 我不会轻易离开学校
   5 分□　　　　4 分□　　　　3 分□　　　　2 分□　　　　1 分□

2. 我愿意向朋友宣传这所学校
   5 分□　　　　4 分□　　　　3 分□　　　　2 分□　　　　1 分□

3. 如果有机会，我将向学校以外的人员介绍在这里工作的好处
   5 分□　　　　4 分□　　　　3 分□　　　　2 分□　　　　1 分□

4. 我觉得学校的管理理念非常适应学校未来的发展
   5 分□　　　　4 分□　　　　3 分□　　　　2 分□　　　　1 分□

5. 工资收入与我的期望一致
   5 分□　　　　4 分□　　　　3 分□　　　　2 分□　　　　1 分□

6. 总体来说，学校提供的福利项目能够满足我的需求
   5 分□　　　　4 分□　　　　3 分□　　　　2 分□　　　　1 分□

7. 学校现有的各项资源有助于我提高工作效率
   5 分□　　　　4 分□　　　　3 分□　　　　2 分□　　　　1 分□

8. 我感到学校认可我的价值
   5 分□　　　　4 分□　　　　3 分□　　　　2 分□　　　　1 分□

9. 我能从自己的工作中得到成就感
   5 分□　　　　4 分□　　　　3 分□　　　　2 分□　　　　1 分□

10. 学校提供必要的培训，帮助我培养重要的技能
    5 分□　　　　4 分□　　　　3 分□　　　　2 分□　　　　1 分□

11. 学校能够激励我每天尽全力工作，我很少考虑跳槽

  5分□　　　4分□　　　3分□　　　2分□　　　1分□

12. 我非常喜欢自己的日常工作，就像我的一个爱好

  5分□　　　4分□　　　3分□　　　2分□　　　1分□

13. 我能在工作和生活之间保持适度的平衡

  5分□　　　4分□　　　3分□　　　2分□　　　1分□

14. 学校对教师的要求越来越高，但对我来说并没有什么压力

  5分□　　　4分□　　　3分□　　　2分□　　　1分□

15. 学校具有浓厚的学习底蕴，能够带动我主动学习

  5分□　　　4分□　　　3分□　　　2分□　　　1分□

16. 我通常以积极的方式与同事讨论工作事项

  5分□　　　4分□　　　3分□　　　2分□　　　1分□

17. 我极少抱怨，心态平和

  5分□　　　4分□　　　3分□　　　2分□　　　1分□

18. 我的同事尊重我的想法和感受，我们相处融洽

  5分□　　　4分□　　　3分□　　　2分□　　　1分□

19. 我的同事和上级能够为我提供必要的支持，帮助我获得成功

  5分□　　　4分□　　　3分□　　　2分□　　　1分□

20. 学校有适当的工作流程或制度，使我能够有效地工作

  5分□　　　4分□　　　3分□　　　2分□　　　1分□

开放性问题：您认为学校在哪些方面不能满足您的要求？

在契合度调查时，我们除了采用不记名问卷调查的方式外，还非常关注员工的非正常流失情况（排除退休人员）、出勤情况，以及产生的员工投诉宗数。

每次调查结束后，办公室针对调查情况进行分析，并提出改进意见，以实施更有效的员工支持方案。

三、员工关系改善

每学年末，教导处、办公室对本学年的教职工满意度与契合度调查结果、教职工的不满意信息进行汇总，提交学校行政会分析讨论。分析结果将作为下一年度改进及制定下学期绩效和工作改进目标的参考，并通过工作计划和总结、督导验收等落实到各相关部门人员。

第六章

运　营

第一节　产品和过程设计

一、确定产品和过程的要求

（一）确定产品和过程的要求

学校的产品是教育教学服务，而教育教学服务是依靠全校的工作过程来实现的，所以顾客、利益相关方及社会对学校产品的要求也就是对学校工作过程的要求。

学校通过以下方法了解顾客、利益相关方、社会的需求。

需求信息收集表

分类		内容	方法	频次	责任人
顾客	学生	教育方案和服务的需求、期望	访谈、学生成绩测试分析、班级QQ群、专项问卷调查	随时/定期	班主任、科任教师、教导处
	家长	教育方案和服务的需求、期望和质量反馈	家长委员会意见收集、校长信箱、班级家长QQ群、电话、综合服务平台、咨询、投诉、需求问卷调查等	随时/定期	办公室、德育处、班主任、科任教师
利益相关方	教育主管部门	要求、意见、评价、指导等	一般采用公文呈送、接受上级视察、指导和督导评估、办学水平评估、参加上级主管部门组织的会议等方式来获得对学校的工作要求和对学校工作质量的反馈评价	随时/定期	各部门

续表

分类		内容	方法	频次	责任人
利益相关方	教职工	对重大决策的意见	通过教代会提案获得	定期	工会
		一般的建议与意见	教师书面提出，包括纸质和电子版	随时/定期	办公室、工会
		满意与契合信息	通过调查问卷、投诉、出勤情况等方式获取	随时/定期	办公室、工会
	合作伙伴	需求信息	通过往来函件、电子邮件、交流考察、现场会议等方式获得	随时/定期	办公室、教导处
	供应商	需求信息	通过往来函件、电子邮件、现场会议等方式获得	随时/定期	总务处
	社区	需求信息	专项问卷调查、走访、居民直接反馈	随时/定期	德育处
社会		需求信息	对通过各种媒体对社会舆论进行收集或在各种公益服务活动及社会实践中获得	随时/定期	办公室、德育处、教导处

　　学校将收集到的需求进行汇总、分类，一类为目前急需解决的问题，一类为对未来的关注。在每一类问题中，我们都将与学校有关的问题进行分析，从影响方式和影响程度、判断的依据、可信度几个方面进行分析。对问题进行分析后，我们按照其影响方式和影响的程度进行优先级排序，并按优先级顺序分别对问题的现有解决方案和效果、存在问题及原因、由此产生的需求进行分析，从而得出顾客、利益相关方、社会对产品和过程的要求：

需求汇总分类表

分类		内容
顾客	学生和家长	学校能够提供与预期相符合的教育教学服务，提供自主发挥个人特长的空间和个性化成长的环境，提供良好的价值感受
利益相关方	教育主管部门	学校依法办学，能够提供优质的教育教学服务，提供优质的学位，优质教育资源共享，提高全区学校的均衡水平，打造区域特色
	教职工	学校能让教师在愉悦的状态下工作，提升职业归属感；搭建个性发展的平台，提供专业成长的环境；实现生命价值，提高幸福指数
	合作伙伴	能有效地整合利用资源，形成优势互补，同心同力地办好教育，为社会培养高素质的人才，在合作中提升自我品牌影响力

续表

分类		内容
利益相关方	供应商	公开、公正、公平的办事程序，透明化的招投标
	社区	学生形成良好的行为习惯，在社区内的活动遵纪守法，遵守文明礼仪。学校能够参与社区的文化建设，为社区提供与教育相关的支持
社会		为高素质人才奠基

（二）工作过程和关键的工作过程

学校按照自身的工作特点，将学校的工作过程分为三个层次，分别为核心业务层、技术及人力提供层、资源及安全保障层（具体见下表），并辅以绩效系统（详见"第四章测量、分析和知识管理"），使整个学校的运营过程都可以得到有效的识别与管理，并清晰地显示各个管理过程之间的关系，为更好地实现学校总体战略规划、有序地改进管理过程、提升学校工作系统的整体效能奠定了良好的基础。

由于核心业务层直接影响到教育教学服务的提供，所以学校将核心业务层的工作过程确定为关键工作过程。

核心业务层的工作过程表

分类	工作过程	主要内容	价值	部门
核心业务层	德育管理	要求（输入）—德育目标分解与策划—德育组织建设—校内、校外德育活动/学生德育教育与发展（输出）—监督评价、改进	实现学生核心素养的培养目标	德育处/大队部
	教学管理	输入—教学目标分解与策划—教学准备（课程、师资、设施）—课前准备—课堂教学（输出）—课后活动（输出）—监督评价、改进		教导处
	课程管理	输入—课程目标分解与策划—课程开发—课程实施（输出）—监督评价、改进		教科室/教导处
	教科研管理	输入—教科研目标分解与策划—选题与立项—开题与课题实施准备—课题实施—阶段性成果（输出）—结题报告与成果推广—监督评价、改进	改进教学方法、手段	教科室/教导处/信息中心
	客户管理	输入—客户管理目标分解与策划—客户选择与获得—客户服务与关系维护（输出）—监督评价、改进	提升学生、家长价值感受	德育处/教导处/信息中心

续表

分类	工作过程	主要内容	价值	部门
技术及人力提供层	教师管理	输入—教师管理目标分解与策划—教师的聘用与培训—教师能力素质评价／绩效评价／教师成长与发展／教师生命周期管理／教师契合度／教师激励（输出）—监督评价、改进	为核心层提供人力支持	办公室／教科室／教导处
	新信息技术管理	输入—新信息技术需求分析—制定研发／支持计划—研发／采购支持—使用培训（输出）—监督评价、改进	为核心层提供新的教育技术支持	信息中心／教导处
资源及安全保障层	设备设施管理	输入—设施管理目标分解与策划—设备设施的配置规划、环境规划—设备设施、物品采购—使用／维护维修（输出）—监督评价、改进	为核心层提供物质条件和硬件支持	总务处／教导处／信息中心
	财务管理	输入—经费管理目标分解与策划—经费预算—经费划拨—经费使用（输出）—审计—监督评价、改进	为核心层提供经费支持	总务处财务室
	安全管理	输入—安全管理目标分解与策划—设置安全网络—安全宣传与管理（输出）—监督评价、改进	为学生和教职员工提供安全保障	安全办
	社会工作管理	略	为核心层提供社会资源	德育处／教导处
	后勤服务管理	略	为学生和教职员工提供绿化、清洁、食堂等服务	总务处

（三）学校关键工作过程的关键要求

由于学校以顾客为关注焦点，将直接为学生、家长创造价值及满足其需求的业务系统确定为关键工作过程，所以我们将顾客的需求作为关键工作系统的关键要求进行拆分，并对应于各关键工作系统，将其作为关键工作系统的输入。其对应关系如下表：

学校关键工作过程的关键要求

关键工作过程	关键要求
德育管理	通过开展主题教育、社会实践等活动，对学生进行规范养成教育、道德教育、青春期教育、安全教育、心理健康教育、文明礼仪教育，培养学生正确的世界观、人生观、价值观，培养自主管理、自主学习、自主成长的能力，促进学生养成良好习惯，为社会培养合格公民和精英之才奠基
教学管理	了解学生的不同需求、学习动机、特性等，结合教学目标，通过教学计划、教学组织和教学质量进行管理等具体活动，积极进行教学研究，因材施教，构建智慧课堂，为学生提供优质、特色的教育教学服务，达成预期的教学目标
课程管理	严格按照深圳市教育局制定的课程计划设置学校课程，涵盖国家、地方、校本课程三级课程，对课程设置及教学过程等进行管理；运用学校、社会等各类教育资源优势，开设多元化的校本课程，为学生提供多种可选择性的教育服务
教研课管理	以学生为导向、以问题为导向、以实际为导向，进行校本教研、课题研究及学生社团开设，实现教师专业自主权的回归
客户管理	对客户（学生/家长）生命周期的全过程进行管理，了解客户的需求，为客户提供满意的教育服务，提高客户的忠诚度，树立学校品牌

二、设计理念

（一）设计学校教育教学服务和工作过程以满足需求

学校以"以人为本，和谐发展"为办学理念，以"打造卓越智慧校园"为办学目标，以"健全人格，全面发展"为育人目标，以学生终身发展为本，设计学校的产品和工作过程。

在教育教学服务和工作过程的设计中，学校还考虑利用和强化学校的核心竞争力。学校核心竞争力是学校运营系统设计和创新的基础，同时通过对运营系统的创新与完善不断增强学校核心竞争力。学校在核心竞争力分析的基础上，识别出强化因素和弱化因素，通过运营系统的运作使强化因素更强，弱化因素变强。

在具体设计各个工作过程时，学校则秉持更加细化的设计理念来满足需求：

1.德育管理过程设计理念

● 管育并重

学校建立新的德育观念，从以"管"为主的德育观念转变为"以'育'为核心，'管''育'并重，助力学生发展"的德育观念，尊重学生在德育中的主体地位，充分发挥学生的德育主体作用；加强对学生心结的开导、情绪的疏导、思想的引导。

● 知行统一

既要重视对学生进行系统的理论知识教育，又要重视对学生进行实际锻炼，把提高学生的思想认识和培养学生的道德行为结合起来，使他们成为言行一致的人。

● 与家长、社区形成合力

➢ 家校互动

学校重视家校之间的沟通与合作，统一学校、家庭的教育力量，向学生提出统一要求。发挥学校主导作用。主动与家长加强联系，共同讨论研究教育学生的问题并取得教育要求上的一致性，双方相互配合，共同做好学生的教育工作。

学校经常举办亲子活动，帮助家长了解孩子的情况，走进学校。在活动中教师有针对性的指导可以缩短教师与家长的距离；同时经过观察教师的教育行为和孩子的表现，家长反思自己的家庭教育内容和方法，在活动中获得正确的教育观念和教育方法，并将观念和方法融入与孩子相处的每一刻，逐步了解培养、教育孩子的重要性，从而最终实现孩子的健康和谐发展。

➢ "穗华心 · 少年兵团"亲子活动

二（5）班家委会组织几十名学生在家长的陪同下，赶赴广州市白云区的穗华心教育基地（陈洞基地）免费体验"穗华心 · 少年兵团"相关活动。在基地教官的带领下，学生和家长感受了野外拓展的活动，品尝了基地的伙食。在会议室里，基地相关工作人员给家长们介绍了他们的办学理念以及目前孩子存在例如"自私自利""目中无人"等诸多问题，呼吁家长重视对孩子行为习惯的培养，给孩子不一般的爱。

在第一会议室参加了一系列的活动，其中"感恩教育"让孩子们真正感受到了父母的辛苦。在腹部捆绑一个2公斤的沙袋，让孩子们感受到了母亲怀孕时的艰辛；做俯卧撑，让孩子感受到父母每天比做俯卧撑要累得多。孩子们感动了，当看到爸妈推开门进来那一刻，久久含在眼眶中的泪水如江水奔涌而来，一声声"妈妈我爱你""爸爸辛苦了"之类感恩的话语在空旷的会议室中回荡得那么嘹亮动听。随后刘恩等五位小朋友牵着爸爸妈妈的手，在台上深情地向妈妈爸爸道歉感恩，反思自己。

通过参加这次活动，孩子明白了自己该如何做一个好孩子，家长们也清楚了究竟应该给孩子什么样的爱。

➢ 加强社区的合作交流

学校通过对于封闭、划一的制度化教育的反思，探寻学校教育与社会生活再次融合的可能和方向，以形成开放的学校德育系统，将社区作为学校的德育基地而帮助在校学生形成良好的道德品质。

如，学校与社区共同制定"阳光服务"计划，分别从环保教育、亲子交流、实践活动三方面为学生提供实践活动机会。社区到学校开展"圆叠共舞"环保画、厨余垃圾变酵素亲子手工坊、环保手工制作活动。学生也在周末时间与家长一起参加社区组织的亲子表演、为社区老人导购等活动。

2.教学管理设计理念

● 以生为本，以学为主

以学生的发展为本，提高学生在课堂教学的参与度，落实学生的主体地位，把课堂还给学生，倡导"自主、合作、探究"的学习模式。

教师在新课开课前都会布置课前导学案，养成学生进行自主探究学习的习惯。如：

➢ 语文

我会读：读课文至少2遍，查找相关资料，在书上标记新词。

我会写：归纳形近字，多音字，易读错、写错字。

我会问：提出至少2个有价值的问题

➢ 数学

我知道了……

我会解决（问题）……

我有问题请教……

➢ 英语

我学会了（单词）……

我会说（句型）……

我会讲（关联学过的句型，讲一段话。选择性作业）……

● 新信息技术与教学深度融合

通过信息技术手段的深化挖掘，拓展学生的认知面和认知渠道，为学生提供了开放性的自主学习环境和资源，帮助学生领悟知识的内在联系并初步应用，更好地培养学生终身学习的态度和积极探索的创新能力。

学校大胆尝试全新教学方式，将电子白板、触摸一体机、同屏技术、体感技术、3D 打印技术、虚拟现实技术、空中课堂等信息技术手段应用于教学实践中。依托 11 个 iPad 教学班，培养学生利用信息技术学习和解决问题的能力。

如，2014 年 10 月 29 日，学校李文韬老师在教授学生 3D 打印《美丽的画框》一课时，与丽山学校小学部徐燕老师绘画课《海洋的颜色》进行实时视频互动，直播两校学生的课程进展。当课程结束时，徐燕老师将学生的六幅作品"空中传递"给李文韬老师。李老师指导学生现场进行打印，并用学生们的画框进行装裱。两所学校借助信息化网络，穿梭时空，共同完成了一堂跨学校、跨年级的"空中课堂"，开启了南山区公办学校、民办学校结对互助、推动教育信息化的新模式。

又如，魏冬梅老师执教的小学数学课《长方体的认识》立足课堂研究，运用多媒体课件和 APP，直观地将"点→线→长方形→长方体"的变化过程进行演示，生动形象地帮助学生理解立体图形和其他图形的区别，将抽象的数学几何图形具体化，达到了培养学生初步空间概念的效果。而学生则在 iPad 上把已知长方体的特征写出来，形成论坛，互相点赞，借助网络和技术既增加了生生之间的互动，又给教师提供了教学资源，实现了师生深度的交流，生生思维的碰撞。而且学生的问题、学生的学习成果得以展示，学生做题的基本情况都在 APP 中得到保留，相比传统的档案，更凸显出信息技术带给学生数学学习有效评价的便利性。

2016 年 4 月 28 日下午，由广东省教育厅主办，深圳市教育局和南山区政府承办的广东省基础教育信息化应用现场会在学府中学、南山实验教育集团南头小学两个分会场进行，会议代表现场观摩了 24 节信息化教学课。其中来自深圳中小学的课例共 15 节（其中深圳小学 1 节、福田区 2 节、罗湖区 2 节、南山区 8 节、龙岗区 2 节）。南山区的 8 节课含初中 4 节、小学 4 节。珠光小学魏冬梅老师有幸为全省专家分享了自己的这一课。

3.课程管理设计理念

● 关注学生的未来发展

通过调查发现，国家、地方课程远远不能满足学生对文学、体育、科学、艺术等方面的需求，学校仅有的几个社团所影响的学生的受益面太窄。基于此，完善校本课程体系势在必行，以实现国家课程校本化、校本课程特色化、特色课程精品化、精品课程品牌化，以满足家长、学生的需求，达到为学生全面发展服务的目的。

学校目前形成了两类具有代表性的校本课程。其一是面向全体学生的普及课程。如生态教育课程、科技教育课程。其二是针对学生兴趣特长和潜能挖掘的特色课程。如创意故事汇、玩转文学课程。这两类课程着眼普及与提高相结合，既考虑到了全体学生素养的提升，又兼顾到了部分学生的个性需求。

如，在培养学生创新意识方面，学校成立"珠光小学少年创新学院"，以服务学生自主创新实践为核心理念，提倡创新思维风暴进行理论探究，鼓励创造性动手创作与实践探索，以社团活动为抓手，现有航模社团、机器人社团、数字艺术社团、实做工坊、动漫社团等创客社团。

学校科技创新硕果累累，如，在第十九届深圳市青少年车辆模型四驱车拼装赛中，珠光小学获男子团体第一名。郑伊琪同学发明的智能光导室内照明系统获第十二届"广东省少年儿童发明奖"发明作品一等奖，在省、市、区科技大赛中，学校有 24 人次获得各级奖项，多元化能源再利用车、废水分流、洗衣机废水收集处理系统等 3 项获得国家专利，五（2）班周粲同学获评中国少年科学院小院士。

● 立足学校特色

依据学校学生的文化背景以及对校本课程的价值取向，正确评估自身的优势与劣势，依据学校自身的特点，尽量突出学校的优势。

学校针对特色课程编制课本、课程实施纲要、课程实施安排、考核评价方式等课程要素，使学校特色课程具有稳定性、一致性和连续性，如学校创意故事绘与玩转文学两门校本课程成为 2015 年深圳市好课程。

● 相互协调

➢ 三级课程间的均衡协调

在国家课程计划框架内，立足于弥补国家课程之缺失的基点上，谋求与国家课程和地方课程的协调一致和均衡发展，以获取支持。

国家、地方课程是学校特色教育的根基。因此学校严格按照深圳市教育局制定的课程计划设置学校课程，涵盖国家、地方、校本课程三级课程，其中国家和地方必修课程 11 门，选修课程 5 门。所有课程开足开齐，除语文、数学、英语等核心学科都有专任教师上课外，体育、美术、音乐、科学及综合、信息等综合组教师都有相关专业背景，100% 的美术、音乐、科学及综合、信息课由专业教师担任，80% 以上的体育课由专业教师担任，班级覆盖率 100%，从制度的层面保证了各类课程不被挤占、挪用。虽然近几年扩班迅速，班级数量早已超过了额定数量，但是美术室、音乐室、科学室、电脑室等功能室都尽可能满足教学需要，100% 班级的信息课、科学课安排在电脑室、科学室上课，四到六年级 100% 的美术、音乐课安排在美术室、音乐室上课。各种教学设备一应俱全，保证教学需求。各类地方课程通过思品、班队会课实施。因此学生基础学力得到最大程度的保证，也是学校各种教育特色的基本源泉。

➢ 校本课程开发和实施主体的整体协调

校本课程开发和实施主体既包括教师、校长，也包括学生和课程理论工作者以及家长、社区人士等，尊重参与，相互调适，形成合力。

2015—2016 学年校本课程 70 门，59 名校内教师，14 名外请教师，11 名家委参与授课。校内教师开设的社团 1145 人次，外请教师开设社团 538 人次，家委开设社团 150 人次。

珠光小学课程体系具有以下特点：

一是生态课程普及化。学校将生态课程、科技课程普及到所有课堂，让每一个学生都有学习机会，增强了课程实施的针对性及适应性。

二是个性课程超市化。在近 80 门（班）选修性社团活动中，学生们可以挑选出几门自己喜欢的个性课程进行实践、体验、探究。

三是特色课程精品化。学校针对特色课程编制课本、课程实施纲要、课程实施安排、考核评价方式等课程要素，使学校特色课程具有稳定性、一致性和连续性，如学校创意故事绘与玩转文学两门校本课程在 2015 年被评为深圳市好课程。

四是实施主体社会化。校本课程开发和实施主体既包括教师、校长，也包括学生和课程理论工作者以及家长、社区人士等，吸纳社会优质资源，吸纳家长资源，吸纳社区资源，开放办学，秉持一种整体的观点，尊重参与，相互调适，形成合力。

4.教科研管理过程设计理念

● *学术自由*

学校教科研工作的核心理念是"学术自由"，即教育科研工作的自由化、学术化，强调教师教育科研的主动性和内驱力，鼓励教师根据教育教学实际和自身专业特长，自愿、自发地参与课题研究、校本课程开发、校本教材编写与实施等活动。不采取行政命令强制参加科研工作，避免营造学术繁荣的假象。

● *教育科研与常规教学相结合*

学校注重教育科研与教学常规的结合，提倡带着问题研究，带着问题教学，以问题促课题，逐步引导教师实现从教育科研阵地向一线教育教学转变，从理论科研向校本教研转变，从单纯写教研论文向全面提高教育教学质量转变，从个人学术发展向帮助学生全面发展转变。

学校立足于学生，研究完成《关于学生课间奔跑行为的成因及对策研究》《小学低年级计算错误类型、成因及应对策略的研究》《实践中学科学》《区分长方形的周长和面积的相关知识的学习策略研究》《中年级语文精读课文预习单的设计与有效实施》《以绘本为载体，用美术形式渗透各个学科探索》《身边的对联文化》《创意拼装雪花片》等课题。

（二）将新技术、组织知识、教育方案和服务优势以及灵活性的潜在需求融入工作过程中

学校的设计与创新工作过程以满足所有关键工作要求为目标，将新技术、组织知识、教育方案和服务优势融入工作过程中以支撑工作系统运营，为学生和利益相关者创造价值，实现组织的成功和可持续发展。对于灵活性的潜在需求，按照学校的工作特点，利用校长办公会、行政例会等形式对灵活性的潜在需求进行分析，制定或调整学校工作计划，涵盖所有工作过程。

设计与创新工作过程表

类别	工作过程	方法	价值
新技术	教学管理	开展以iPad班为抓手的泛在学习，全景智慧平台、微课、慕课，利用微信综合服务平台布置作业	引发学生对学习的兴趣，培养学生利用信息技术学习和解决问题的能力，培养学生的核心素养
		通过iPad班，利用全景课堂收集学生的学习数据，实现学习大数据分析	为教师对学生的学情分析提供数据支撑 为学校提供教学决策依据，包括改进、创新、课程调整及开发等
		教师运用微信综合服务平台进行选课、调课	分析课程任务安排的合理性，优化课程设置
	德育管理	使用学校研发的微信平台收集学生素养成长动态数据，开展学生素养评价，建立学生成长数据中心。通过微信综合服务平台对学生进行表彰	培养学生八大素养，探索由终结性评价向过程性评价转变，更加精确、及时地评价和引导学生，促进学生身心健康发展
		在班级管理模块中，班主任可以发布班级公告，对学生的考勤、表现进行记录和管理	家长可以通过家长用户端快速了解班级情况和学生在校情况。实现家校互通的及时性和便捷性
	教师管理	使用学校研发的微信平台对教师展开全方位的管理，建立了如考勤、听评课、教研活动、绩效管理、工资、内部交流、问卷调查、投票等模块	实现移动办公，规范教师教学行为，减少行政成本，政务公开、透明。建立教师专业发展数据中心，实现数据化评价
	课程管理	学生和家长运用微信综合服务平台的社团管理模块，查看各种社团的简介、教师、上课时间、可选年级、人数限制、加入要求等内容，进行自主选课、报名	增加了社团活动的透明性，便于家长为学生提供参考意见

续表

类别		工作过程	方法	价值
新技术		课程管理	教师通过社团管理模块，可以查询学生报名情况，并利用该模块对社团的开设进行管理，如发送通知、活动情况上传等	便于教师实时查看社团报名情况，快速对社团活动进行管理，提升了工作效率
			在微信综合服务平台中建立数字展厅，对学生的学业成果进行展示，包括美术、书法、习作等，学生可以申办个人展，家长可以对各种展示进行点评和分享	激发了学生的学习兴趣，家长可以了解孩子的个性化发展情况
		设备设施管理	学校通过自主研发的微信综合服务平台，建立了校内设备设施的物联网，控制、监测所有电器的运行情况，包括能源消耗、设备故障推送	建立节约型校园，改进师生行为习惯，精准监控各班能耗情况，降低学校的办学成本
组织知识		教学管理	学校选择优秀的教案、教学视频、教育活动视频等，在校内外进行共享	通过各类教研活动，促进教师的能力提升，培养学生良好的行为习惯及端正的班风和学风
		德育管理		
教育方案和服务优势	生态文明教育	德育管理	学校为培养学生生态文明意识，以创建国际生态学校为契机，采用国际通用的七步法，将可持续发展理念融入学校学科教学中，将国旗下讲话、班队会、综合实践课、社团活动按标准课程运作，构建了新型德育课程体系	在学生幼小的心灵烙下生态文明的印记，培养了学生生态文明意识。利用碳汇林作为生态文明的窗口，向社区、家庭辐射
		课程管理		
	科技创新教育	课程管理	在培养学生创新意识方面，学校成立"珠光小学少年创新学院"，以服务学生自主创新实践为核心理念，提倡创新思维风暴进行理论探究，鼓励创造性动手创作与实践探索，以社团活动为抓手，现有航模社团、机器人社团和数字艺术社团、各类动漫及创客社团，吸纳很多零基础的学生参与	建立学生科创基础，培养创新意识，选拔创新人才

续表

类别		工作过程	方法	价值
教育方案和服务优势	信息技术应用	教学管理、学生管理、教师管理、设备设施管理	见本表"新技术"	/
	多元校本课程	课程管理	珠光小学形成了以"创意故事绘""玩转文学"等两门深圳市好课程为代表的多元校本课程体系。目标明确,内容丰富,实施具体,学生喜爱。目前学校已形成近80门校本课程	满足学生身心发展的需求,提供高质量的教育服务,培养学生的核心素养,为学生提供个性化的成长空间

第二节   过程管理

一、过程的实施

（一）建立关键绩效测量项目、指标，对工作过程的日常运作进行监测以满足关键过程要求

学校识别出关键工作过程的关键要求后，将其价值取向转换为工作过程的绩效监测指标，形成各工作过程评价与目标监测体系。

工作过程评价与目标监测体系表

关键工作过程	关键要求	关键绩效指标
德育管理	通过开展主题教育、社会实践等活动，对学生进行规范养成教育、道德教育、青春期教育、安全教育、心理健康教育、文明礼仪教育，培养学生正确的世界观、人生观、价值观，培养自主管理、自主学习、自主成长的能力，促进学生养成良好习惯，为社会培养合格公民和精英之才奠基	● 德育问题种类及数量的降低比例 ● 德育课程、团队课程设置的门类、数量 ● 生态环保教育课程 / 活动的学生参与率 ● 青春期心理健康课程开设的覆盖率 ● 家长对学生行为习惯的满意度 ● 学校与社区联动教育活动的次数及领域

续表

关键工作过程	关键要求	关键绩效指标
教学管理	了解学生的不同需求、学习动机、特性等,结合教学目标,通过教学计划、教学组织和教学质量管理等具体活动,积极进行教学研究,因材施教,构建愉悦、高效、生动课堂,为学生提供优质、特色的教育教学服务,达到预期的教学目标	● 集体备课参与率 ● 集体备课频次 ● 教师备课教案合格率 ● 教师备课教案优秀率 ● 教学设计中自主学习、合作学习、探究学习与课型、学情的吻合度 ● 自主学习参与度和达成度 ● 合作学习参与度和达成度 ● 探究学习参与度和达成度 ● 得到学业支持和帮助的学困生所占比例 ● 学困生的转化率
课程管理	按国家教育法规规定设置科目,对课程设置及教学过程等进行管理;运用学校、社会等各类教育资源优势,开设多元化的校本课程,为学生提供多种可选择性的教育服务	● 校本课程实施方案与学生年龄的契合度 ● 学生对校本课程的满意度 ● 生活体验类和动手实践类课程的种类及数量 ● 预算对实际经费需求的满足度
教科研管理	以学生为本,以解决实际教学中的问题为目的,进行校本教研和课题研究	● 课题数量 ● 课题与学校管理、教育教学实际、教材研究、课程建设的结合度 ● 教师参与的比例
客户管理	对客户(学生/家长)生命周期的全过程进行管理,了解客户的需求,为客户提供满意的教育服务,提高客户的忠诚度,树立学校品牌	● 学生和家长对学校沟通的满意度 ● 家长对家长学校的满意度 ● 社区环保宣传频次 ● 进社区志愿者活动次数

除了上述的关键绩效测量项目外,学校还通过日常教育、教学检查的评价对关键工作过程进行质量监控。

1.教学常规检查

学校通过教案检查、日常巡堂、听课,发现问题及时解决。由校长、教导处、教研组、备课组全面铺开对日常教学的监控和评价反馈。

在学校层级的教学常规检查细则的基础上，各学科组又制定了更加细致的标准。

在听评课方面，学校建立了55项评价指标，听课组教师在听评课前可根据所听课教师的特点进行听评课指标的选择，实施听评课的动态监测，使听评课更有针对性，有助于教师教学水平的提升。

附：

珠光小学课堂教学评价标准

类别			评价标准
教师		语言能力	1.教学语言条理清楚，简洁清晰，有感染力。讲解准确精练逻辑清楚，示范规范操作严谨，过程清晰
		调控能力	2.课堂气氛活跃，教学秩序井然，教学过程落实顺利
			3.能够根据课堂教学进展情况与出现的问题，采取有效措施，调整教学环节，保证课堂教学任务顺利完成
		教学机智	4.能够敏捷、快速地捕捉教学过程中的各种信息，并快速做出反馈
			5.能灵活利用各种教学资源，激活课堂教学
		练习设计	6.能够体现分层，并能够围绕教学目标展开
			7.能够按梯度呈现，并能引发学生深度思考
师生交往互动	学生	参与状态	8.学生能够专心听老师讲课，注意力集中
			9.倾听时，可以辅助做课堂笔记，并能抓住重点
			10.能够积极参与课堂问答和讨论
			11.能够积极参与小组合作学习
		交往状态	12.学生与教师、学生与学生之间相互尊重、理解、平等
			13.学生的注意力能够集中到学习的活动内容中，对学习的内容和方式感到兴奋、愉悦，具有进一步学习的愿望
			14.课堂上有适合于学生参与教学活动的合作氛围
			15.课堂上有能够充分调动手、眼、口、脑等多种感觉器官的适合学生发展的活动内容、活动方式
			16.课堂上有足够的表达个人意见、展示个人才能的时间与空间
			17.90%学生踊跃参与各项教学活动
		思维状态	18.学生具有问题意识，敢于发现问题、提出问题，发表自己的见解
			19.学生能够提出有价值的问题
			20.积极主动探究问题，具有独创性
			21.对重难点内容回答准确率高（覆盖不同层次的学生）
		情绪状态	22.学生有适度的紧张感和愉悦感
			23.学生能自我调控学习情绪。能够很快从激烈的讨论转入冷静专注的聆听

续表

类别			评价标准
课堂教学要素	教学目标	目标制订	24. 知识与技能、过程与方法、情感态度价值观等目标清晰、合理
			25. 知识目标要有量化要求，能力、思想情感目标要有明确要求，体现学科特点
			26. 以新课标为指导，符合学生年龄实际和认知规律，难易适度
			27. 德育目标及内容符合教学实际，渗透时机恰当，渗透效果明显
		目标达成	28. 教学目标明确地体现在每一个教学环节中，教学手段紧密地围绕目标，为目标服务
	教材处理		29. 在处理教材上突出了重点，突破了难点，抓住了关键
	教学程序	教学思路设计	30. 教学思路设计符合教学内容实际，符合学生实际
			31. 教学思路设计有一定的独创性，给学生以新鲜的感受
			32. 教学思路的层次、脉络清晰
			33. 教师在课堂上实际运作教学思路的教学效果良好
		课堂结构安排	34. 教学环节时间分配和衔接恰当、讲与练的时间搭配合理
			35. 教师活动与学生活动时间的分配，与教学目的和要求一致，无教师占用时间过多、学生活动时间过少现象
			36. 学生个人活动、小组活动和全班活动时间分配合理，无集体活动过多，学生个人自学、独立思考、独立完成作业时间太少的现象
			37. 各种层次的学生活动时间分配合理
	教学实施	教学方法和手段	38. 教学方法因课程、因学生不同而变化，量体裁衣，灵活运用
			39. 教学方法多样性，使课堂教学超凡脱俗，常教常新，富有艺术性
		教学指导	40. 指导合作学习时，能够结合学生实际情况落实角色和任务分配，落实学习过程时进行跟踪指导，关注学习结果的检查与反馈
			41. 指导自主学习时，导学问题设置合理，体现出不同层次，突出重点，突破难点，学习有效果
			42. 指导探究与研究性学习时，关注主题的适合度、学习的难度和可深入程度
			43. 学法指导结合学生实际，有利于教学目标达成

续表

类别			评价标准
课堂教学要素	教学实施	重难点突破	44. 围绕重难点层层设问，并根据学生实际选择设问方式
			45. 关注共性问题解决主要问题，及时答疑引导深入。对生成性的问题能够进行灵活处理
			46. 启发引导时按梯度设置问题难度，有利于重难点学习难度的分解
			47. 教学分层针对学生实际，能够满足各层次学生对重难点的掌握
		评级与激励	48. 对学生的激励适时适度，评价准确有利于正面引导
		作业布置	49. 作业布置体现对不同层次的学生进行知识点与能力的对应检查
	教师教学基本功	板书	50. 布局合理，体现教材主要逻辑关系，体现教学重难点，字迹工整美观，板画娴熟
		教态	51. 教态明朗、快活、庄重，富有感染力，仪表端庄，举止从容，态度热情，师生有良好的情感交融
		教育技术	52. 信息技术与教学内容有机结合，呈示时机恰当
	教学风格		53. 体现创新和个性化教学
	教学效果		54. 学生受益面大，不同程度的学生在原有基础上都有进步，知识、能力、思想情感目标达成
			55. 通过此次课堂教学，学生知识的掌握前后融会贯通

2. 德育过程及学生管理日常监督评价

在德育管理方面，学校开展了对德育计划制定情况、主题教育活动、任课教师的课堂德育渗透情况、学生行为表现情况、班级文化建设情况、检查德育资料/档案情况的监督和检查。

德育检查管理表

检查项目	检查方式	检查内容
德育计划制定情况	德育计划抽检	1. 德育工作计划是否覆盖了应该涉及的德育目标 2. 计划制定是否配合教学工作 3. 计划是否具有可行性 4. 评估过程是否可操作、有效果
主题教育活动	现场观察	1. 活动方案的设计是否能够达成德育目标 2. 活动参与度是否足够广泛 3. 活动是否达到预期效果
任课教师的课堂德育渗透情况	教案检查听评课	1. 渗透点是否准确 2. 渗透方式应用是否合理 3. 预期渗透效果和实际渗透效果比较 4. 价值思想被接受和认可程度
学生行为表现情况	标兵班级评比	1. 遵守纪律情况 2. 卫生习惯养成情况 3. 文明礼仪表现
班级文化建设情况	现场观察	1. 黑板报／宣传栏是否更新及时 2. 是否起到相应的宣传作用
检查德育资料／档案情况	档案抽检	1. 学生操行评定、后进生转化情况记录、家校互动情况记录、主题活动总结报告、德育成果等资料是否完整、客观 2. 纸质档案和电子档案是否一致

附：

珠光小学优秀班级评比方案

一、评比原则

为进一步完善少先队评价体系，培养学生良好行为习惯，让学生讲文明、知礼仪，守秩序、遵规范，形成良好的校风、班风、学风，将行为养成教育落到实处，学校少先队特制定优秀班级评比方案。

二、评比方法

行为规范评比从礼仪、纪律、卫生、广播操四大方面，每周分年段进行评比，评出卫生示范班、纪律示范班、礼仪示范班、广播操示范班。

具体安排如下：

一、二年级段：评出2个卫生示范班，2个纪律示范班，1个礼仪示范班；

三、四年级段：评出 1 个礼仪示范班，1 个卫生示范班，1 个纪律示范班；

五、六年级段：评出 1 个礼仪示范班，1 个卫生示范班，1 个纪律示范班。

根据行政检查广播操标准，二年级评出 1 个广播操示范班，三至六年级评出 2 个广播操示范班。

若某一班级在礼仪、卫生、纪律三项中同时被评为示范班，该班在当周被授予标兵班级称号。

各项评比满分为 100 分，各项违纪处罚为 1 分，情节严重的为 2—5 分。

（一）礼仪示范班评比细则

1.仪容

（1）周一必须着礼服，佩戴红领巾（不戴校徽），衬衫束进腰间，马甲、毛衣、衬衫扣子全部扣齐；

（2）其他重大场合也必须按要求着礼服；

（3）礼服、运动服必须配套，不可混穿，穿礼服不能进行运动；

（4）其他时间一律穿着运动服，T恤上衣束进腰间，不能敞开衣襟、胸扣，不得将外套系在腰间，搭在肩上，顶在头上；

（5）不穿拖鞋到校，不穿高跟鞋，不赤脚；

（6）女生不烫发、不染发、不画眉、不涂口红、不画眼线、不涂指甲、不戴金银首饰；

（7）衣着整洁，服装无破洞，无污渍，经常洗澡，勤剪指甲，勤洗头。

德育处、少队部将会到班抽查仪容情况。

2.礼貌

（1）在校园内碰到同学，应微笑互相问候；碰到老师行队礼，大声说"老师好"；见到陌生长辈，有礼貌地微笑；出校门时，主动与值日老师或同学说"再见"；

（2）上下楼梯靠右行走，懂得礼让他人，不抢道；

（3）进入校园，我们应缓步慢行、轻声细语，不大声喧哗，不追逐打闹，不与同学勾肩搭背；

（4）举行升旗仪式时，全体同学肃立、脱帽、行注目礼，少先队员行队礼；

（5）举行其他重大集会时，准时整队入场、退场，保持会场肃静，不随意说笑走动，不做与大会无关的事；

（6）台下同学要遵守会场秩序，注意听讲，适时报以掌声，不交头接耳，不随意迟到、早退，有事及时向老师请假；不谈笑，更不能起哄、喊叫；

（7）不带零食入校门，不吃、不带口香糖；

（8）不随地吐痰、乱丢垃圾、践踏草坪；

（9）虚心接受值日生的检查，不顶撞、谩骂值日生。

发现吃、带口香糖者，一人一次扣5分。

对于违纪情节严重的同学，先到德育处进行学习，再参加学校为期一周的"礼仪引导员"培训。

（二）卫生示范班评比细则

1. 包干区

（1）每天早上、中午、下午放学各清扫一次，清理树叶、垃圾，以及做好保洁工作；

（2）每天上午8:00开始检查。

2. 教室卫生

（1）教室地面（包括桌脚）：干净，无垃圾纸屑；

（2）窗台（包括窗滑动槽、学生能触及的窗框和防盗网）：干净，无灰尘；

（3）讲台、黑板：干净、整齐，无灰尘，讲台下无垃圾纸屑，黑板无乱涂乱画现象；

（4）课桌椅整齐，无乱摆放现象；窗帘扎起来，不能遮挡窗户；

（5）卫生工具：摆放整齐，垃圾桶及时倾倒、清洗。

每学期进行两次大扫除，大扫除评A级的班级为学期卫生示范班。

（三）纪律示范班评比细则

1. 出勤

早上7:55、中午14:00前进校，之后进校的为迟到，无故迟到一人一次扣1分。

2. 课前准备

（1）课前准备安静有序，趴在桌子上安静等待上课教师；

（2）课本及文具放在桌子的左上角；

（3）排队前往功能室上课时安静有序，不喧哗、不吵闹。

以上几项，吵闹或无准备的每人次扣1分。

3. 课间纪律

（1）轻声慢步，不能以任何理由在教室、走廊追逐打闹或进行任何体育活动，不大声喧哗，应保持环境安静；

（2）上下楼梯应靠右走，不能滑扶梯；

（3）不跨越花坛，不践踏花草，二楼以上的学生不能高空抛物；

（4）文明上洗手间，不破坏洗手间内的环境。

如违反以上四项规定中任一条，一人一次扣1分。

4. 中午放学

（1）穿着整洁、队伍整齐、有序安静文明地离开校园，一次只能出一个班，如两个班级相遇，高年级让低年级先行；

（2）各班级在教室门口排好两路纵队，不得在公众场合集中排队；

（3）排队出校门时不得追逐打闹、喧哗或并排走；

（4）学生穿戴整洁，外套不能绑在腰间、扛在肩上、顶在头上，红领巾必须佩戴整齐，不能拿在手上；

（5）出校门时，和值周老师、值日学生、保安说"再见"或者"下午见"等礼貌用语，并挥手致意；

（6）个别落单的学生应该跟在某个班级队伍后面，或几人排成纵队离开，不单独出校门；

（7）班级队伍走出黄色区域外才能散开。

放学时队伍散乱，未走出黄线解散，衣着不整，追跑、说话等各一次扣1分。

5. 午休纪律

（1）中午从进校开始，保持安静，迅速进入教室，看书或者自习；

（2）穿过校园、大厅、走廊时，不大声喧哗，不跑动；

（3）中午不从事任何体育活动，充分休息以保证下午上课精力充沛；

（4）若教室门没有打开，应该安静地等待同学或老师来开门，不喧哗、不跑跳；

（5）地面无垃圾。

违反以上规定，一人一次扣1分，扣完为止。

对于违纪情节严重的同学，先到德育处进行学习，再参加学校为期一周的"守纪引导员"培训。

（四）广播操示范班评比细则（以行政评分细则为准）

1．早操、爱眼体操（周二至周五）

（1）出操服装整齐，集合迅速，安静有序；

（2）入场动作整齐，安静有序，精神饱满；

（3）做操动作规范到位，眼操眼睛随手指运动，无不会做的现象；

（4）听从老师指挥；

（5）退场安静有序，队伍不散乱。

2．阳光体育（周五）

（1）排队迅速，队伍整齐，做操期间注意力集中，无打闹现象。

（2）跑步有节奏且整齐有序；

（3）书包摆放整齐。

早操期间，除田径队、篮球队外，其他同学均不准滞留在教学楼内。有特殊情况者，需有老师提供的证明。

三、对下列情况实行一票否决，并在周一晨会上点名批评

1．班主任无故不到岗；

2．严重破坏公物；

3．严重打架或伤害事故；

4．发生重大安全事故；

5．对学校荣誉造成重大负面影响。

四、特殊学生特殊照顾

五、信息公布与反馈

1．每周一公布各项示范班及标兵班级，每天中午公布前一天的评比情况，每天在珠光网（尽量也在QQ群）上公布评比明细。

2．班主任可随时到大队部查阅原始数据。

3．学校建立最终产品的测量指标。

学校将学生的学业成绩、成果和顾客价值感受作为最终产品质量的测量指标。这些指标通过日常的教育教学监测，进行数据的积累。在学业成绩方面，使用及格率、优秀率进行评价。学习成果方面主要体现在学生的参展、获奖情况。顾客价值感受方面，学校建立了具体、可测量的指标和具体的指标档案进行评价。

4.学校建立关键过程的测量指标。

学校针对学校各个工作过程（德育、教学、课程、教研等）的重要运作活动建立指标进行衡量。通过这些活动的有效运行，支撑了最终产品的各个测量指标的实现。由于指标过多，我们在此仅做部分展示，全部指标可见第四章测量、分析和知识管理"运营层指标"。

二、支持过程

（一）学校的关键支撑过程

学校结合教育行业特色，对非核心业务过程进行分析，将直接影响学校核心业务的技术及人力提供层的工作过程定义为关键支撑过程。

（二）确保关键支撑过程满足关键业务支持的要求

1.教师管理过程对关键业务支持的满足。

2.新信息技术管理过程对关键业务支持的满足。

关键业务	关键支持的要求	满足方法
教学管理过程	新信息技术与教育教学深度融合，提升孩子的学习兴趣，培养孩子的素质	1. 开设 iPad 教学班，在 2020 年覆盖 80% 的班级 2. 尝试全新教学方式，将电子白板、触摸一体机、同屏技术、体感技术、3D 打印技术、虚拟现实技术、空中课堂等信息技术手段运用在教学实践中 3. 信息技术助力学生素养评价：建立学生身心发展数据中心，全程跟踪和记录学生的体质、心理、学业、品德等各类素养成长情况
德育管理过程		
课程管理过程	课程设置情况、报名情况、开课情况一目了然	实现在线选课、课程调配，开设慕课、微课
教科研管理过程	教师开展泛在学习、建立网络校本研修社区	开展网上校本研修
客户管理过程	便捷、迅速、开放的客户沟通	开通家长客户端

三、产品和过程改进

学校建立各业务层监控评价机制，对工作过程进行全方位监控，以求工作过程的有效性：

● 强化相关部门对于一线教学的督导、指导、协调和服务职能，加强教育教学管理，确保指导的科学性、针对性和实效性，提高管理效率。

● 完善珠光小学新的课堂教学评价标准与体系，完善基于网络的智能化考试评价系统，建立终极评价与过程评估相结合的评价体系，加大对优质教学的奖励力度，激发教师的教学热情。

● 建立教育质量监测团队。以资深教师为主，建立一支高水平的教育质量监测队伍，加强质量检测研究，完善质量检测数据库。

● 将教师教学反思作为日常教育教学检查的一项重要内容，通过教师自我反思，推进学校教育教学工作的不断进步。

● 坚持和完善听课评课制度，通过集体备课、领导推门听课、教师互相听课、组织教学观摩课等活动，分享经验，改进工作。

学校还建立学科年度发展报告机制，每学年对学校进行质量分析，并制定改进方案：

● 分析学生：分析学生的听课情况，分析学生的课堂回答情况，分析学生的练习情况，分析学生的作业情况，分析学生的学习习惯和学习方法，分析学生的学习动机。

● 分析试卷：成绩分析，试卷难度层次分析，知识结构分析，题型得分分析，各题的得失分及在学生成绩中的体现分析。

● 分析教师：备课质量分析，课堂教学质量分析，作业布置批改情况分析，课后反思分析，课后个别辅导分析。

● 分析学校：日常教学常规管理分析，教、科研工作分析，教师队伍培养分析，办学目标实现情况分析。

第三节 创新管理

一、抓住被认定为明智的风险的战略机会

学校在战略分析中所采用的重要工具之一———SWOT分析，识别出了我们面临的机会和威胁，以及自身的优势和劣势；通过利用优势、市场机会，扭转我们的弱势、抵御各种威胁（挑战），并扩大我们的优势，有效地应对各种战略机会，承担明智的风险。

二、确保财力和其他资源可用性

学校将追求明智的风险的战略机会，将这些战略机会与学校的优势、劣势、面对的威胁进行组合，形成学校的战略目标。为了确保这些战略目标的实现，学校按如下步骤进行资源分配：

1. 针对每项战略目标，识别、分析应开展的各项活动；

2. 进一步分析这些活动实施所需要的各种资源需求，具体包括人员、资金、外部支持等；

3. 识别出这些资源在活动的各个阶段的需求，从而确定资源投入的时间段；

4. 依据各种资源需求的内容、需求量和时间段，在学校内准备、调配；如果目前资源无法满足，提请校长办公会批准，通过增加预算的方式来补充资源；

5. 在具体执行过程中，严格按照预定的资源需求进行资源提供；如果超出资源的需求，需要各行动方案的责任人提出申请，报战略管理机构批准后方可增加；

6. 在活动实施的各个节点，要回顾资源的适应情况；并根据下个阶段的预估，对可能增加的资源进行预先准备。

三、在合适的时机中断此活动以增加支持更优先的机会

在追求明智的风险的战略机会的活动中，学校每年评价战略目标实现的情况，对持续保持高绩效的战略目标，学校将分析该战略目标实现所需的资源最小化后的影响及影响程度，如无差别，则将实现该战略目标的资源降低至可以继续维持高绩效的程度，以增加支持其他更优先的机会。

四、创新机会

凡与核心竞争力相关的绩效结果、与利益相关方紧密相关的绩效结果、表现为"短板"的绩效指标、下降幅度最大的绩效指标等，都是属于我们关注的持续改进的优先事项和创新机会。我们通过以下方法进行创新：

● 关注与组织核心竞争力相关的绩效结果：学校把与核心竞争力相关的未达标的绩效指标作为优先发展的事项和创新机会。

● 关注与学生和利益相关方紧密相关的绩效结果：学生和家长是学校的主要服务对象，这一设定是为了满足教育社会的需要。因为和学生与利益相关者紧密相关的绩效结果直接关系到学校存在的价值，所以学校将顾客的价值主张、教育主管部门的评价、社会的认可度等绩效结果视为持续改进的高优先级。

● 关注"短板"的绩效指标：根据木桶原理，"短板"和"缝隙"是制约组织发展的瓶颈，因此在组织发展的过程中，"短板"绩效指标的改进便成为优先级中的重点。

● 关注下降幅度最大的绩效指标：异常变化的绩效指标是某种突发变化的预示，所以必须对这些变化做出及时的反应。

五、学校的创新

（一）德育方面的创新

● 创建国际生态学校

学校规划中强调，学校的一切教育都可以通过有标准的课程实施，特别

是德育、团队课程。2013年，学校德育处在过去德育、团队活动的基础上，致力于将德育、团队活动课程化。2014年，学校以创建国际生态学校为契机，采用国际通用的七步法，将可持续发展理念融入学校学科教学中，将国旗下讲话、班队会、综合实践课、社团活动按标准课程运作，构建了新型德育课程体系。其中，召开了12次主题班队会，举行了4次国旗下讲话，全校学生参与环境评审，开展活动25次，全校共有119名学生成为生态学校委员会学生代表委员，占委员会委员的74.4%，全校60名督导员、14名大队干部参与垃圾分类活动。2014年12月，全校1064名学生参加了深圳市垃圾分类在线知识竞赛，占全校学生人数的74.7%，总成绩获南山区第三名，并于当月成功向环保部宣教中心申请到绿旗，成为国际生态学校。可以说，德育课程化实施，创建生态教育课程是学校生态文明教育办学特色的基础。

● 碳汇林

2016年植树节，珠光小学隆重举行了"碳汇林"揭幕仪式暨植树活动，深圳市人居环境委员会宣教中心主任孙敬峰、南山区教育局、桃源街道办、桃源村居委会等领导，以及珠光小学行政领导、党员志愿者、家长义工、学生代表、媒体朋友等一行100多人，出席了本次活动。在碳汇林中，有各位领导和嘉宾种下的一棵棵生态小树，有珠光小学往届校友返校亲手种植的凤凰树、沉香，还有2015年一年级新生和六年级毕业生捐赠种植的植物。"碳汇林"作为珠光小学自然学校、自然课堂，渗透绿色环保教育，为学校一千多名师生提供天然保护屏障。它不仅有助于学生学习碳汇知识，提升低碳意识，还对推动低碳生活，传播生态文明，保护生态环境，倡导人与自然和谐相处，有着积极的意义。

● 八大素养培养计划

珠光小学结合社会主义核心价值观及深圳《关于进一步提升中小学生综合素养的指导意见》，遵循学生身心发展规律，以培养爱学习、爱劳动、爱祖国，身心健康、人格健全、社会责任感强，具备国际视野、较强创新精神和实践能力的特区新一代青少年为目标，针对当前教育存在的重分数轻素质、重知识轻能力、重书本轻实践等问题，制定了分年级的八大素养培养计划，以提升学生身心健康水平，增强创新实践能力，更好地适应城市现代化、国际化、信息化对人才的素质要求。

● 小绅士小淑女

针对在当今的青少年学生中出现不少礼仪观念淡薄、思想品德滑坡的现象，学校开展争做"小绅士、小淑女"的实践活动，引导学生养成高尚的道德情操，树立正确的道德观、价值观、世界观；成为内在素质优秀，外在形象良好，德才兼备的学生。

绅士标准：彬彬有礼，胸怀宽广；博学多识，奋发图强；忠孝诚信，一诺千金；自省自律，意志坚强。

淑女标准：整洁大方，朝气阳光；知书达理，热情善良；举止优雅，聪明能干；自尊自爱，自信自强。

（二）教学方面的创新

● 信息技术与教育教学深度融合

学校在教学方面大胆尝试全新教学方式，将电子白板、触摸一体机、同屏技术、体感技术、3D打印技术、虚拟现实技术、虚拟场景、空中课堂等信息技术手段运用在教学实践中。

如，全景课堂的应用，其主要作用是展开即时性的教育大数据采集与分析，针对性、实效性和即时性的资源推送以及贯穿后学习时代的多种互动学习方式。该平台集成了协同备课、互动教学、游戏学习、即时反馈、资源推送、在线答疑、实时分享、实时诊断、学科控件库等多功能于一体，重构了课堂的教与学结构，突出数字化学习方式的变革和学习手段以及学习途径的多样性；终端学习过程可见即可分享，可见即可生成新数据（新任务、新问题、新作业、新习题等），提升了学生的学习兴趣和学习效率。

（三）课程方面的创新

1.少年创新学院

具体参见"第三章顾客"。

2.精品课程

学校目前形成了两类具有代表性的校本课程，即创意故事汇、玩转文学课程。其一是面向全体学生的普及课程。如生态教育课程、科技教育课程。其二是针对学生兴趣特长和潜能挖掘的特色课程。这两类课程着眼普及与提高相结合，既考虑到了全体学生素养的提升，又兼顾部分学生的个性需求。其中创意故事绘与玩转文学两门校本课程通过深圳市教科院评审，成为2015

年深圳市好课程。

玩转文学校本课程：

在常规阅读和写作方面，以往一直存在几大问题：各班自发进行阅读和写作的推广，没有系统性，经验得不到分享，成果得不到展示。各班级优秀的写作爱好者没有施展身手的舞台，每到区级阅读及作文大赛，又苦于没有梯度培养的好苗子。语文老师们手上有不少优秀习作，没有投稿渠道。传统的习作教学让学生觉得写作是沉重的任务，习作无法激发出学生的兴趣。

针对以上问题，学校组建文学社，以文学社的形式组织各大作文比赛、常规投稿，梯度培养写作小明星，定向向师生、社会公布推荐书目，创办社刊，建立语文学科资源库等，成为语文组常规工作的有力补充。

文学社以"玩转文学"为理念，志在带着孩子们"玩一切与文学有关的有趣的活动"，如，看电影、开发绘本、观察菜地、养蚕、采访、以头脑风暴方式集体创作剧本等。活动激发了孩子的兴趣，开拓了他们的视野，让学生在课程活动中与文学结下小小的缘分。文学社为爱好文学的孩子提供了巨大的舞台。社团招收热爱写作的社员，不管其是否擅长写作，只要热爱，文学社就能提供一个"好玩"的项目。学生在社团活动中增长了知识，增进了感情，挖掘了潜能，见识了不一样的文学形式，个性在社团活动中得到充分的发挥。

在第十届冰心作文大赛中，珠光小学有29篇获得一等奖，65篇获得二等奖，88篇获得三等奖。深圳市现场作文大赛中，一等奖5名，二等奖3名，三等奖10名。2015年12月31日，珠光小学和珠光文学社因汉语文学写作成绩斐然，分别获得世界汉语文学作家协会与世界汉语文学出版社颁发的"世界汉语文学创作基地金牌学校奖"和"世界汉语文学创作基地金牌文学社奖"。

（四）新信息技术方面的创新

学校以移动技术为手段，依托大数据应用，构建立体泛在环境。学校自主研发了珠光小学微信服务平台，包含了18个模块，覆盖学校管理的90%。该项目已获得国家著作权11项。

（五）课题

课题名称	批准单位	级别	主持人	开题时间
校园 No.1 网络竞技学校组织策略研究	南山区科创局	区级	王春平、李捷	2013.10
南山区泛在学习实验学校	南山区教育局	区级	王春平、郑伟	2014.03
信息技术与中小学课程深度融合研究	南山区科创局	区级	王春平、李捷	2014.12
建设信息技术条件下的学校卓越绩效管理体系，打造智慧校园	南山区教育局	区级	王春平、郑伟	2014.04
深圳市卓越绩效管理试点学校	深圳市教育局	市级	王春平、李捷	2014.11
关于学生课间奔跑行为的成因及对策研究	珠光小学	校级	苏国发、张霞、荣雪、郑伟	2013.09
小学低年级计算错误类型、成因及应对策略的研究	珠光小学	校级	伍纯、姜淑华、吕昀娣	2013.09
实践中学科学	珠光小学	校级	郑江泉、李文韬	2013.09
区分长方形的周长和面积的相关知识的学习策略研究	珠光小学	校级	刘丹桐、刘溪	2013.09
中年级语文精读课文预习单的设计与有效实施	珠光小学	校级	张美嫦	2013.09
以绘本为载体，用美术形式渗透各个学科探索	珠光小学	校级	孙勇	2013.09

续表

课题名称	批准单位	级别	主持人	开题时间
广东省教育国际化实验学校	广东省教育国际化专业委员会	省级	王春平、丁志波、李捷	2015.09
身边的对联文化	深圳市教育局	市级	霍达意、刘红艳	2015.11
创意拼装雪花片	深圳市教育局	市级	何晓彤、魏冬梅	2015.11
互联网＋儿童文学阅读之不同学段学生的阅读趋向和阅读书目研究	广东省教育技术中心	省级	王春平、李捷、郑伟	2016.06
教育教学大数据分析	中央电教馆	国家级	王春平、李捷、郑伟、李文韬	2016.09
基于珠光小学综合服务平台的教育游戏学生素养评价体系构建	南山区科创局	区级	王春平、李捷、郑伟、陈忠秀、李文韬、黄宝渠	2016.06
基于iPad移动终端的小学数学课堂教学案例研究	南山区科创局	区级	魏冬梅、张洁瑜、张娟、刘丹桐、王国勇、黄宝渠、吕昀娣、刘芳、蔡婉玲、马婧怡、林浩纯、谢萌	2016.06

第四节　过程效率和有效性

一、对学校运营总成本的控制

（一）对学校各功能场馆、设备设施使用成本的控制

以学校发展规划为依据，以教育教学工作为重点，科学合理地编制每年预算，充分利用学校现有的固定资产，提高资产使用率。加强体育场馆、设施的管理，合理配置体育器材，提高体育场馆、器材的利用率，各种体育场馆和设施尽最大可能向师生开放使用。开源节流，勤俭节约，充分利用有限资金创造最大效益。

珠光小学功能室使用率统计表

功能室/场馆/设施	位置	数量	使用率
科学室	A楼一楼	1	100%
电脑室	A楼三楼	1	100%
音乐室	A楼二楼	1	100%
美术室	A楼三楼	1	100%
运动场	/	1	100%
篮球场	/	2	100%
微格教室	A楼一楼	1	100%
会议室	A楼一楼	1	100%
多功能厅	A楼二楼	1	100%
图书馆	A楼二楼	1	100%

（二）通过财产管理制度控制成本

为了进一步健全财产管理制度，对学校财产进行定期清理，提高现有财产的利用率。2011 年以来，学校在原有基础上，开始施行采购网上申报系统，确立了符合现代管理规范的财务审批制度，增加了透明度，有效保障了教职工的知情权、参与权、表达权和监督权。

学校推进校务公开，通过建立信息反馈制度，使议事决策更加程序化、民主化、科学化。职称评聘、人事调配、招生、物资采购等事务均经过规章制度和公开程序予以确定，使学校工作系统成本得到有效控制。

（三）对人力资源成本的控制

学校设立专项基金用于课程开发、实施和管理，用于师资培训、名师工程、奖教奖学、继续教育、设施配置、信息技术的推广应用与对外交流等，科学提升教职员工工作效率，从而最大限度降低或有效控制人力资源成本。

学校通过与专业团队合作、家长义工等方式充分挖掘校外教师资源，让各种教育利益相关者加入到我们的教育工作中来，在促进学校工作的同时，也有效降低了人力资源成本。

如，在校本课程实施方面，学校积极引进四点半学校后，共开设校本课程近 80 门（班），实际使用本校教师 56 人，其他均为校外资源。在学校管理方面，学校与家长义工形成相互守望的团队，目前有家长义工 160 余人，参与学生上下学交通安全管理，保证了学生的安全。

二、将时间周期、生产率及其他效率和有效性因素融入工作过程中

学校运用自主技术开发的基于校园局域网的"智慧校园"系统，实现了无纸化办公；教师听课评价系统、学分认定系统，实现了学生成绩统计、分析的自动化，既大大减轻了教师的工作负担，也减少了学校督导检查的频次和成本。如，学校研发的微信平台：

模块	功能	产生的价值
考勤	教师在校园内打开本页面点击"签到"或者在如饭堂、办公室等考勤点通过微信"摇一摇"即可完成考勤，管理部门可以随时查看、统计考勤情况	实现智能化的全校教职工考勤统计，避免人为操作所带来的数据歪曲和造假，实现公平公正公开，减轻考勤统计部门的工作负担
通知公告	及时接收查看学校下发的通知，并支持分组发送、查看反馈等服务	当学校发生紧急事件时，教师能够及时接收，实现快速反应。对公告的阅读情况及时反馈，便于关键事项的督查督办，提升工作效率
会议服务	与会者通过手机扫码功能或者"摇一摇"功能完成会议签到，同时可收到会议内容等推送，会议组织者可以实时查看参会情况。通过会议墙收集与会人员的问题、意见，实现实时互动	以数字化资料替代以往传统的纸质资料，降低了学校管理成本。同时避免了因签到人数过多而造成签到时间过长。通过实时互动提升了会议的效率
智能控制	控制办公室或教室的门禁、窗帘、照明、空调、投影等所有的电器设备，并且实时监测、收集能耗、空气质量等环境数据，实现异常提醒，安全监控	当各类电器设备发生异常时，及时进行维修、维护和调整，降低能耗
巡查服务	根据自定义设置的巡查项目对早读、自习、社团、卫生等教育教学活动进行数据收集，结合智能模块还能根据巡查者的移动位置自动推送与之匹配的登记表等相关巡查资料，实现泛在管理、泛在服务	使校级领导、中层管理人员、巡查人员快速了解教学开展情况，降低时间成本，提升巡查效率
社团管理	提供社团在线报名、社团通知、作业任务的推送，社团活动的展示，对采购校外的课程服务进行考勤和评价	校级领导和中层管理人员能实时了解社团开展情况及效果，提升管理效率
申请审批	校内人员可以在线进行请假、物品借领、用车、维修、外出等项目申请，部门负责人及时在线审批	缩减审批时间，降低时间成本。对学校资产的管理实现了可追溯可协调，避免了资源浪费
班级管理	查看学生素养数据，发布作业，发布通知，请假审批，点赞，班级空间，家校互通	减轻了班主任班级管理负担

续表

模块	功能	产生的价值
课程表	查阅个人课表，支持调课、换课、要课申请，并对临时调整的课时进行提醒	避免了调课换课造成的空堂现象，便于教导处对教师上课情况的及时监控
校园调研	可定向发放自定义问卷、投票，并自动回收、统计，生成各类报表	1. 实现各类调查无纸化投票，降低学校的办公成本 2. 自动统计调查结果，减少工作量
教研活动	教师公开课自选时间地点，在线评课，活动数据统计	节约了公开课排课协调教室等一系列庞杂工作，快速排出教师公开课课表，既降低了时间成本，又避免了排课差错。 在线评课实现了实时互动，便于执教教师快速收集信息，快速对教学设计进行改进，提升了工作效率。 教研活动数据统计实现自动化和实时性，使学校领导和中层管理人员快速了解教研情况和效果
数据中心	对整个平台的数据进行大数据分析，包括校园的数据、工作数据、学生数据、教师数据，并形成报表分时间段推送至管理者	资料实现数字化管理，降低了资料的使用成本、收集的时间成本、审核的时间成本。 实时查阅各类数据，降低了时间等待的成本，学校领导班子能够依据实时数据快速做出决策，强化了学校管理策略的灵活性和敏感性
绩效管理	在日常工作中收集教师获奖情况、教师日常工作数据，按学校绩效方案进行分值计算，在过程中完成绩效考核	实现智能化的教师绩效管理，避免人为操作所带来的数据歪曲和造假，实现公平公正公开，减轻绩效考核部门的工作负担，为评优评先、岗位设置、绩效分配、绿色通道提供准确的数据支撑
教学服务	教师可使用平台提供的教学资源快速生成课件完成备课工作	减少了教师查找教学素材、资源的时间，提升了备课效率和课堂教学质量

三、通过预防缺陷／差错和返工控制成本

学校针对关键业务流程建立了问题库，制定出针对性的解决方案，增强工作系统的科学性、针对性和实效性，提高管理效率，通过降低差错率、减少返工和浪费控制成本。

问题		后果		解决方案
类别	问题描述	对学校运营影响	对学生／家长感受影响	
教案	机械式摘抄	校内教师发展机会受到影响	学生上课感受较差	每个课时认真写好教案，严禁无教案上课
	没有做到认真钻研教学大纲和教材	对校内教师资源的破坏	学生上课感受较差	1. 备课组集体讨论备课。2. 每位教师根据学生的特点和自己的教学风格，重新修改教案，体现个性。3. 钻研教学大纲和课本，设计合理的教学程序
	未了解学生的学习态度和基础，无针对性地激发学生的求知欲	学校声誉会有所损伤	学生对知识的接受会有偏差，对学习不感兴趣	了解学生的学习态度和基础，有针对性地激发学生的求知欲
	未合理地设计教学程序，遗漏某些教学环节	会打破校内的集体备课模式	学生对知识点掌握不到位	尽可能多地进行相互之间听课、学习
	教学重难点突破方式不合理或教学难点分析不准确	课堂教学质量下降	学生对知识的重难点理解存在错误	找到正确的教学重难点和设计突破环节
	小组合作学习的问题指向性差		学生不能养成良好的小组学习习惯	教师合理设计小组合作学习方案，使指向性准确
	教师在小组合作学习中的参与度不高		学生不能及时获得参考性建议和操作	教师在教案上应多设计与学生的合作学习，提出自己的建议和意见

第五节 供应链管理

一、确保学校所选择的供应商合格

为确保学校所选择的供应商合格，不仅满足运营要求，而且有助于提升学校绩效和顾客满意度，学校采取以下措施：

（一）学校基建凡超过100万元的项目必须由政府统一集中招标。

（二）学校购买设施、设备超过40万元的，必须由区政府物料供应中心统一集中招标（例如我校的教师办公设备、电脑、电教平台、校园网等即实行统一招标）。

（三）其他服务项目的采购，如绿化、清洁、保安、质量改进等，校内招标。

（四）基建项目低于100万元、设备设施采购低于40万元的，则由学校办理及招标。

学校招标的具体操作程序如下：

1.凡学校招标的项目必须先由校长室或校行政会确定大致方案（包括内容、底价、要求等）。具体招标事宜由学校总务处组织进行。

2.凡参加投标的单位必须有3家以上，而且必须是有正规营业执照。

3.招标记录交校长审查后，总务处与中标单位签订合同。

4.学校组织招标的所有合同和预算表，都必须上交教育局"三算"审核。工程结算必须送南山区审计局指定的审计部门审定，工程造价以审计部门的审定价为准；凡审定价高于合同价的以合同价包干，低于合同价的则以审定价包干。

提供《珠光小学工程项目招标评标方法和评分标准》《南山区珠光小学招

标项目定标书》。

二、测量和评估供应商绩效

为了促进供应商所提供的产品 / 服务质量的稳定和提高，全面反映供应商综合能力，学校于项目验收时对供应商绩效进行测量和评估，除了依据合同约定的验收标准进行评估外，还按照以下指标对各个供应商进行评估。

测量内容		相关指标	指标值
质量	产品	产品与预期性能指标符合度	100%
		产品与国家标准的符合度	100%
	服务	因外包服务导致的重大失误次数	0
		因外包服务引发学生及家长投诉次数	0
	工程	验收合格率	100%
		返工次数	0
供货		供货按时率	100%
价格		与市场价格比	±5%

三、供应商改进和处理

全校教职工随时可对供应商提供的产品或服务提出意见，发现质量失控或服务不佳时，总务处随时组织对该供应商进行评价，提出限期整改的意见，并按约定时间对整改效果进行跟踪验证。

对于表现差的供应商，按照合同约定解除合同，停止其供应商资格。

第六节　安全和突发事件应对

一、安全管理

（一）明确安全职责

校长是学校安全工作的第一责任人。学校安全工作由校长领导下的安全工作领导小组负责，具体事务由安全主任完成，各班、室的负责人向领导小组负责。学校全体教职工均签订了岗位安全责任书，实行安全责任追究制。

附：珠光小学岗位安全责任书

珠光小学岗位安全责任书

类别	岗位安全责任	责任人签名
校长	是学校法定代表人，负责学校全面的安全工作领导职责。承担全校安全管理领导第一责任	
副校长	负责所分管部门的安全工作领导职责。承担分管部门安全管理领导责任	
安全主任	具体管理学校安全工作，监督和检查各部门安全工作和负责全校的安全培训，建立安全档案。承担全校安全管理责任	
各科室主任	负责所分管科室的安全工作，负责该科室所组织的活动中师生安全管理工作的落实和检查。负有承担该科室安全管理责任	
校医	负责学校食品安全工作，建立健全食品安全管理制度。做好卫生防疫工作，做到早发现、早汇报、早治疗、早控制。经常检查医疗器械、消毒，保证器械药品安全。负有承担学校卫生、防疫、食品安全的责任	

续表

类别	岗位安全责任	责任人签名
网络管理员	负责校园网络信息安全的管理工作。负有承担网络安全管理责任	
年级组长	负责年级组内活动的安全，承担该年级活动的安全管理责任。督促办公室人员注意锁门、关窗、关电和关电器，做好防盗及消防安全工作，承担办公室安全管理责任	
各班主任	负责班内学生学习和活动的安全，每天每节课都要及时掌握学生到校情况，并有记录；如有异常，要及时上报教导处。经常检查班内设施、设备的状况，及时发现和汇报班内存在的安全隐患，及时上报班内的破损设备及存在的使用问题。负有承担该班内安全管理责任	
各任课教师	负责本节课内学生学习活动的安全，检查教室内设施设备的安全状况，及时汇报破损设备及存在的使用问题。如果是户外上课，要确保场地的安全，不进行具有危险性的活动。如果是实验课，要切实遵守操作守则，确保师生人身安全。负有承担该节课学生安全管理责任	
功能室负责人	定期检查功能室内设施设备的状况，及时汇报设备破损情况及其他安全问题，特别要注意用电和功能室器具等存在的安全隐患问题。负有承担功能室安全管理责任	
报账员	严格按照上级的财经制度管好学校的财务。加强保险柜和现金管理，保证安全。承担财务安全管理职责	
校产（含图书管理员）	严格按照学校的校产管理制度，做好校产的入库验收、统计入账、借出、归还登记工作，防止校产外流损失。承担校产管理责任。图书管理员负有阅览室的安全管理职责	
档案管理员	负责学校档案管理，严格执行档案管理制度，做好档案的归档、分类，做好保密工作，防止档案丢失，承担档案管理责任	
保安员	负责学校的保安工作，严格控制外来人员和车辆进校园，并做好登记工作，杜绝上课期间学生外出现象发生。负有承担校园安全管理责任	
水电维修工	负责全校水电的维护工作，经常检查水电、门窗及其他设施和消防设备的安全，及时更换坏旧、残破设备，防止安全事故发生。承担水、电、消防安全管理责任	

续表

类别	岗位安全责任	责任人签名
花工	负责校园内的花木管理。合理摆放盆花，及时修剪花木，清理残枝，防止发生安全事故。承担相应的安全管理责任	
清洁工	负责走廊过道、厕所、公共场所的清扫，防止积水打滑，检查水电异常情况并及时上报总务处。承担公共场所相应的安全管理责任	
司机	负责车辆的维护和保养，保证学校车辆行驶安全，杜绝交通事故的发生	
炊事员	严格按照《食品安全卫生管理制度》执业，对食品的入口、出口严格检查，保存食品的样本，对器具勤清洗、消毒，做好厨房防火安全、用电、用气安全，确保食品安全。负有承担食堂、食品安全的直接责任	

（二）建立安全事故报告制度

师生在校内外出现了安全事故，相关责任人必须在一小时以内上报给安全主任，由安全主任及时协调校安全领导小组做好相关的事故处理工作。

（三）建立应急处置领导机构

组　　长：校长

副组长：副校长

组　　员：各处室主要负责人

领导小组的主要职责：负责统一决策、组织、指挥全校各类突发事件的应急响应行动，下达应急处置工作任务。重大问题及时向上级请示报告。

处置突发事故由在场的最高领导担任指挥，并成立相应的工作小组。

● 抢险组：传达贯彻领导指示，报告事故处理情况，协调有关单位负责救援工作。

● 抢救伤员组：主要是对事故进行现场处置，如灭火、打捞、关闭有毒有害气源或泄漏源等。

● 维护现场秩序警戒组：负责设置警戒区域，维护现场秩序，疏通道路。组织危险区人员撤离，劝说围观人员离开事故现场。

● 后勤保障组：负责指挥人员和救援人员的现场食宿安排，保障物资装备供应，协助处理伤、病员的救援工作。

●善后处理组：负责对死亡、受伤人员家属的安抚、慰问工作，做好思想稳定工作，妥善处理好善后事宜，消除各种不安全、不稳定因素。

（四）事故预防和检验

学校汇总学校以往检查结果、收集了解学校安全管理情况和同类学校已发生的事件，制定各种应急预案，以应对安全事件，不定期组织学生和教师进行预案演练，确保涉及的人员掌握安全知识，可以有效地操作相应的设备，识别出存在的问题。在预案实施过程中，重点关注以下几点：

●设备设施的维护有效性；

●预案操作的规范性；

●预案实施的有效性；

●按规定收集检查证据与记录；

●检查实施要保证覆盖面与抽样的代表性、针对性。

（五）故障根源分析和恢复

在预案演习过程中发现问题后，安全检查小组拟制整改通知书，交责任人确认。责任人自查是否有类似的事件继续存在，并尽量将引发的不良后果消除。为了保证安全预案能够有效适应学校不断发展的现状，由学校高层领导主持，每学期都会对安全预案的适应性和有效性进行评估，以确保预案达到100%的有效。

对于已发生的校园安全事件，学校秉持以下原则进行处理：

●"救治第一"的原则

发生事故时，处变不惊，稳住阵脚。必须遵循"救治第一"的原则，第一时间组织力量将受伤学生送往卫生室或医院救治，事后再明确责任，进行奖惩处理。不可在事故现场置受害学生于不顾，相互推诿责任，延误学生的治疗。如因救治不及时造成严重后果的，将追究相关责任人，予以严厉处分！

●依法调解原则

根据学生事故处理条例的有关条款规定，接待家长。尊重事实，做到合法、合理、合情。有对方当事人的，要联系对方当事人的家长，协商处理孩子的意外伤害。对方当事人如果态度不积极，学校进行调解处理。

● 一次性解决原则

学生事故的善后处理要本着就事论事的原则，不解决与本事故无关的事，做到一事一清，不留尾巴；更不能分段解决；如家长不同意或不服调解，可提醒家长依法保护自己的合法权利。

学校发生安全事故的处置制度

为了有效防范安全事故的发生，及时消除各类事故隐患，事故发生后，立足于尽量减少人员伤亡及财产损失，并且在第一时间充分调动各方面力量投入抢险救助工作，根据我校实际，特制定本制度：

1.当安全事故发生后，相关责任人要根据现场条件和自身能力对事故作出恰当的应急处理。责任人在应急处理后要以最快速度报告学校领导，同时要做好相关现场保护工作。

任何人不得隐瞒事故真相。事故相关责任人应在最短时间内对事故作深入调查分析，写出详细的书面报告，报告内容必须明确事故发生的时间、地点、伤亡情况以及经济损失状况和应承担的责任，呈学校安全办。

校长及时召集有关人员对事故作进一步调查分析，确定事故性质和责任，并根据有关规定对事故责任人做出公正处理。学校对事故的调查和处理采取"四不放过"原则：事故原因没有查清不放过；事故责任没有追究清楚不放过；师生员工没有受到教育不放过；没有防范措施不放过。

2.凡发生有师生重大伤亡或较大经济损失的重大安全事故，事故相关人必须立即上报学校，学校在1小时内上报教育主管部门。同时学校应及时组织抢险救助工作并保护好现场，防止事态进一步扩大。

3.学校领导应及时赶赴事故现场组织抢险救助工作。处置突发事故由在场最高领导担任指挥，并成立相应的工作小组：抢险组、抢救伤员组、维护现场秩序警戒组、善后处理组、后勤保障组等，以确保抢险、救助工作有序进行，将事故损失降到最低程度。

4.为了预防重大事故的发生，学校要加强对重大事故的隐患排查和整改。对一时难以整改的重大事故隐患，学校要建立档案，逐级上报，并制定防范监控方案，确保重大安全事故隐患得到及时消除和有效监控，从而杜绝重大事故的发生。

5.对安全事故采取漠视、逃避、推诿或掩盖的，要给予严厉批评，视情节轻重按规定作出相应处理，直至追究法律责任。

二、突发事件应对

（一）确保学校在灾害或紧急情况下有足够的准备

1. 建立应急处置领导机构（见本节"一、安全管理"）；

2. 制定应急预案和处理流程。

学校针对各类可能发生的突发事件，分别制定相应的应急预案和处理流程，进行培训和演练，以提高快速反应能力。

突发事件	应急预案	处理流程
重大自然灾害	重大自然灾害预案	1. 根据灾情预报、政府指令和灾害发生时的实际情况，必要时，在各部门做好值班和防范工作的前提下，可以停工停课，以防灾害扩大 2. 发生自然灾害立即向学校主要领导报告 3. 学校领导立即向区政府和相关职能部门以及区教育局报告 4. 学校领导根据现场情况，及时控制局面，做好先期处置工作，防止事态扩大。组织自救，必要时拨打急救中心电话"120"或火警电话"119"请求救助 5. 立即组织包括校医在内的急救小组，迅速展开救治工作，最大限度地降低死亡率，减少事件损失
公共卫生事件	学生突发疾病处理预案	1. 发现疫情立即向学校主要领导报告 2. 学校领导立即向区教育局、区防疫站、区政府报告 3. 根据疫情，立即将传染病患者送往就近医院（传染病医院），或拨打急救中心电话"120"请求救助 4. 学校传染病防控工作小组立即启动学校传染病防控安全预案，实行隔离等防控措施
重大突发学生群体事件	重大突发事件应急预案、心理危机预案	1. 接报后，校长、值日教师和有关人员迅速赶到现场控制局面 2. 组织人员按照程序打电话向领导报告 3. 学校领导根据事态严重程度，边处置情况边向区教育局汇报 4. 如有人员受伤，立即送往就近医院进行救治，或拨打"120"急救电话 5. 如是殴斗事件，除迅速控制局面、平息事态外，应将双方主要负责人和有关人员带离现场，其余人员驱散 6. 如是意外事故，应尽快组织人员抢救，将受伤者送往就近医院救治，或拨打"120"急救电话 7. 如是社会人员来校闹事且较为严重的，须立即拨打"110"报警

续表

突发事件	应急预案	处理流程
火灾事故	灭火疏散处理预案	1. 参加人员：在消防车到来之前，以学校安全主任和教师为主，其余人员（学生除外）均有义务参加扑救 2. 消防车到来之后，校内人员配合消防专业人员扑救或做好辅助工作 3. 使用器具：灭火器、水桶、脸盆、铁锹、水浸的棉被等 4. 学校各级领导和教师要迅速组织人员逃生，原则是"先救人，后救物" 5. 无关人员要远离火场和校园内的固定消防栓，以便于消防车辆驶入和组织扑救

（二）突发事件的预防

学校设立安全办，由一名副校长分管，安全办主任具体制定落实各项安全工作，作为学校安全工作的直接责任部门，采取以下措施对突发事件进行预防：

● 举办各种群体性活动，都必须有相应的应急预案，以应对可能发生的突发事件。

● 定期对各种可能发生的紧急情况进行评估，定期组织学生进行针对性演习（如地震逃生演习、消防演习等）

● 进行安全知识宣传和教育，并纳入日常教育教学工作中去。

● 定期检查和维护消防栓等各类应急保障设施。

● 定期检查评估学校网络安全。

（三）运营的持续性和恢复

为了保证学校运行的持续性，当突发事件发生后，学校领导按照以下步骤对学校的运营进行恢复：

● 了解学生及教职工伤亡情况，及时安抚家属情绪，积极提供法律援助。

● 对学生和教职工进行心理辅导，使其能够快速恢复。

● 对事件进行调查，分析事件发生的原因，完善事故预案，严防同类事故再次发生。

● 尽快恢复正常教学秩序。向主管教育行政部门报告事故处理情况。

附录

变革学校系统，提升依法科学治理能力

王春平

【摘要】这是一个互联网＋、人工智能、大数据、新科技、新技术、新能源时代。这个时代要求对学生健康成长、教师专业发展、学校治理应有系统的顶层设计与现实变革。通过变革学校系统，持续提升依法科学治理能力，从而实现学生学习个性化、教师发展专业化、学校决策科学化、未来教育智慧化。习近平总书记说："教育决定着人类的今天，也决定着人类的未来。"2012 年 2 月，教育部印发了《中小学教师专业标准（试行）》，2017 年 12月初，教育部颁布了《义务教育学校管理标准》，为教师发展、学校治理提供了基本依据。这些依据强化对标研判，树立先进的治理理念，加强教师队伍建设，提高教师整体素质，建立科学合理的评价体系，提高教育教学质量，提高学校办学水平和办学效益。

【关键词】：系统变革　依法治校　治理体系

一、变革治理体系：从管理走向服务

大道至简。学校一定要建立仁爱友善简单的人际关系，便于学习，便于工作，便于生活，人人有尊严，从而提高学习效率，提高工作效率。应该说，得天下英才而教之，是教师幸运幸福的事情，要做到有教无类，出类拔

萃；聚天下英才而用之，是校长幸运幸福的事情，要做到人尽其才，才尽其用。校长理应努力营造宽松、仁爱、友善、民主、平等、包容、卓越的学校教育生态，变革学校治理体系，通过教代会、教师大会构建激励包容的现代学校制度，在制度面前，人人平等；在制度面前，没有特例。

教师是兴教之源。学校一切工作的逻辑起点是学生，所谓一切为了孩子。学校之间的竞争是教师之间的竞争，教师是学校可持续发展的核心竞争力。发展教师首先要尊重教师，尊重教师、发展教师专业专长是校长的责任和应有使命。只有教师发展好了，教师专业发展好了，才能更好地发展学生，发展学生学科素养和综合素养，为学生人生幸福打下坚实的学力基础和人格基础。

2013 年 9 月，我校构建了行政、德育、教学、科研、信息技术、后勤、安全、家长义工等八大方阵。这八大方阵秉持"用人所长，容人所短，取长补短，守望相助"的准则，组织和整合校内外一切有效的人财物资源、课程资源等去服务并匹配教师专业发展需求，去服务并匹配学生成长需求以及家长教育需求。学校考察衡量各方阵服务的成熟度、契合度，以及在有限工作时间内与有效工作、有效成果的关联度，学校治理由此树立服务的理念。

二、变革发展体系：从要求走向需求

发展才是硬道理，这是我国改革开放总设计师邓小平同志提出的一个简单而深刻的真理。马克思认为人的全面发展包括人的劳动活动、劳动能力、社会关系、自由个性和人类整体的全面发展。而自由个性的充分发挥，是人全面发展的综合体现和最高目标，也是人全面发展的根本内涵。

深圳的教师带着梦想从祖国四面八方而来，同时也为实现价值而来，因此学校从对教师的专业发展要求走向教师自己提出专业发展需求。2013 年 9 月开始，学校将过去对教师的专业要求分成教师基本工作标准和教师专业发展需求。教师基本工作标准是必达标准，其内容有：考勤、学科工作量、教研课、教研活动、班级管理、年级同学科平均分模糊度（学生个人成绩以等级出现）、教学设计抽查、作业批改抽查、有效投诉为零、安全责任事故为零等等。专业发展需求：各级课题研究、校本课程开发、学生社团建设、四点半学校举办、区"百花杯"课堂教学竞赛、区"桃李杯"学生综合技能大赛、区"四节"（英语节、艺术节、科技节、体育节）比赛等等。

遵照教师教育生命周期和专业发展，学校制定了精英教师领航者行动计划、卓越教师引领者行动计划、青年教师阶梯发展行动计划、学科教师专业发展行动计划。这"四大"行动计划覆盖了学校教师群体，为全体教师搭建起专业发展平台，焕发出教师专业发展需求的内驱力，从而实现教师自主发展、主动发展。

三、变革课程体系：从实施走向开发

课程是教育思想、教育目标和教育内容的主要载体，是学校教育教学的基本依据，直接影响人才培养质量。因此，课程形态决定学校形态，课程的高度决定学校的高度，只有改变课程，才能从根本上改变学校。

从 2001 年秋季开始，南山区成为首批全国 38 个新课程改革实验区之一，承担了新课程改革试点任务，我们参与其中。学校根据课程改革的总体思路，深入推进国家课程校本化实施，而实施者恰恰就是教师。经过十多年改革实验，深度研讨，总结提升，我们很多教师从课程实施者成为课程的开发者。

在深圳，我们学校教师团队紧紧围绕学生品德、身心、学习、创新、审美、国际、信息、生活八大素养培养，构建和优化基础性课程、拓展性课程、特色性课程体系。

基础性课程以国家课程为主，面向全体学生开设，占总课时数的 70%；拓展性课程是国家课程的延伸和深化，主要服务学生能力提升，以综合性课程为主，占总课时数的 20%；我们教师团队自主开发的特色性课程主要服务学生的个性化发展，占总课时数的 10%。

加强了低年段基于学科整合的综合性课程建设，加强了高年段综合性课程建设，探索信息技术与学科教学深度融合的实验研究，完成了为学生提供个性化的，着眼于综合素养的，为幸福人生奠定基础的教育服务方案。建设了学校创新教师工作室和教师"遇见"读书书友会，建成 13 个少年学习书院、106 个学生社团，注重学生学习兴趣、习惯养成、学会学习、快乐阅读、生活技能、艺术审美等拓展性课程、特色性课程的开发。

四、变革绩效体系：从投票走向数据

由于现实与体制等原因，无论城市小学还是农村小学，女教师往往大大多于男教师，如何让这些穿着高跟鞋的女教师优雅、快乐、快速、安全地跑起来，让她们自主主动工作，学校制订了系列激励包容性制度文化，激励跑起来的、能干的、勤奋的教师，包容尚未跑起来尚不能干尚不勤奋的教师，最终也让这些教师跑起来，能干起来，勤奋起来。

在政府层面，教师的核心利益包括基础工资、基础性绩效、奖励性绩效。在学校层面，教师的核心利益包括年度考核、评优评先、绩效分配、职称评聘、岗位设置、外出培训。

政府层面教师的核心利益有市、区配套的实施文件。那么学校层面教师的核心利益则需要做到公正、公平、公开分配，杜绝主观人为因素，让大家信服。2014 年 7 月，学校按语文、数学、英语、综合学科、行政教辅后勤五大板块尝试 2013—2014 学年年度考核，评优评先由过去教师投票表决过渡到用数据说话，让冷冰冰的数据变得温暖起来。其实，大可不必怀疑与担忧，在今天的人工智能时代、信息社会时代，教师工作是可以量化的，是可以用数据描述的。

这些数据全过程、全覆盖记录了教师考勤、工作量、教学、教研、班级管理、课题实验、课程开发等在有限工作时间内有效工作的有效成果。比如教学数据有集体备课参与率，集体备课频次，教师备课教案合格率，教师备课教案优秀率，教学设计中自主学习、合作学习、探究学习与课型、学情的吻合度，自主学习参与度和达成度，合作学习参与度和达成度，探究学习参与度和达成度，得到学业支持帮助的学困生所占比例，学困生的转化率，等等。

学校采集、分析、使用这些生成性数据提供给教师作为其持续改进教育教学的依据，作为教师年度考核、评优评先、绩效分配、职称评聘、岗位设置、外出培训的依据。

五、变革质量体系：从平凡走向卓越

教育是民生之机。小学教育是孩子成长的起点，为懵懂孩童慢慢开启一个新奇的世界，同时引导他们去探索，去思考，去实践，最终成长为对社会、对国家有用的人。实现教育优质均衡发展，办好新优质学校，我们这所曾经平平凡凡的小学正在走向卓越。

学生快乐学习，正在实现学生学习个性化。我校非深户学生占比60%多，家长具有高中和高中以上学习经历的占比23.6%。2016年上半年学生参加南山区首届"桃李杯"综合素养技能大赛获得团体总分第七名，其中语文低段获全区第3名的好成绩。近年来，学生参加市、区各种比赛获得2500多个奖项，其中市车模比赛获小学组团体总分第一名，一名学生获广东省成语听写总冠军，一名学生获得全国舞蹈比赛第一名，一名学生被评为中国少年科学院"小院士"。全体学生的学力基础、人格基础在这里得到夯实。

教师快速发展，正在实现教师发展专业化。三名教师被环保部评为全国国际生态学校优秀教师，四名教师获中央电教馆教学工具评比一等奖，一名教师被评为全国科研型教师，一名美术教师发展成为深圳市信息技术领军人才并且是广东省教育大数据小学唯一的专家，一名教师发展成为广东省英语骨干教师培养对象，两名教师是深圳市"好课程"开发者，五名教师分别获得南山区首届"百花奖"课堂教学比赛一、二等奖。近三年为深圳市提供优质课例220多节，教师积极参与区市省国家级课题实验，发表论文30多篇。来自全国各地教师的梦想与价值在这里得以实现。

学校正确决策，正在实现学校决策科学化。学校是深圳市首批30所智慧校园示范校之一，近三年学校微信办公平台获得国家专利28项。2015年高分通过深圳市办学水平评估，是深圳市教育先进单位。2016年被环保部宣教中心评为国际生态学校，是全国生态文明教育100所示范校之一。2017年获得南山区人民政府质量奖，获得南山区教育创新成果一等奖。2017年11月由北京师范大学校长培训学院、深圳市教育局主办的"全国秋季校长论坛（深圳）"300多名校长莅临学校分享参观智慧校园建设，受到广泛好评。近年接待区内外、市内外、省内外以及香港教育同行参观访问1500多人次，为多所伙伴学校提供技术支持并签约战略联盟，学校办学效益得到彰显。

走在未来教育的路上，我们继续秉持"仁爱、卓越"的价值观，继续打造"平安校园、书香校园、生态校园、智慧校园、创新校园"，办好新优质学校，完成"让学生像珍珠一样发光，让教师像珍珠一样发光，让学校像珍珠一样发光"的办学使命，努力实现未来教育智慧化。

后记

经过五年的不懈努力，卓越绩效标准管理体系在珠光小学生根，发芽，开花，结果了。

一所具有 82 年历史的小学，在这五年间取得了令人瞩目的变化，而卓越绩效标准管理体系是这一切的肇始。

我们相信这是一场颠覆，对学校定位的颠覆，与学生关系的颠覆，与家长关系的颠覆，因此一路向快乐走来，向卓越走来，向幸福走来。

好在一个团队在为之努力，没有光环，没有聚光灯，在名不见经传的地方深耕五年，略有小小收获。

用文字记录这段历程，用文字写下思考与路径，也许生涩，也许枯燥，个中滋味已难描述。

感谢深圳南山这片热土。

感谢这个项目成员的辛勤付出。第一章、第二章由王春平校长撰写与修订，第三章由陈忠秀主任撰写与修订，第四章由郑伟主任撰写与修订，第五章由丁志波主任撰写与修订，第六章由李捷主任撰写与修订。其间得到了卓越绩效专家宋宝弘先生与王艳女士的大力支持，方可成书。

感谢张泉副书记、李文韬、魏冬梅、杨阳、王国勇、向斌誉等老师的参与以及为此付出的努力。

感谢所有帮助过我们的领导、同事、朋友，在此也感谢我们的家人对我们无私的支持。